权威·前沿·原创

皮书系列为
"十二五""十三五""十四五"时期国家重点出版物出版专项规划项目

BLUE BOOK

智库成果出版与传播平台

丝绸之路蓝皮书
BLUE BOOK OF THE SILK ROAD

丝绸之路经济带发展报告（2023）
SILK ROAD ECONOMIC BELT DEVELOPMENT REPORT (2023)

组织编写／陕西省社会科学院
主　编／程宁博　王　飞　王建康　谷孟宾

社会科学文献出版社
SOCIAL SCIENCES ACADEMIC PRESS (CHINA)

图书在版编目（CIP）数据

丝绸之路经济带发展报告. 2023 / 程宁博等主编. --北京：社会科学文献出版社，2023.3
（丝绸之路蓝皮书）
ISBN 978-7-5228-1474-2

Ⅰ.①丝… Ⅱ.①程… Ⅲ.①丝绸之路-经济带-区域经济发展-研究报告-中国-2023　Ⅳ.①F127

中国国家版本馆CIP数据核字（2023）第036685号

丝绸之路蓝皮书
丝绸之路经济带发展报告（2023）

主　　编 / 程宁博　王　飞　王建康　谷孟宾

出 版 人 / 王利民
组稿编辑 / 邓泳红
责任编辑 / 侯曦轩　陈　颖
责任印制 / 王京美

出　　版 / 社会科学文献出版社·皮书出版分社（010）59367127
　　　　　　地址：北京市北三环中路甲29号院华龙大厦　邮编：100029
　　　　　　网址：www.ssap.com.cn
发　　行 / 社会科学文献出版社（010）59367028
印　　装 / 天津千鹤文化传播有限公司

规　　格 / 开　本：787mm×1092mm　1/16
　　　　　　印　张：20　字　数：298千字
版　　次 / 2023年3月第1版　2023年3月第1次印刷
书　　号 / ISBN 978-7-5228-1474-2
定　　价 / 158.00元

读者服务电话：4008918866

版权所有 翻印必究

丝绸之路蓝皮书编委会

主　　任　程宁博　王　飞

副 主 任　杨　辽　毛　斌　王建康

编　　委　（按姓氏笔画排列）
　　　　　于宁锴　王长寿　牛　昉　吕晓明　刘　源
　　　　　谷孟宾　张　鹤　张春华　张艳茜　党　斌
　　　　　郭兴全　裴成荣　樊为之　潘存娟

主　　编　程宁博　王　飞　王建康　谷孟宾

执行主编　王晓娟　高云艳

主编简介

程宁博 陕西省社会科学院党组书记，省第十四次党代会代表，院学术委员会主任。长期从事理论研究、政策宣讲、出版管理、社科研究与管理等工作，主要研究领域为马克思主义中国化时代化、思想政治教育、宣传思想文化等，对习近平新时代中国特色社会主义思想、党的路线方针政策、新型智库建设与管理等研究深入。多次参与省党代会报告等重要书籍编写和重要文件、重要文稿起草工作，多项研究成果在中省主流媒体刊发。

王 飞 管理学博士，陕西省社会科学院党组副书记、院长。长期从事哲学社会科学研究工作，研究方向为应用经济学、区域经济、资源环境与可持续发展、对外开放和公共管理等，对习近平新时代中国特色社会主义思想、县城商业体系建设、生态文明保护与高质量发展、基层社会治理等领域开展专题研究。曾获第十二届孙冶方经济科学论文奖；获国务院研究室优秀调研成果二等奖3次，三等奖4次；获陕西党政领导干部优秀调研成果一等奖2次，二等奖1次。并先后在《人民日报》《学习时报》等期刊报纸上发表理论文章10余篇，撰写的文章多次刊登在国家发改委《中国经贸导刊》、国务院发展研究中心《经济要参》和《陕西工作交流》。其主持完成的系列送阅件《常态化疫情防控背景下促消费稳经济系列对策研究》《谱写高质量发展新篇章保障粮食安全系列对策建议》《2022年上半年陕西经济形势分析及稳大盘对策建议》获多位中央和省级领导同志肯定性批示。

王建康 陕西省社会科学院党组成员、副院长、研究员，主要从事农村发展、区域经济研究。先后主持完成国家和省级社科基金项目5项，主持完成休闲农业、应急体系建设、现代果业等6项省级规划，富平、临潼、府谷等区县20余项发展规划编制，承担国家发改委、农业农村部、国务院扶贫办等部门招标或委托的各类研究课题16项；出版著作10部，发表论文和调研报告60余篇；研究成果先后获得省哲学社会科学优秀成果奖二等奖2项，三等奖1项。兼任省决策咨询委员会委员、省青联常委、省委理论讲师团特聘专家，西安、宝鸡、榆林、长武、大荔等地政府决策咨询专家或顾问。省第十二次党代会代表，省第十三次党代会报告起草组成员，第十二届全国青联委员，"陕西青年五四奖章"获得者，陕西省优秀共产党员。

谷孟宾 陕西省社会科学院金融研究所所长、研究员，主要研究方向为区域投资与地方金融。

摘　要

2022年，全球新冠疫情持续蔓延，国际局势复杂多变。共建"一带一路"经过9年的发展，搭建起广泛参与的国际合作平台，持续展现出强大韧性和旺盛活力，为世界经济复苏注入新动能，成为提振发展信心的希望之路。丝绸之路经济带建设积极践行高质量发展的核心要求，带动内陆地区不断向西开放，中国与周边国家设施联通和贸易畅通水平明显提升，多方面取得可喜进展，成为欧亚合作的重要纽带，为助力新时代构建新发展格局奠定了坚实基础。

2022年是承上启下的一年，中巴经济走廊内涵不断丰富，进入充实、拓展新阶段。新亚欧大陆桥经济走廊作为连接丝绸之路国家重要的经济主干道，在货物贸易、产业合作、文化交流、人才交流方面扎土生根、枝繁叶茂。中欧班列克服新冠疫情与俄乌冲突等不利因素影响，稳步实现运行列次与货运总量的持续提升，开行线路、数量、货运量等主要指标均实现同比增长，创下历史新高。未来，丝绸之路经济带的发展趋势将呈现以下特征：一是丝绸之路经济带国际影响力持续走强；二是中欧班列将开启亚欧陆路运输新征程；三是绿色发展引领丝路经济带发展新方位；四是"心联通"成为丝路文明互鉴的新亮点；五是筑牢风险防控网络是共建丝绸之路经济带的重中之重。

2023年是全面贯彻落实党的二十大精神的开局之年，是实施"十四五"规划承上启下的关键一年。本报告建议：持续推进口岸设施建设，加强线路、节点及货源整合，稳步推进新线路规划建设，提升中欧班列服务质量；

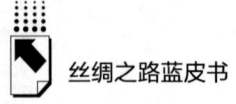

面对俄乌冲突,要保持战略定力、提前谋划布局、主动作为应对,确保国家能源安全稳定、加快绿色转型升级、扩大中国在沿线的影响力;以联通应对挑战,于变局中开新局,加快推进绿色丝绸之路、数字丝绸之路建设;加快建设贸易强国,推动共建"一带一路"高质量发展,建议持续以开放平台能效的提升、贸易通道的建设、跨境电商为引领的新业态新模式的提速、服务贸易的全面推动为抓手,促进丝绸之路经济带贸易合作高质量发展;夯实建立丝绸之路经济带西北段建设协调协商机制,加快完善丝绸之路经济带西北段基础设施路网,支持甘肃、宁夏、青海、新疆建立自贸区,统筹西北地区丝路文化旅游资源,将资源优势转换成为产业优势,加强文明交流互鉴。

关键词: 丝绸之路经济带 政策沟通 设施联通 贸易畅通 资金融通 民心相通

Abstract

In 2022, the global COVID - 19 will continue to spread, and the international situation will be complex and changeable. Jointly building the "the Belt and Road", after nine years of development, has built a platform for international cooperation with broad participation, continued to show strong resilience and vitality, injected new momentum into the world economic recovery, and become a promising way to boost confidence in development. The construction of the Silk Road Economic Belt actively implements the core requirements of high-quality development, drives inland areas to open to the west continuously, and significantly improves the level of facility connectivity and smooth trade between China and neighboring countries. Encouraging progress has been made in many aspects, which has become an important link for Eurasian cooperation and laid a solid foundation for helping build a new development pattern in the new era.

The year 2022 is a connecting year. The connotation of the China Pakistan Economic Corridor has been constantly enriched, entering a new stage of enrichment and expansion. As an important economic trunk road connecting the countries along the Silk Road, the New Eurasian Continental Bridge Economic Corridor, has taken root in goods trade, industrial cooperation, cultural exchanges and talent exchanges. The China EU train overcame the adverse factors such as the COVID - 19 and the conflict between Russia and Ukraine, steadily increased the number of running trains and the total volume of freight transport, and achieved year-on-year growth in major indicators such as operating routes, quantity, and freight volume, hitting a record high. In the future, the development trend of the Silk Road Economic Belt will show the following characteristics: First, the international influence of the Silk Road Economic Belt will continue to grow; Second, the China Europe train will start a new journey of Eurasian land transport; Third, green development leads the development of the Silk Road Economic Belt in a new direction; Fourth, "heart to heart connectivity" has become a new highlight of mutual learning of Silk Road civilizations; Fifthly, strengthening the risk prevention and control network is the top priority of the joint construction of the Silk Road Economic Belt.

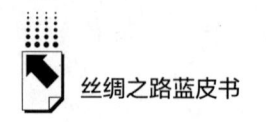

2023 is the first year of the 20th National Congress of the Communist Party of China and the first year of building a socialist modern country in an all-round way. The report suggests that we should continue to promote the construction of port facilities, strengthen the integration of routes, nodes and goods sources, steadily promote the planning and construction of new routes, and improve the service quality of China Europe trains; In the face of the conflict between Russia and Ukraine, it is necessary to maintain strategic focus, plan ahead and take the initiative to respond, ensure national energy security and stability, accelerate green transformation and upgrading, and expand China's influence along the line; China Unicom will meet the challenges, open up a new situation in the midst of changes, and accelerate the construction of the Green Silk Road and the Digital Silk Road; Accelerate the building of a trade power and promote the joint construction of the the Belt and Road for high-quality development. It is suggested to continue to promote the high-quality development of the Silk Road Economic Belt trade cooperation from the improvement of the energy efficiency of the open platform, the construction of trade channels, the acceleration of new business types and new models led by cross-border e-commerce, and the comprehensive promotion of service trade; Pragmatically establish a coordination and consultation mechanism for the construction of the northwest section of the Silk Road Economic Belt, accelerate the improvement of the infrastructure road network of the northwest section of the Silk Road Economic Belt, support the establishment of free trade zones in Gansu, Ningxia, Qinghai and Xinjiang, coordinate the cultural tourism resources of the Silk Road in the northwest region, transform the resource advantages into industrial advantages, and strengthen civilized exchanges and mutual learning.

Keywords: Silk Road Economic Belt; Policy Communication; Facility Unicom; Trade Smooth; Financial Intermediation; People Connection

目 录

Ⅰ 总报告

B.1 2022年丝绸之路经济带建设形势分析与展望
………………………… 陕西省社会科学院金融研究所课题组 / 001
　　一　丝绸之路经济带推动欧亚合作纽带作用凸显 …………… / 002
　　二　政策沟通进展 ………………………………………………… / 007
　　三　设施联通进展 ………………………………………………… / 009
　　四　贸易畅通进展 ………………………………………………… / 011
　　五　资金融通进展 ………………………………………………… / 014
　　六　民心相通进展 ………………………………………………… / 016
　　七　丝绸之路经济带建设展望 …………………………………… / 018

Ⅱ 分报告

B.2 2022年俄乌冲突背景下丝绸之路经济带能源合作发展报告
………………………………………………………… 周　宾 / 023

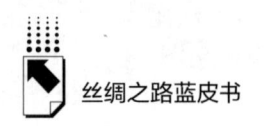

B.3 2022年丝绸之路经济带设施联通发展报告
　　……………………………………………………… 孙雅姗　张浩然 / 037
B.4 2022年丝绸之路经济带贸易合作发展报告 ………… 高云艳 / 049
B.5 2022年丝绸之路经济带开发性金融发展报告 ……… 杨　琳 / 060
B.6 2022年丝绸之路经济带科技创新合作发展报告
　　……………………………………………………… 段利民　李　晓 / 072
B.7 2022年丝绸之路经济带产业园区合作发展报告 ……… 刘肖楠 / 086
B.8 2022年丝绸之路经济带抗疫国际合作发展报告 ……… 王景华 / 100

Ⅲ 国内合作篇

B.9 2022年丝绸之路经济带国内西北段发展报告
　　……………………………………………………… 张　涛　徐小静 / 114
B.10 2022年新疆丝绸之路经济带核心区建设发展报告…… 王宏丽 / 123
B.11 2022年甘肃丝绸之路经济带建设发展报告 ………… 刘　博 / 139
B.12 2022年青海丝绸之路经济带建设发展报告
　　……………………………………… 孙发平　杨　军　刘　畅 / 155
B.13 2022年宁夏丝绸之路经济带建设发展报告 ………… 尚亚龙 / 171
B.14 2022年陕西丝绸之路经济带建设发展报告
　　……………………………………… 关鸿亮　孙　晶　王　鹏 / 189

Ⅳ 国际合作篇

B.15 2022年中巴经济走廊发展报告 ……………………… 李景峰 / 202
B.16 2022年新亚欧大陆桥经济走廊发展报告 …………… 谢　晋 / 224

B.17 2022年中欧班列运营发展报告 …………………… 陈　光 / 235

B.18 2022年中国和海湾合作委员会国家经济贸易合作发展报告
　　　　………………………………………………… 樊为之 / 251

B.19 2022年"一带一路"国际商事法律服务示范区建设报告
　　　　………………………………………………… 王朝恩 / 280

皮书数据库阅读使用指南

CONTENTS

I General Report

B.1　General Development Report on the Silk Road Economic Belt 2022
　　　　　Research Group of Institute of Finance, Shaanxi Acadermy of Social Sciences / 001
　　　1. Silk Road Economic Belt Promotes Eurasian Cooperation
　　　　　Highlighted role　　　　　　　　　　　　　　　　　　　　　　　/ 002
　　　2. Policy Communication Progress　　　　　　　　　　　　　　　　 / 007
　　　3. Progress of Facility Connectivity　　　　　　　　　　　　　　　　/ 009
　　　4. Unblocked Trade Progress　　　　　　　　　　　　　　　　　　　/ 011
　　　5. Progress of Financial Communication　　　　　　　　　　　　　　/ 014
　　　6. People-to-people Bond Progress　　　　　　　　　　　　　　　　 / 016
　　　7. Prospects for the Construction of the Silk Road Economic Belt　　/ 018

II Sub-Reports

B.2　Silk Road Economic Belt Energy Cooperation Development Report
　　　　Background of Russia Ukraine Conflict 2022　　　　　*Zhou Bin* / 023

CONTENTS

B.3 Silk Road Economic Belt Facility Connectivity Development Report 2022 .... *Sun Yashan, Zhang Haoran* / 037

B.4 Silk Road Economic Belt Trade Cooperation Development Report 2022 .... *GaoYunyan* / 049

B.5 Silk Road Economic Belt Developing Finance Development Report 2022 .... *Yang Lin* / 060

B.6 Silk Road Economic Belt Technical Innovation Development Report 2022 .... *Duan limin, Li Xiao* / 072

B.7 Silk Road Economic Belt Industrial Park Cooperation Development Report 2022 .... *Liu Xiaonan* / 086

B.8 Silk Road Economic Belt Anti Epidemic Cooperation Development Report 2022 .... *Wang Jinghua* / 100

III Domestic Cooperation Reports

B.9 Silk Road Economy Band Collaborative Northwest Section Development Report 2022 .... *Zhang Tao, Xu Xiaojing* / 114

B.10 Xinjiang Silk Road Economic Belt Construction Progress Report 2022 .... *Wang Hongli* / 123

B.11 Gansu Silk Road Economic Belt Construction Progress Report 2022 .... *Liu Bo* / 139

B.12 Qinghai Silk Road Economic Belt Construction Progress Report 2022 .... *Sun Faping, Yang Jun and Liu Chang* / 155

B.13 Ningxia Silk Road Economic Belt Construction Progress Report 2022 .... *Shang Yalong* / 171

B.14 Shaanxi Silk Road Construction Progress Report 2022 .... *Guan Hongliang, Sun Jing and Wang Peng* / 189

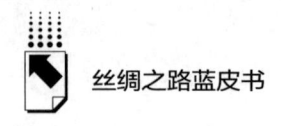

Ⅳ International Cooperation Reports

B.15　China and Pakistan Economic Corridor Progress Report 2022
Li Jingfeng / 202

B.16　Euro-Asia Continent Bridge Economic Corridor Development Report 2022　*Xie Jin* / 224

B.17　China-Europe Railway Express Assembly Center Development Report 2022　*Chen Guang* / 235

B.18　China-Gulf Cooperation Council Countries Economic and Trade Cooperation Development Report 2022　*Fan Weizhi* / 251

B.19　"The Belt and Road" International Commercial Legal Service Demonstration Zone Construction Report 2022　*Wang Chaoen* / 280

总 报 告
General Report

B.1
2022年丝绸之路经济带建设形势分析与展望

陕西省社会科学院金融研究所课题组*

摘　要： 2022年，全球新冠疫情持续蔓延，国际局势复杂多变。共建"一带一路"经过9年的发展，搭建起广泛参与的国际合作平台，持续展现出强大韧性和旺盛活力，为世界经济复苏注入新动能，成为提振发展信心的希望之路。丝绸之路经济带建设积极践行高质量发展的核心要求，带动内陆地区不断向西开放，中国与周边国家设施联通和贸易畅通水平明显提升，多方面取得可喜进展，成为欧亚合作的重要纽带，为助力新时代构建新发展格局奠定了坚实基础。主要表现在：丝绸之路经济带推动欧亚合作纽带作用凸显、高层战略对话推动丝路经济带高质量引领、中欧班列加速欧亚大陆

---

* 课题组组长：谷孟宾，陕西省社会科学院金融研究所所长、研究员。本报告执笔：谷孟宾；王晓娟，陕西省社会科学院金融研究所副研究员，研究方向为区域经济、金融投资；高云艳，陕西省社会科学院金融研究所助理研究员，研究方向为区域金融；谢晋，陕西省社会科学院金融研究所助理研究员，研究方向为绿色金融、农村金融。

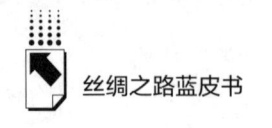

互联互通、欧亚贸易持续逆势上升、亚投行和丝路基金树立多边金融典范、丝路人文科技交流亮点纷呈。未来，丝绸之路经济带的发展趋势将呈现以下特征：一是丝绸之路经济带国际影响力持续走强；二是中欧班列将开启亚欧陆路运输新征程；三是绿色发展引领丝路经济带发展新方位；四是"心联通"成为丝路文明互鉴的新亮点；五是筑牢风险防控网络是共建丝路经济带的重中之重。

关键词： 丝绸之路经济带　共建区域　"一带一路"

一　丝绸之路经济带推动欧亚合作纽带作用凸显

（一）穿越大西北的三条经济走廊建设再上新台阶

2022年是中国与中亚五国建交30年。建交30年来，中国中亚关系在元首战略引领下保持积极发展势头，各部门、各层级交往密切，实现跨越式发展，全方位双边和多边合作迈上新台阶。中哈原油管道和中国—中亚天然气管道保障了供应国、过境国、消费国的安全和发展，成为欧亚大陆的"资源血脉"。中国—中亚—西亚经济走廊建设，在铁路、公路、航空、能源、电力、信息等领域开展合作，催生了新经济增长点。资金融通取得了明显进步。货币互换协议的签订为扩大人民币在中亚地区的影响奠定了良好基础；通过设立海外子行、收购外资银行股权、投资建设金融机构等方式，推进了在中亚地区的金融网点布局。中国和中亚国家的数字经济呈现蓬勃发展势头。2022年6月6~9日，中国国务委员兼外长王毅赴哈萨克斯坦出席"中国+中亚五国"外长第三次会晤，并对哈进行正式访问。六国外长举行线下会晤，体现了中国与中亚国家抗击疫情的信心、密切沟通交流的恒心。会晤通过了《"中国+中亚五国"外长会晤联合声明》《落实中国同中亚五国视频峰会共识路线图》《关于深化"中国+中亚五国"互联互通合作的倡议》《"中国+中亚五国"数据安全合作倡议》等4份成果文件。其中数字合作成为此次中国与中亚共建丝绸之路的亮点。

中巴经济走廊建设进入高质量发展的新阶段，标志性工程正在逐步完善。2022年6月3日，中国援助瓜达尔东湾快速路通车，标志着瓜达尔港区对外连接道路正式打通。东湾快速路的建成推动瓜达尔港成为区域交通枢纽。中巴经济走廊建设第一阶段成绩显著，能源电力、公路网络，以及援建的民生项目都极大地促进了当地经济社会的发展。随着中巴经济走廊建设的逐步深化，中巴双方合作的项目也寻求多领域、多方向布局。当前，中巴经济走廊顺利进入第二阶段的建设，发展重点也逐渐转向产业领域和扩大两国的农业合作，通过产业合作带来的经济和社会效益改善巴基斯坦民生，促进巴基斯坦经济的全面发展，为巴基斯坦打造工业和制造业中心，在信息技术、可再生能源、促进企业投资以及提高出口贸易等领域展开进一步合作，推动实现巴基斯坦国家现代化。

作为新亚欧大陆桥的"东方桥头堡"，9年来，连云港积极践行国家战略，发挥自身"铁公水""海河江"交通汇聚优势，积极推动共建"一带一路"的强支点作用，大力发展铁海联运。2022年6月7日，一列装载着来自哈萨克斯坦的热轧卷板火车经阿拉山口口岸，顺利抵达连云港港，这是该港近年来新增的又一东行新货种，进一步打开了"哈萨克斯坦—阿拉山口—连云港—东南亚"的铁海快线新通道。"新疆三坪—连云港"海铁联运项目实行"铁路箱下海、国外直接返箱"的新模式，省去了中间空重联运、调箱的成本，全程物流仅需约15天，较以往节省37天的时间。"淮安—连云港"铁海联运通道的开通，进一步延伸了连云港的海港功能，实现了与淮安之间公路、铁路、内河通道的全面对接。新亚欧大陆桥经济走廊中欧班列从市场化培育推动班列转入质量型发展轨道，目前已开行6条班列线路，形成覆盖中亚五国、土耳其、俄罗斯、波兰、德国等地的线路格局。开行哈萨克斯坦小麦、中亚铁合金等特色专列，集装箱"船车直取"零等待模式向全国口岸推广。

（二）西北五省（区）全面推动丝绸之路经济带高质量发展

1. 陕西共建"一带一路"高质量发展再上新台阶

2022年以来，陕西持续推进"一带一路"五大中心建设，共建"一

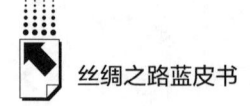

带一路"高质量发展再上新台阶，也让陕西从"不沿边、不靠海"的内陆省份，跃升为我国对外开放的前沿。陕西高速公路网络高铁路网格局不断优化，实现了西安至北京、郑州、成都、兰州、银川等城市快速直达。2022年，陕西积极应对俄乌冲突等国际形势变化和新冠疫情影响，切实保障中欧班列稳定畅通运行，班列运行稳步回升。班列整体运行态势持续向好，核心指标保持全国领先。聚焦服务国家战略，陕西积极打造"一带一路"经济合作重要支点。国际产能合作持续深化。推广"一园两地"新模式，加快建设"中俄""中欧"等国际合作园区，中俄两方园区共引进81家企业、3家院士工作站入驻。人文交流形式多样。在线成功举办第十一届APEC中小企业技术交流暨展览会、世界城地组织亚太区旅游委员会文化旅游发展研讨会、第二期"陕西产业外事会客厅暨中国（陕西）—德国专用车产业研讨会"、第一届超快科学国际会议等重大会议，组织举办"春之路——庆祝中国和乌兹别克斯坦建交30周年"云端文艺演播、发展中国家水土保持与旱作农业研修班。线下推出"兵马俑与古代中国——秦汉文明的遗产"文物赴日本巡展、"丝路琉光——从地中海到长安的古代玻璃艺术"展览、"丝路丹心——黄文弼与丝绸之路"特展，举办"搭上长安号 感受西引力"国际友人走进西安国际港务区、陕西省孔子学院联盟成立大会等交流活动。科技教育文化卫生领域交流合作亮点纷呈。在全球设立8个离岸创新中心、4个海外科技服务站、5个海外研发中心，向境外出口技术3000余项。

2. 新疆丝绸之路经济带核心区建设走深走实

近年来，新疆围绕丝绸之路经济带核心区定位，充分发挥区位优势，高质量发展潜能持续释放，逐步形成了全方位、多层次、宽领域的对外开放新格局。2022年，新疆提出要创新开放型经济体制，加快丝绸之路经济带核心区建设，推动新疆从相对封闭的内陆向对外开放的前沿转变。打造市场化、法治化、国际化营商环境，强化全方位国际合作，积极融入全国统一大市场，推动现代服务业与金融业发展，促进各类市场主体竞相发展。2022年，新疆全力构建丝路经济带交通枢纽中心，推进乌鲁木齐国际陆港区建设，提升乌鲁木齐在核心区建设中的引领作用，做优做强枢纽经济，保障向西国际物流大通道畅通。据铁路部门统计，2022年前8个月，新疆阿拉山口、霍尔果斯铁路口岸通行中欧（中亚）班列数量达8701列，增长6.5%，继续刷新中欧（中亚）班列通行新疆铁路口岸的纪录。同时，新疆着力推动丝绸之路经济带核心区建设从"通道经济"迈向"产业经济"。此外，新疆还与哈萨克斯坦东哈萨克斯坦州、杰特苏州、阿拜州、阿拉木图州签署缔结友好区州关系意向书，根据意向书内容，双方将在经贸、交通物流、科技、教育、农业、能源、医疗卫生、旅游、体育等领域展开交流合作。

3. 甘肃深入融入共建"一带一路"

2022年，甘肃围绕"三新一高"战略布局，高质量推进甘肃对外开放大平台建设，逐渐形成带动效用突出的对外开放平台，高质量发展基础进一步夯实。通道和走廊优势凸显。甘肃先后参与开通4向5条国际线路，国际货运班列稳定运营。国际客货运航线航班覆盖22个国家和地区。抢抓"一带一路"建设机遇，加快"走出去"步伐，推动对外交流合作不断取得新成效。截至2022年上半年，共有49家企业在境外设立展示展销中心、分拨中心、售后服务等营销网点115个。在共建国家和地区设立超过10个商务代表处；全省有多个企业在俄罗斯、哈萨克斯坦、尼泊尔、泰国等共建国家设立商务代表处；包括金川公司、天水华天、酒钢公司在内的多个省属国有企业"走出去"，在共建"一带一路"国家和地区布局了一些重要项目。甘肃文化影响力持续扩大。立足甘肃历史文化、自然风土优势，以"心联通"为目标，甘肃先后推出了一批接地气、聚人心的文化符号和成果。开发甘肃省文化动漫艺术高端产品，各种影视出版物、创意产品设计、特色节庆会展等与旅游业深度融合。在18个共建丝绸之路国家建立了27对友好合作城市，聚焦航空旅游，开通了面向共建"一带一路"城市的国际及国内航线，为"丝绸之路旅游"插上飞翔的翅膀。

4. 宁夏内陆开放型经济取得新突破

9年来，宁夏坚持打造丝绸之路经济带战略支点，内陆开放型经济取得新进展。截至2022年上半年，宁夏已与186个共建丝绸之路国家和地区建立贸易合作关系。对外投资已经延伸到中亚、西亚、非洲等40多个国家和地区。企业"走出去"步伐更加稳健，实现了全国通关一体化，国际贸易"单一窗口"货物申报业务覆盖率达到100%，形成了双向投资贸易联动发展的新格局。宁夏的国际"朋友圈"不断扩大，国际友城数量累计达60对，与友城间的经贸、教育、人才、文化、旅游等务实合作也越来越频繁。"2022丝绸之路城市文化和旅游发展国际论坛"在宁夏中卫举办。城市文化和旅游品牌的影响力持续扩大。宁夏"以酒为媒"，深化与国际葡萄酒产区交流合作，组织36家精品酒庄集中参展2022年德国杜塞尔多夫国际葡萄酒与烈酒展览会，在国际上谱写了宁夏葡萄酒产业发展新篇章。宁夏文化和旅游厅、相关企业与马来西亚"一带一路"委员会举行线上对接会，双方洽谈了跨境电商、文化旅游、健康产业、高等教育，以及国际友城建设等方面的合作事宜。

5.青海谱写"四地"建设新篇章

2022年，青海持续落实"四地"建设专项行动方案，在清洁能源、盐湖产业、生态旅游、有机农牧业深挖潜力，具有青海特色的发展路径更加明确。聚焦优势，建设世界级盐湖产业基地，盐湖资源产业链不断壮大，2022年第一季度盈利超过34.5亿元，比上年同期增长335%左右。立足资源优势，青海清洁能源发展已经形成了"1234"发展格局。青豫直流全国首条高比例清洁能源特高压输电通道建成、世界最大规模的21台新能源分布式调相机群全面建成。截至2022年3月底，电力装机达到4290万千瓦，占比达90.9%，新能源装机占比61.5%，持续保持全国最高。以国际生态旅游目的地为目标，生态旅游取得新成绩。截至2022年底，青海已经推出精品线路200条，7条入选全国"十大黄河旅游带"精品线路，3A级及以上景区达142家，旅游人次、旅游总收入实现新突破。依托自然生态、农牧资源的独特优势，青海众多有机农畜产品成功出省，"青字号"品牌越叫越响。截至2022年6月，青海农作物绿色防控覆盖率达45%，建立油菜新品种有机种植基地1000余公顷，400余万头（只）牦牛藏羊实现可追溯，认证绿色食品、有机农产品和地理标志农产品925个。

（三）西部陆海新通道建设跑出加速度

2022年以来，在新冠疫情冲击等复杂严峻形势下，西部陆海新通道建设跑出"加速度"。国家层面已建立省部际联席会议，西部12省区市与海南省，以及广东湛江市、湖南怀化市建立"13+2"合作机制；通道开行之初仅有1条线路，如今已形成东、中、西3条主线，铁海联运班列、国际铁路班列、跨境公路班车3种物流形态，通道目的地已拓展至113个国家和地区的335个港口。8月，粤黔两省签署共建西部陆海新通道战略合作协议。该协议从强化政策联动、搭建合作平台、加快项目建设、发展多式联运、畅通冷链通道、深化经贸合作、加强协调保障等方面加强粤黔合作，建立常态化合作联系机制，共同协调支持贵州与湛江两地综合保税区联动发展，打造高水平开放、高质量发展平台，推动湛江口岸功能向贵州延伸，发挥湛江连接西部陆海新通道、海南自由贸易港、粤港澳大湾区和东盟国家区位优势，畅通"贵州—湛江—粤港澳大湾区—海外"运输通道，更好服务两省物流需求。下一步，贵州省将积极融入西部陆海新通道建设，加快陆港"串珠成链"布局，协调支持广东企业在贵州全面布局建设农产品"产地仓"、贵州企业在广东建设粤港澳大湾区贵州现代国际农产品集散中心，打造"贵州—湛江"枢纽对枢纽的海铁联运班列模式，不断推动粤黔协作走深走实。

二 政策沟通进展

（一）元首中亚之行助推丝绸之路经济带走向更高质量发展

2022年，世界面临新冠疫情反复和俄乌冲突双重挑战。丝绸之路经济带发展在元首外交的积极引领下，砥砺前行，持续推动，努力为世界开辟光明和美好未来，在复杂动荡的国际局势中彰显中国担当。2022年是中国与中亚五国建交30年，习近平总书记分别致电哈萨克斯坦总统托卡耶夫、塔吉克斯坦总统拉赫蒙、吉尔吉斯斯坦总统扎帕罗夫，并在中国同中亚五国建交30周年视频峰会上发表讲话,指出同中亚国家共商共建共享,共建"一带一路"在中亚地区开花结果。9月,习近平总书记疫后首次出访,开启中亚之行,这次出访具有"里程碑"意义,是中方在中国共产党二十大召开前夕开展的一次最重要的元首外交活动,充分体现了中方对上合组织和中哈、中乌关系的高度重视。未来,中国同中亚将迎来下一个黄金30年。此次习近平主席中亚之行的一个重要行程,就是出席上海合作组织撒马尔罕峰会。同时与俄罗斯总统普京、蒙古国总统呼日勒苏赫在撒马尔罕国宾馆举行了中俄蒙三国元首第六次会晤,对推进中俄蒙合作达成了诸多共识和合作建议。

(二)国家部委合力推动丝绸之路经济带绿色健康发展

习近平总书记在第三次"一带一路"建设座谈会上重点提出,支持发展中国家能源绿色低碳发展,推进绿色低碳发展信息共享和能力建设,深化生态环境和气候治理合作。2022年4月,国家出台了《关于推进共建"一带一路"绿色发展的意见》,主要包括推进绿色发展重点领域合作、推进境外项目绿色发展、完善绿色发展支撑保障体系三方面内容。同时,《"十四五"中医药发展规划》也适时出台,依托中医药国际合作的基础和取得的积极成效,规划提出积极参与全球卫生健康治理、推进中医药参与新冠病毒等重大传染病防控国际合作、分享中医药防控疫情经验。在夯实传播应用基础上,推进中医药高质量融入"一带一路"建设,实施中医药国际合作专项行动,推动社会力量提升中医药海外中心、中医药国际合作基地建设质量,依托现有机构建设传统医学领域的国际临床试验注册平台。推动中医药海外本土化发展,促进产业协作和国际贸易。鼓励发展"互联网+中医药贸易"。逐步完善中医药"走出去"相关措施,开展中医药海外市场政策研究,助力中医药企业"走出去"。这为未来共建丝绸之路经济带中医药开放发展指明了方向。

(三）西北五省（区）服务保障丝绸之路经济带建设联席会议持续推进

2022年9月14日，西北五省（区）政协助推服务丝绸之路经济带建设第三次联席会议召开。此次会议以远程视频方式召开，全国政协经济委有关负责同志和陕西省政协负责同志讲话。陕西省政府及甘肃、宁夏、青海、新疆政协有关领导同志先后交流发言，会议讨论通过了《西北五省（区）丝绸之路经济带建设推进情况及意见建议》、西北五省（区）政协形成的共同提案、《会议纪要》等。此次会议是对习近平总书记关于"一带一路"建设重要讲话精神的再学习、再领会、再落实，对于不断推进五省（区）"五通"建设，加快实现丝绸之路经济带高质量发展具有重大意义。会议就西北五省（区）助推服务丝绸之路经济带建设提出诸多建议。会议提出，要充分发挥西北地区在粮食和能源方面优势，打造"国家粮仓"和综合能源安全保障基地，助力国家粮食和能源安全保障。要持续提升基础设施建设水平，建立交通运输区域协调联动机制，不断提升基础设施联通水平。要强化产业融通，加强产业联动发展，互相配合补齐短板增强弱项，持续提升五省（区）产业基础和水平。要围绕外向型经济发展需求，制定专门扶持政策，以"软联通"水平提升促进对外贸易扩容增量。要深度挖掘丝路文化资源时代价值，推动五省（区）文旅发展深度融合，通过深化文化交流进一步促进民心相通。

三 设施联通进展

（一）中国铁路成为国际产能合作的靓丽名片

近年来，中国铁路"走出去"的步伐不断加快，足迹遍及亚洲、欧洲、北美洲和非洲，成为"一带一路"建设和国际产能合作的一张靓丽名片，成为带动当地经济社会发展的"金钥匙"，也为全球发展事业贡献了中国力量。蒙内铁路成为肯尼亚经济社会发展和民生改善的助推器。通车运营5年来，蒙内铁路平均上座率超90%，深受肯尼亚人民欢迎。据初步估算，蒙内铁路对肯尼亚的国民生产总值贡献率超过2%。蒙内铁路为肯尼亚创造近5万个就业岗位，绝大部分工作本地化率超过80%，同时也为肯尼亚培养了1700余名高素质铁路专业技术和管理人才。中老铁路建设过程中就已经带动老挝当地就业11万人次，帮助老挝修建公路水渠近2000公里，带动老挝当地原材料销售超过51亿元人民币。开通运营8个月以来，中老铁路跨境货运能力明显增强，货物品类增加了超过12倍。沿线旅游观光、物流运输和基础设施建设均提质升级。从坦赞铁路、蒙内铁路、中老铁路，再到匈塞铁路、雅万高铁，铁路不仅带去了中国的产品、技术和服务，为相关国家创造了更多发展机遇，更承载了中国同有关国家之间的友好情谊。中国铁路在世界各地落地生根、枝繁叶茂的成功事例表明，共创普惠平衡、协调包容、合作共赢、共同繁荣的发展格局，才是推动全球发展的正确之道。中方将同各方一道，坚定不移推动共建"一带一路"高质量发展，为实现共同发展繁荣贡献自己的力量。

（二）中欧班列加速欧亚大陆互联互通

在全球疫情持续高位运行的大环境下，中欧班列在铁路部门的积极组织下迎难而上，通过创新合作，实现了从"联"到"通"、从"通"到"顺"，形成了跨越亚欧大陆的庞大物流体。顺利开行并实现逆势上扬，用实际行动传递了守望相助、共克时艰的力量，班列运输能力在原有基础上提升了30%以上，更好地服务"一带一路"建设，畅通国内国际双循环。截至2022年7月底，中欧班列累计开行数量超过5.7万列，运送货物530万标箱，重箱率达98.3%，货值累计近3000亿美元。运输货物品类已扩大到汽车及配件、葡萄酒、咖啡豆、木材等53大门类、5万多个品种，极大地丰富和满足了共建丝绸之路经济带国家和地区人民的生活需要。随着中欧班列开行数量、品类、规模的不断扩大，开行质量和效益稳步提升，运输货物品类不断丰富，有效拉动了共建国家和地区产业需求，从最初发运的机械品类到现如今不断丰富到日常的生活用品，随着商品品类的不断增加，越来越多的"中国制造"受到各国人民的青睐，中欧班列已不仅是商品间的流动，更是带动共建国家经济复苏的重要通道，为共建城市带来新气象，为共建国家进出口贸易创造了新机遇，为经济复苏不断增添活力，俨然成为推动中欧贸易的"加速器"。

（三）空中丝绸之路全面提速

2022年是"空中丝绸之路"战略构想提出五周年。民航局、国家发展改革委联合印发《"十四五"时期推进"空中丝绸之路"建设高质量发展实施方案》，提出重点推进"空中丝绸之路"建设和增强国际航空货运能力两大工程。8月，郑州机场北货运区正式进入试运营阶段，这是华中地区规模最大的航空货运区，为郑州航空港经济综合实验区"二次创业再腾飞"夯实了一条跑道。2022年，陕西"空中丝绸之路"建设稳步推进，国际客货运航线稳妥有序复航。自5月31日起，西安咸阳国际机场国际客运航班正式恢复运行，先期恢复5条航线，其中国际正班航线1条（西安—葡萄牙里斯本往返）、北京分流国际航线4条（比利时布鲁塞尔、乌兹别克斯坦塔什干、巴基斯坦伊斯兰堡、瑞典斯德哥尔摩至西安）。相继开通西安—大阪、西安—阿拉木图全货运航线，全货运航线累计开通数量达40条，其中国际货运航线21条。2022年，新疆机场建设进入"快车道"，"空中丝绸之路"网络体系正越织越密，为当地经济高质量发展注入"助推剂"。乌尔禾百口泉机场首航、石河子至喀什首次通航、昭苏天马机场通航、首个高高原机场正式试飞，新疆机场加快建设和投入运营，为偏远地区带来发展新机遇。

四　贸易畅通进展

（一）欧亚贸易开放逆势上升

2022年，中国持续推进"一带一路"更高水平开放，欧亚贸易以10%

以上的增速保持增长，成为当前世界经济发展的重要力量。2022年上半年，中国与共建"一带一路"国家货物贸易额达6.3万亿元，同比增长17.8%，占比提高到31.9%。丝绸之路经济带西北地区欧亚贸易保持高速增长。2022年上半年，陕西对共建"一带一路"国家、RCEP其他国家进出口保持增长，对韩国进出口484.8亿元，占进出口总值的20.5%；对欧盟进出口296.4亿元，同比增长11.7%，占比为12.5%；对东盟进出口269.5亿元，同比增长32.1%，占比为11.4%；对共建"一带一路"国家进出口459.9亿元，同比增长26.9%，占进出口总值的19.5%。2022年上半年，新疆对共建"一带一路"国家、RCEP成员国分别进出口824亿元、55.4亿元，分别同比增长45.7%、18.9%。其中，新疆对共建"一带一路"国家进出口贸易额占新疆外贸进出口总值的90.6%。吉尔吉斯斯坦稳居中国新疆第一大贸易伙伴。2022年上半年，甘肃外贸进出口快速增长，进出口总值325.8亿元，其中对共建"一带一路"国家进出口154亿元，同比增长25.2%。2022年上半年，宁夏与共建"一带一路"国家出口收入同比增长17.3%，占出口收入总额的75.2%，较上年同期增长3.7个百分点；进口支出同比增长149.7%，占进口支出总额的83.8%。2022年前7个月，青海省进出口总值24.8亿元，同比增长50.2%。其中对共建"一带一路"国家合计进出口值同比增长1.5倍。东盟、欧盟、日本、南非、几内亚为青海前五大贸易伙伴。

（二）西北地区丝绸之路经贸合作有序推进

西北五省（区）以国家高质量共建"一带一路"总体战略部署为指导，精心策划了各类展会、论坛活动，为构建新时代高质量发展新格局贡献了力量。2022年7月，第23届中国·青海绿色发展投资贸易洽谈会暨第二届中国（青海）国际生态博览会成功举办，大会的主题是"开放合作·绿色发展"，展会分为国内国际馆、青海生态馆、2022青海藏毯国际展览会，并在每个展馆充分展示了青海国际展览会的发展历程，以及历年与共建丝绸之路经济带国家和地区在经济、文化、产业等方面的交流合作成果。8月，陕西西安举办了第六届丝博会，丝博会以"互联互通互融·共进共享共赢"为主题，以高质量发展为主线，推荐了一批含金量高、含绿量高、含新量高的项目。据统计，大会共签订2309个项目，总投资额高达1.53万亿元。9月，第七届中国—亚欧博览会在新疆乌鲁木齐市成功举办，博览会以"共商 共建 共享 合作向未来"为主题首次采取"线上+线下"模式，开展了丰富的"云会议、云展览、云洽谈、云直播"，实现推介、交流和对接的目的。

（三）国际产能合作助力西北向西开放

西北地区作为丝绸之路经济带建设向西开放的地理前沿，国际产能投资合作进入全新发展阶段。近年来，陕西积极主动融入共建"一带一路"，推动制度创新、扩大开放合作、国际产能合作取得新进展。陕建集团、延长集团、法士特、陕鼓、陕煤等大型企业参与丝绸之路经济带建设，与共建国家和地区在技术合作、资源开发、产业合作等方面进展顺利。国际产业园区合作稳步推进。以国际科创资源合作为引导，西安交通大学、西北工业大学、西安电子科技大学等高校与俄罗斯鲍曼国立技术大学等高校展开多项科技合作。截至2022年底，中俄园区共引入企业81家、院士工作站3家。在共建"一带一路"推动下，新疆以综合保税区、边境经济合作区、跨境经济合作区等国家级开发区为载体，推动本土企业"走出去"，与共建国家和地区建立了广泛的经贸合作。据统计，新疆在共建"一带一路"国家布局了海外仓46个，复制推广自贸试验区试点经验181项。新疆产能对外合作布局稳步推进，中泰新丝路塔吉克斯坦农业纺织产业园完成三、四期项目建设；特变电工赞比亚、坦桑尼亚项目稳步推进。近年来，甘肃积极推动对外直接投资，取得了显著成效。目前，甘肃对外投资形成了"非洲为主，发展亚洲，拓展欧美、大洋洲"基本格局。对外投资的市场和行业领域呈现多元化特征，涉及能源化工、装备机械、技术服务等多领域。"走出去"步伐也更加稳健。据统计，甘肃84家企业在49个共建国家和地区投资企业137家，累计投资额达60多亿美元。

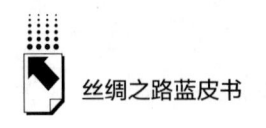

五　资金融通进展

（一）亚洲基础设施投资银行和丝路基金树立多边金融典范

近年来，亚洲基础设施投资银行在抗疫复苏中发挥了重要作用。亚投行现有105个成员，包括91个正式成员和14个意向成员。在33个成员国开发了181个项目，总额达357亿美元。2022年，亚投行批准将"新冠疫情危机恢复基金"融资申请期限延长至2023年底，以帮助成员继续应对仍然严峻的全球疫情形势和经济复苏挑战。通过提供灵活的资金支持，该基金旨在帮助成员缓解疫情对其公共卫生、经济和金融系统带来的冲击。此次基金期限获批延长的同时，其规模也由原来的130亿美元扩大至200亿美元。目前，全球经济的持续复苏仍面临多重挑战，除了加大"新冠疫情危机恢复基金"支持力度以外，亚投行将继续按照银行发展战略，为重点领域的基础设施项目提供融资。同时，随着基金期限延长，亚投行可为客户提供更具针对性的融资方案。丝路基金自2014年成立以来，始终坚持"共商、共建、共享"原则，将开发"一带一路"建设的投融资机会和市场化定位紧密结合，在促进共建"一带一路"得到国际认同和广泛响应的同时，也实现了自身较为优异的投资收益，为积极发挥资金融通作用、推进共建"一带一路"高质量发展提供了有益实践。由丝路基金与欧洲投资基金设立的中欧共同投资基金已在近20个国家开展投资，涉及80多家中小企业，为支持科技、生命科学等领域的中小企业发展，促进中欧市场的融合作出积极贡献。经过8年多的探索，丝路基金投后及风险管理初步筑稳根基，正在打造具有自身特色的管理体系，逐步发挥关键少数股东作用，为被投企业和合作伙伴提供增值服务，把投资能力充分体现在投后管理实践之中。丝路基金充分发挥自身资源优势和影响力，在具体项目中要求和帮助这些国家的被投企业以国际通行的会计制度提供财务报表和运营信息，加快被投企业的国际化进程，企业因此获益，较快实现国际金融市场发债融资的案例已在丝路基金投后管理中数度出现。

（二）人民币国际化步伐稳健

世纪疫情尚未退潮，百年变局加速演进。地缘冲突致使全球政治格局分化，经济复苏步伐受阻，金融周期加快转向，国际货币体系呈现新趋势、面临新调整，人民币国际化的深度发展迎来了历史性的契机。2022年，中国人民银行先后与12家中央银行续签双边本币互换协议，与40个国家和地区的双边本币互换协议金额超过4万亿元，已有70个国家将人民币纳入官方储备。这就意味着，人民币国际化再进一大步。这同时也侧面证明，人民币在国际上的影响力确实越来越大，使用范围也越来越广，其地位正在与美元拉近距离。2022年爆发的俄乌冲突进一步加剧全球"去美元化"趋势，为非传统储备货币带来快速拓展机会。世界各国，尤其是俄罗斯、白俄罗斯和伊朗等面临制裁威胁的国家，以及对华经贸往来紧密的新兴市场与发展中国家，进一步降低传统储备货币依赖度，更多地转向人民币与其他非传统储备货币。2022年7月6日，俄罗斯莫斯科交易所人民币日均交易量达80亿卢布，超过欧元，成为第二大交易货币。新兴市场与发展中国家约占全球外汇储备的56%，其结构调整将带来重大变化。货币支付数字化浪潮涌起，人民币国际化开启新赛道。2022年，数字人民币试点从"10+1"地区拓展到15个省的23个地区。

（三）西安丝绸之路金融中心建设推进有力

随着"一带一路"建设步伐进一步加快，陕西扎实推进西安丝绸之路金融中心建设，金融市场不断释放新的活力，境内外各类金融机构纷纷落户陕西，全国股份制商业银行在陕布局完成。2022年，陕西先后启动中欧班列长安号数字金融综合服务平台二期建设、丝路（西安）前海园建设和陕西省资本市场服务中心建设等项目，随着重点平台和项目的建设加快，金融机构"政银企"对接平台不断完善，为企业"走出去"提供高质量金融服务。聚焦国际产能合作重点产业链企业融资需求，试点设立"首贷服务中心"，扩展陕西省金融服务云平台建设功能，提升金融数字化服务水平。截至2022年上半年,陕西跨境人民币结算金额累计4152.17亿元,辐射140个国家和地区,其中,覆盖91个共建"一带一路"国家和地区,累计实现跨境人民币结算金额1697.65亿元。"人民币网上丝绸之路"平台助力中小微企业不断走出国门,为跨境贸易高质量发展持续提供新动能。截至2022年上半年,平台累计实现交易额4000余万元,覆盖了陕西80%以上的县域地区,进出口品类200余种,出口国家涉及缅甸、韩国、印度、美国及共建"一带一路"的数十个国家和地区。

六 民心相通进展

(一)人文交流活动亮点纷呈

2022年,丝绸之路经济带文化交流丰富多彩,深入人心。陕西担起对外文化交流门户的使命责任,取得了显著成效。3月18日,陕西联合乌兹别克斯坦组织承办了"春之路——庆祝中国和乌兹别克斯坦建交30周年"云端文艺演播,云端文艺演播以中乌旖旎多彩的自然风光、悠久瑰丽的人文景观和精彩纷呈的非遗展示开篇,中乌艺术家联袂呈现唐乐舞、皮影戏、交响乐、木卡姆等极具艺术感染力的经典作品,展示了两国深厚丰富的文化底蕴。线下推出"兵马俑与古代中国——秦汉文明的遗产"文物赴日本巡展、"丝路琉光——从地中海到长安的古代玻璃艺术"展览、"丝路丹心——黄文弼与丝绸之路"特展,举办"搭上长安号 感受西引力"国际友人走进西安国际港务区、陕西省孔子学院联盟成立大会等交流活动。8月3日晚,西安浐灞保利大剧院作为西安浐灞丝路国际文化艺术中心四大功能区之一,迎来首场演出《千里江山》,尽显文化艺术起伏的韵律与东西方文明碰撞的魅力。近年来,甘肃依托其区位和历史文化优势,在文明交流互鉴上狠下功夫,以文化创新实践推动文化共享,深入人心。8月,甘肃推出"喜迎二十大 奋进新甘肃——交响丝路·如意甘肃"短视频云上展播活动,活动以"文化共享+艺术展播+美好生活"为主题,刻画了一个可感可知、生动具象的如意甘肃。探索出了一条"年轻态""讲故事""烟火气"的文化路径，让地方文化在大众和年轻人中产生共鸣。

（二）文化旅游产业创新绽放

面对2022年各地疫情的不断冲击和反弹，丝绸之路西北地区文化旅游仍在疫情常态化防控中积极突围，迎合市场新需求，拓展发展新空间。2022年以来，陕西省从财政、金融等政策层面出发，出台了多种措施为文旅企业纾困，释放出陕西旅游市场的潜力。金丝峡、牛背梁、柞水溶洞、塔云山、木王山、秦岭江山等生态山水型旅游成为旅游新亮点；棣花古镇、蟒岭绿道等景区推出的"帐篷露营+篝火晚会"等创新形式广受追捧，成为热门；音乐小镇、漫川古镇、金米村等景区的田园生活之旅深受喜爱。甘肃提出建设西部知名乡村旅游目的地，打出"陇上乡遇"乡村旅游品牌，开发乡村旅游线路，群策群力讲好乡村旅游故事，打造高品质乡村振兴"旅游版"。通过整合陇原秋季乡村旅游特色优势资源和产品，策划推出"甘肃人游甘肃"2022甘肃乡村旅游乐享金秋精品线路61条，共同走进生态宜居的美丽乡村，感受令人向往的美好生活。为金秋时节游客出行提供了丰富的选择，也为甘肃文旅市场聚人气、促消费提供了重要载体。青海提出要打造以西宁市为中心，格尔木、玉树市为支点的东部、南部、西部、北部生态旅游精品环线。完善交通旅游服务设施，构建生态旅游风景道，培育红色游、乡村游、冰雪游等新业态。2022年上半年，开展文旅惠民消费券发放工作，共发放各类文旅惠民消费券1375万元，带动消费3.53亿元。落实旅游服务质量保证金100%暂退政策，开展质保金保证保险试点工作，助推文旅产业恢复发展。

（三）丝绸之路经济带科教合作取得新成果

丝绸之路经济带科教合作在对外开放中发挥着基础性、全局性和先导性的重要作用，在促进丝绸之路经济带互信合作、互利共赢、交流互鉴中产生重要影响。2022年8月15日，2022丝绸之路教育合作交流会在西安开幕。开幕式以"享·丝路 赢·未来"为主题，共展示了18个丝绸之路教育合作协议签约成果，为9个国际教育合作项目揭牌。据了解，2022丝绸之路教育合作交流会共设23场配套活动，有来自德国、法国、荷兰等70多个国家和地区的7000余名嘉宾通过线上线下形式参加活动。新疆深入实施创新驱动发展战略、科技兴疆战略和人才强区战略，锚定重点产业"卡脖子"技术问题，通过创新体制机制，加大科研投入，科技创新取得新进展。2022年6月10日，丝绸之路创新发展研究院（深圳）在深圳市揭牌成立。2022年，甘肃依托中医药资源优势，围绕人民健康谋划项目，深入推进陇粤共建"大湾区·兰白自创区中医药创新发展示范区"项目，这是推动甘肃中医药产业集聚和创新发展的重要载体。

七　丝绸之路经济带建设展望

（一）丝绸之路经济带国际影响力持续走强

百年变局和世纪疫情相互叠加，世界进入新的动荡变革期。丝绸之路经济带倡议坚持多边主义，深入推进开放型世界经济，成为助力人类命运共同体的抓手，成为联通中国与世界实现共同发展的平台，成为践行真正多边主义的标志性项目。共建丝绸之路经济带倡议提出9年以来，共建国家和地区在经济发展、民生改善方面取得了举世瞩目的成绩。国际合作给所有参与国带来了实实在在的利益和好处。丝绸之路经济带建设将继续为共建国家和地区带来巨大机遇。经历了全球疫情的严峻冲击后，在多边主义和国际合作受到冲击的当下，丝绸之路经济带建设将会表现出更强的韧性和活力，携手各方应对更加复杂的全球性挑战，释放共建国家和地区更大的发展潜力。长期来看，只要亚洲、非洲、欧洲等共建国家和地区以共赢形式推进持续深入合作，丝绸之路经济带必将不断收获成功。伴随着丝绸之路经济带的影响力、吸引力不断扩大，"朋友圈"会越来越大，合作发展前景越来越光明。未来，丝绸之路经济带必然会成为人类的"减贫之路""增长之路""共同进步与繁荣之路"。

（二）中欧班列将开启亚欧陆路运输新征程

10年间，中欧班列从无到有，开行数量从零到万，开创了亚欧陆路运输新格局。随着共建"一带一路"不断走深走实，对设施联通保障能力提出了更高要求，中欧班列的发展将走向高质量发展的新征程。一是中欧班列新通道建设和网络密度将进一步加强。通过完善亚欧铁路基础设施、发展国际海铁联运、解决和补强沿线枢纽节点服务能力等方面，中欧班列的运输保障能力将得到更大的提升。二是中欧班列创新服务体系将进一步完善。随着班列的增多、亚欧贸易往来的不断扩展，必将催生中欧班列服务产品向多元化产品和服务体系转变。"班列+贸易""班列+金融""班列+超市"和定制化"精品班列""人文班列""旅游班列"等创新"班列+"服务新业态将层出不穷。三是中欧班列将进一步带动共建国家经贸园区的建设和发展。中欧班列将同境外各类园区联动发展，与跨境电商、海外仓等新业态融合发展，改变相关国家的贸易结构以及消费体验，给共建丝绸之路国家带来实实在在的"红利"。四是中欧班列数字化水平将加速提升。信息化、数字化、智能化是新一轮科技革命和产业革命的必然趋势，也是未来中欧班列发展的方向。

（三）绿色发展引领丝绸之路经济带发展新方位

自习近平主席提出建设绿色丝绸之路以来，中国与共建丝绸之路经济带国家和地区绿色发展合作方面已经取得阶段性成果。签署了50多份生态环境保护合作文件，在可再生能源、节能环保、传统能源及产业生态改造等领域与共建国家展开密切合作，成为全球生态文明建设的重要促进者。面对丝路各国绿色发展的多样性需求，2022年3月，国家发展改革委、生态环境部等4部门联合出台了《关于推进共建"一带一路"绿色发展的意见》，《意见》的发布显得恰逢其时。《意见》围绕推进绿色发展重点领域合作、推进境外项目绿色发展、完善绿色发展支撑保障体系3个板块，提出15项具体任务，内容覆盖绿色基础设施互联互通、绿色能源、绿色交通、绿色产业、绿色贸易、绿色金融、绿色科技、绿色标准、应对气候变化等重点领域。这意味着疫情防控常态化背景下的国际基建市场或将迎来新一轮爆发式增长。未来，共创绿色丝绸之路，中国将继续支持发展中国家能源低碳转型，推进绿色低碳发展信息共享和能力建设，加强绿色能源、绿色基建、绿色金融合作，为各国低碳转型和疫后绿色复苏作出更大贡献；继续深化全球生态环境和气候治理合作，以生态文明之光照耀国际社会前行道路。

（四）"心联通"成为丝绸之路文明互鉴的新亮点

"心联通"是实现丝路民心相通的重要基础，是系牢彼此情感关系纽带的传播策略。近年来，"丝路一家亲"行动持续推进，菌草、杂交水稻等"小而美、见效快、惠民生"的援外项目有效增进了共建国家民众的获得感、幸福感，体现了中国共建丝路经济带为沿线民众带来的温度与善意。未来，以"心联通"加强民心交流，中国一方面将加强顶层设计，坚持分类施策，不断优化科技人文交流国别布局，在充分尊重参与国家发展意愿与历史、文化等多样性基础上，根据各国经济、产业、科技发展特点，明确科技人文交流的重点领域，积极探索互利共赢的交流新模式，引导推动各类创新主体和参与国家开展各具特色的科技创新合作与交流活动，推动建设一大批"小而美"的项目，帮助共建国家民众增加收入、改善生活。形成多主体、多层次、多元化的科技人文交流格局。另一方面，将持续提升丝绸之路国际传播能力。讲好中国故事，传播好中国声音，继续挖掘"丝绸之路"好故事、好案例，以文载道、以文传声、以文化人，使共建丝绸之路经济带成为文明互鉴的桥梁，展示真实、立体、全面的中国。健全优化与共建国家之间文化交流合作机制，发挥好共建丝绸之路国家的联盟机制的重要作用，加强联盟成员之间的沟通、交流与合作，利用音乐、美术等文化内容和载体，丰富推介手段，建立共建丝绸之路国家的对外交流推广体系，充分表达和解读文艺作品，深化中国文化在世界人民心灵深处的记忆，做好双向的交流互动，提高交流的艺术品质，实现民心相通。

（五）筑牢风险防控网络是共建丝绸之路经济带的重中之重

当前，百年变局和世纪疫情双重叠加，传统和非传统安全风险都在持续增大，全球处于新的"动荡变革期"，共建丝路经济带不可避免地面临诸多外部挑战。2021年11月19日，习近平总书记在第三次"一带一路"建设座谈会上特别强调要扎牢风险防控网络，全面强化风险防控。要探索建立境外项目风险的全天候预警评估综合服务平台，及时预警、定期评估。这一重要论述高瞻远瞩，具有至关重要的指导意义。经过多年实践探索，中国已经积累了海外重大项目风险管理的丰富经验，自然、技术、法规、合同、劳务、物资、设计、环境、健康等技术性和操作性风险管理的实务能力逐渐增强。但伴随着重大项目风险复杂性的增加和新特征的层出不穷，共建丝绸之路经济带在未来还需要继续推进风险管理模式改革创新，从传统工程风险管控转向风险系统复杂性治理。未来，扎牢风险防控网络，中国将从以下三个方面重点发力：一是从制度建设方面防控风险，建立风险防控责任制；二是从平台建设防控风险，建立对境外建设项目的全天候预警评估综合服务平台，提供预警和评估服务；三是从机制协同方面防控风险，实现海外利益保护、国际反恐、安全保障等机制的协同协作。

参考文献

《携手共创美好未来》，《甘肃日报》2022年3月6日，第4版。

《宁夏深度融入"一带一路"持续扩大对外开放》，《宁夏日报》2022年5月12日，第1版。

《青海聚焦聚力"四地"建设，坚定不移走高质量发展之路》，《青海日报》2022年6月7日，第1版。

国务院办公厅：《"十四五"中医药发展规划》。

《青海：高质量发展之路前景可期无限光明》，《青海日报》2022年6月26日，第4版。

《共建"一带一路" 开创美好未来》，《经济日报》2022年7月6日，第11版。

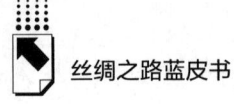

《从"内陆腹地"到"开放前沿"》,《宁夏日报》2022年5月12日,第3版。

《建设优质高效中医药服务体系　支持中医药企业"走出去"》,《21世纪经济报道》2022年3月31日,第2版。

《锚定"四地"建设,青海走实高质量发展之路》,《青海日报》2022年5月22日,第2版。

《扩大国际"朋友圈"　搭建"出海"新通道》,《宁夏日报》2022年8月8日,第1版。

《释放产能　激发动能》,《陕西日报》2022年8月9日,第4版。

《金融赋能　丝路花开》,《陕西日报》2022年8月9日,第7版。

《第六届丝博会招商成果丰硕》,《陕西日报》2022年8月26日,第5版。

《我省文旅市场复苏回暖》,《陕西日报》2022年6月20日,第9版。

《全方位高水平对外开放获新进展》,《经济日报》2022年8月25日,第9版。

李永奎:《强化一带一路风险防控能力》,《中国社会科学报》2022年6月21日,第8版。

《"一带一路"是正确之路、未来之路》,《人民日报》(海外版)2021年11月23日,第10版。

《陇粤携手共创"一带一路"新辉煌　创新中医药产业合作发展新模式》,《兰州日报》2022年6月28日,第5版。

张炜、王远、罗珊珊:《以中国的新发展为世界提供新机遇》,《人民周刊》2022年第5期。

《聚力打造丝绸之路经济带区域科技创新高地》,《新疆日报》2022年5月2日,第1版。

《稳步拓展"一带一路"全球合作新领域》,《经济日报》2021年11月23日,第4版。

《发改委等四部门推进共建"一带一路"绿色发展》,《证券日报》2022年3月29日,第1版。

戴翔、曾令涵、熊凤琴:《数字技术、全球增长共赢链与中国高水平开放》,《江苏行政学院学报》2022年第4期。

万喆:《筑牢风险防控网络,扎实推进"一带一路"建设》,《世界知识》2022年第17期。

分 报 告
Sub-Reports

B.2
2022年俄乌冲突背景下丝绸之路经济带能源合作发展报告

周 宾[*]

摘 要: 2022年上半年以来，中国能源对外贸易面临的挑战和风险明显增加。国家海关统计数据显示，东盟已成为我国对外进出口贸易的最主要伙伴，能源类产品位居进口重点商品的前3位，并且进口成本不断增加。通过对2021~2022年中国与共建丝绸之路经济带国家和地区在能源合作机制与重点项目进展方面的梳理和介绍可以看出，中国与共建国家和地区间的能源合作双多边合作机制不断丰富和完善，交流内容更加务实，并且通过中国企业"走出去"的积极努力，传统能源领域、新能源与可再生能源领域的项目签约建设进展较为顺利。当前及今后一个时期，做好国内疫情常态化防控的同时，面对俄乌冲突对全球能源市场的不利影响，在与共建国家和地区发展能源合作的过程中，需要保持战

---

[*] 周宾，博士，陕西省社会科学院金融研究所副研究员，研究方向为循环经济与可持续金融。

略定力、提前谋划布局、主动作为应对，确保国家能源安全稳定、加快绿色转型升级、扩大中国在沿线的影响力。

关键词： 共建"一带一路" 俄乌冲突 能源合作 丝绸之路经济带

截至2022年上半年，共建"一带一路"国家、地区已达到150个。作为共建"一带一路"的重要成员，东盟已成为我国对外贸易的主要伙伴。中华人民共和国海关总署统计数据显示①，2022年1~6月，中国对外进出口贸易金额（按人民币计，下同）占比排名前3位的分别是：东盟、欧盟和美国，分别为14.9%、13.7%、12.5%，贸易额较上年同期分别提高了10.6个、7.5个和11.7个百分点。此外，从进口重点商品的种类来看，同期进口重点商品金额占比排名前3位的分别是：机电产品、高新技术产品和能源类产品（煤及褐煤、原油、成品油、天然气），占比分别为27.5%、19.9%、12.5%。

2022年，受新冠疫情持续影响，全球产业链供应链的供需两端均遭受持续冲击，衰退趋势依然未减。同时，乌克兰局势不仅加剧了世界地缘政治危机，更直接对世界粮食、能源等产业链供应链安全造成了直接、广泛和深远的影响。一些国家和地区出现了不同程度的粮食危机和能源危机。此外，面对世界经济持续通胀，一些发达经济体激进加息等，这些因素叠加增加了全球经济的下行压力和大萧条。受上述因素叠加影响，我国能源对外贸易也面临着严重挑战，进口成本不断增加，与去年同期相比，能源类产品的进口金额增长最为明显，尤其煤及褐煤、原油、天然气的进口金额增长均在50%以上。

---

① 资料来源：中华人民共和国海关总署《2022年6月进出口商品主要国别（地区）总值表》，http://www.customs.gov.cn/customs/302249/zfxxgk/2799825/302274/302275/4464418/index.html；中华人民共和国海关总署《2022年6月全国进口重点商品量值表》，http://www.customs.gov.cn/customs/302249/zfxxgk/2799825/302274/302275/4464408/index.html，最后检索时间：2022年7月13日。

目前,"一带一路"能源合作伙伴关系成员国已达到33个。中国已经与50多个国家和地区建立了政府间能源合作机制和与超过30个能源国际组织建立了双边和多边合作关系,同时,中国还与100多个国家和地区开展了形式多样内容丰富的绿色低碳能源领域的项目合作[①]。作为共建"一带一路"的重点领域和主要内容,能源合作涉及资源、产业、科技、金融、人才、政策等诸多要素。百年未有之大变局下,加强能源合作对于维护能源战略安全、实现产业转型升级、促进成果转化应用、提高政治外交影响力等意义重大。面对不断增大的外部风险挑战压力,我国在统筹疫情防控和经济发展的同时,与有关国家、地区和国际组织在共建"一带一路"方面积极深化能源合作机制建设和稳步推进能源重点项目落实。

一 2021~2022年丝绸之路经济带能源合作机制进展

资料显示[②],2021~2022年中国与共建"一带一路"国家、地区和国际组织就能源领域不断深化开展双、多边交流合作,不仅包括国家地区领导人和国际组织负责人之间的会见会谈,也包括能源主管部门、协会机构、工商企业、专家学者等之间的交流研讨,不断丰富和完善了丝绸之路经济带能源合作机制。随着能源领域双边、多边合作机制的逐步建立和不断完善,以共建"一带一路"为纽带和契机,就维护能源安全、加快能源转型、有效应对气候变化等内容开展对话交流,也有助于中国加快推进全方位对外开放的新格局。

(一)能源合作多边机制进展

1. 上合组织成员国元首理事会第二十二次会议

2022年9月,习近平主席出席了上海合作组织(以下简称上合组织)

---

① 资料来源:国务院新闻办公室网站《国新办举行"加快建设能源强国 全力保障能源安全"新闻发布会图文实录》,http://www.scio.gov.cn/xwfbh/xwbfbh/wqfbh/47673/48664/wz48666/Document/1727984/1727984.htm,最后检索时间:2022年7月27日。

② 资料来源:国家能源局"一带一路"能源合作网等。

成员国元首理事会第二十二次会议。理事会在乌兹别克斯坦撒马尔罕共同发表声明强调，确保人人获得可负担得起、可靠和可持续的现代能源是联合国2030年可持续发展议程中的目标之一。同时认为，实现能源安全是国家发展的重要基础，能源安全权利和能源使用权利应得到充分尊重和保障，并支持上合组织框架内共同开展保障能源安全的合作。这是在当前世界面临的能源危机、能源供需矛盾和能源产业链供应链冲击影响下，为推动能源安全、可持续和清洁低碳转型发展的重要国际合作，也是中国所倡导和致力于维护的国际能源安全观的具体体现，对世界能源稳定和可持续利用具有重要意义。此外，会议期间中俄蒙三国元首积极商定了共同推进中俄天然气管道过境蒙古国铺设项目。

2. 金砖国家领导人第十四次会晤

2022年6月，在金砖国家领导人第十四次会晤期间，中国国家主席习近平指出，金砖国家需要共同应对减贫、农业、能源、物流等领域的挑战。能源安全是相关国家地区实现可持续发展和能源转型的基础和前提。金砖五国需要采取更加务实地举措，维护世界能源安全、推动能源转型、应对气候变化和实现碳中和目标。《北京宣言》强调维护能源安全的根本性作用和重视各国获得可负担、可靠、可持续的现代能源。此外，《全球发展高层对话会主席声明》中提出，积极推动全球清洁能源合作伙伴关系的建立，为应对气候变化和实现绿色发展，需要不断深化清洁能源和可再生能源领域合作，以及加快能源转型升级。

3. 第二届"一带一路"能源部长会议

2021年10月，国务院副总理韩正以视频形式出席了在山东青岛举办的第二届"一带一路"能源部长会议并致辞。国家能源局和山东省主要领导与28个国家的能源部门负责人，以及部分国家驻华使节和国际组织负责人通过线上和线下相结合的方式参与本次会议并进行了深入的交流研讨。近年来，为推动共建"一带一路"，中国积极构建能源伙伴关系，在清洁能源规模化开发利用、能源技术创新合作援助、能源经贸往来等方面，与有关国家、地区和国际组织开展了相关领域的合作，丰富了"一带一路"发展的内容，为世界能源领域包容性合作发展积极贡献力量。本届会议还通过了《"一带一路"能源合作伙伴关系章程》、发布了《"一带一路"绿色能源合作青岛倡议》和能源国际合作最佳实践案例等。

4. 上海合作组织成员国能源部长会第二次会议

2022年6月，由乌兹别克斯坦轮值主办上合组织成员国能源部长会第二次会议，包括中国国家能源局副局长在内的上合组织成员国能源管理部门的相关负责人以线上和线下相结合的方式参加了本次会议。乌方代表认为，区域一体化对于确保各成员国的能源安全非常重要，需要共同努力和适当改革，并采取联合行动进一步扩大成员国之间的能源和产品交流。中方就下一步充分发挥国家调控作用，统筹能源领域安全与绿色低碳发展，以及在可再生能源示范项目和能源科技创新合作等方面表明了意愿。本次会议还通过了《〈上海合作组织成员国能源领域合作构想〉务实落实行动计划》，确认了《上海合作组织成员国可再生能源领域合作纲要》（草案）文本并签署了有关会议纪要。

5. 第五届东亚峰会清洁能源论坛

2021年11月，第五届东亚峰会清洁能源论坛在北京开幕，本次论坛由国家能源局和四川省人民政府联合主办。东盟、联合国亚太经社委员会、国际可再生能源机构等国际组织的负责人，以及泰国、印度尼西亚、老挝、文莱等国家的能源部门负责人采取线上和线下等方式参会。中国国家能源局的相关负责人对近年来中国与东盟在能源领域合作取得的积极成果表示赞赏，并建议以中国—东盟建立对话机制30周年为契机，继续深化能源领域各项合作，促进能源绿色转型和实现共同发展。此外，在开放和包容的合作框架内，参会嘉宾还从政策规制设计、经济金融合作、产业转型发展、能源技术创新等方面进行了广泛交流。

6. 第二届中国—中东欧国家企业能源合作论坛

2021年11月，第二届中国与中东欧国家企业能源合作论坛在浙江宁波以线上和线下相结合的方式召开。中国国家能源局、浙江省以及十几个中东欧国家、地区和国际组织代表和相关国内企业围绕能源绿色低碳发展、深化

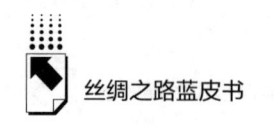

清洁能源合作等议题进行了交流研讨。与会各方回顾和肯定了近年来中国与中东欧国家和地区在能源装备制造、新能源开发利用、传统化石能源清洁化、先进核电技术、电网设计改造方面的相关技术交流合作和项目建设，同时表示希望进一步深化在清洁能源开发利用项目方面的务实合作。

（二）能源合作双边机制进展

1. 第五次中国—欧佩克高级别对话会

2021年12月，第五次中国与欧佩克高级别对话会通过线上形式由欧佩克秘书处举办，中国国家能源局和欧佩克秘书处的相关负责人共同主持了会议。与会专家围绕全球能源市场发展，以及中欧双方能源领域的相关规划、政策和能源企业转型与能源安全等议题展开了交流。欧方对中国保持经济增长和加快实施"十四五"规划的各项目标表示赞赏，认为中国始终是欧佩克及其各成员国的重要贸易伙伴，并就中国与欧佩克及其合作伙伴国之间的能源市场稳定表达了进一步交流合作的意愿。中国国家能源局负责人也认为，中国与欧佩克双方在维护全球能源市场稳定方面具有共同的利益，有必要进一步深化合作。

2. 中芬能源合作工作组第三次会议

2021年10月，中芬能源工作组第三次会议以线上形式召开，中国国家能源局与芬兰经济就业部的相关负责人就地热能、储能、智能电网等领域以及相关的示范项目合作等进行了深入交流。中芬两国在新能源和清洁能源等领域的合作互补性较强，双方围绕能源转型过程中的维护能源安全、创造经济效益、实现绿色清洁三者协调平衡等问题进行了讨论，相关企业也展示了项目进展情况和预期成果。

3. 第三届中俄能源商务论坛

2021年11月，第三届中俄能源商务论坛在京召开。国务院副总理韩正出席开幕式，宣读了国家主席习近平的贺信并为大会致辞。韩正表示，能源领域合作作为中俄两国经贸合作的最重要的组成部分，对于推动中俄新时代全面战略协作伙伴关系的发展具有重要作用。此外，韩正还提出协调发展能源贸易、技术、投资和服务等方面的合作；进一步深化能源领域标准的互认对接；为双方企业扩大投资创造更加良好的环境与服务；为应对气候变化，继续推进新能源和清洁能源领域的合作等建议。俄方表示，中俄能源领域合作发展达到新的高度，前景十分广阔，双方企业都需要在能源合作领域寻求新的增长点，有必要持续深化交流和互利合作，进一步提升中俄能源领域经贸、科技、金融等全方位合作的水平。

4. 第十次中欧能源对话

2022年3月，由中国国家能源局与欧盟能源委员会共同主持的第十次中欧能源对话通过视频方式召开。国家能源局局长章建华表示，中欧作为全球能源市场中重要的稳定性和建设性力量，具有广泛的合作基础和共同利益。欧方也表示，高度重视与中国在能源领域清洁低碳方面的合作。中欧双方围绕能源改革、国际合作、能源安全与绿色转型，以及能源技术创新合作平台等方面的内容深入交换了意见。中欧能源对话将有助于促进中国与欧盟及其有关成员国家在油气、电力、核电、新能源等领域的交流对话与经贸合作。

5. 2021年"中国—东盟清洁能源能力建设计划"培训

2021年10月，中国—东盟清洁能源能力建设计划2021年交流项目的顺利进行为中国和东盟在清洁能源领域加强交流合作和专业对话提供了良好的平台和基础。特别是，在产业链和供应链日益紧密关联的背景下，围绕共建"一带一路"，中国和东盟双方不断深化能源领域的合作创新、技术转移、成果转化等。此外，中国驻东盟使团负责人也希望，未来双方将会在清洁能源领域不断深入进行对话，使论坛活动内容更加丰富，联合开展绿色低碳产业和技术方面的研究，共同为实现"双碳"目标而积极努力。

2021~2022年中国加强了与相关国家、地区和组织在能源领域的双边和多边合作机制，平等对话、互惠互利等基本原则得到充分体现。特别是，中国与欧洲、东南亚、东亚等地区的能源对话与合作领域不断拓展和加深，与共建"一带一路"国家、上合组织、金砖国家等国际组织内各成员的交流日益密切，不仅包括国家和地区领导人和能源部长之间的对话，也有能源领域技术转移、贸易往来、投融资服务等业务部门的交流合作，内容丰富、成果务实。

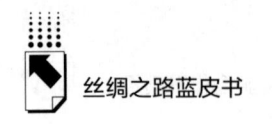

二 2021~2022年丝绸之路经济带能源合作重点项目进展

受疫情和俄乌冲突等因素叠加影响，2021~2022年中国能源企业在"走出去"面临的风险与挑战进一步加大，尽管如此，在能源领域的项目合作和建设方面还是取得了不小的成绩。对一些重点项目实例[①]整理后可以看出，中国与共建"一带一路"国家和地区的能源合作重点项目大致可分为传统能源领域和新能源与可再生能源领域。2021~2022年，我国企业积极抓住有利条件、克服不利因素，努力寻找合作机遇，高效推动项目建设，进而促进了中国与共建国家和地区在能源领域不断深化交流合作。

（一）传统能源领域合作典型重点项目

1. 中巴经济走廊水电投资项目正式投运

2022年6月，由中国长江三峡集团有限公司为主投资开发建设的巴基斯坦卡洛特水电站正式投运。该项目于2015年动工，总投资约17.5亿美元，总装机容量达到72万千瓦。作为中巴经济走廊首个水电投资项目，其投产后预计每年可节约标煤140万吨和减排二氧化碳350万吨，将对当地电力供应、环境保护和带动就业等起到积极作用。

2. 土耳其胡努特鲁燃煤电厂1号机组成功并网

2022年6月，由中国能源建设股份有限公司（以下简称中国能建）在土耳其设计承建的胡努特鲁2×660兆瓦燃煤电厂工程1号机组成功并网，预计将于2022年底前正式投产。该项目是中国企业在土耳其境内直接投资的最大项目，其中，中国国产装备占比超过90%，将为当地每年提供90亿千瓦时的电力供应的同时，其烟气脱硫、脱硝后的排放浓度优于欧盟标准。该

[①] 资料来源：推进"一带一路"建设工作领导小组办公室中国"一带一路"网、相关企业官方网站等。

项目充分体现了中国设计、中国建造、中国管理与服务的全面"走出去"。

3. 俄罗斯燃气蒸汽联合循环电站项目签约

2021年8月，由中国能建下属企业组成的联合体中标并签约了位于俄罗斯莫尔多瓦共和国南部总装机容量达到860兆瓦的燃气蒸汽联合循环电站项目EPC合同，该项目合同金额达到6.6亿美元。预计项目2023年建成投运后将对满足当地电力供应和带动当地劳动力就业等起到积极作用，也是中俄两国推动能源合作的又一典范。

4. 阿联酋迪拜哈斯彦电站3号机组成功并网

2022年5月，由哈尔滨电气国际工程有限责任公司承建的阿联酋迪拜哈斯彦电站3号机组成功并网。哈斯彦电站项目设计装机容量为4×600兆瓦洁净燃煤超超临界机组，1、2号机组分别于2020年5月和2021年5月并网运行，4号机组预计将于2023年投运，届时，将为迪拜增加20%的电力供应。该项目也是丝路基金在中东地区首个投资项目，在投融资、总包、设计、制造、建造等方面体现了央企强强联合。目前，该项目已全部使用天然气替代煤炭，为减碳环保做出了积极贡献。

5. 约旦阿塔拉特油页岩电站成功并网

2021年9月，由中国能建下属企业承建、调试和运维的约旦阿塔拉特油页岩电站2号机组成功并网。该项目是世界上最大的油页岩电站，由2台235兆瓦机组组成，1号机组于2021年成功并网。该项目投产后预计将为约旦每年提供电力37亿千瓦时，可满足约旦国内15%的用电需求。

6. 泰国东北部成品油管道项目竣工

2022年5月，由中国石油天然气集团有限公司（以下简称中石油）承建的泰国东北部成品油管道项目顺利竣工。该项目作为泰国成品油主干线之一，全长超过340公里，经过泰国的五个府。中石油积极克服当地疫情、洪水和融资滞后等不利因素，确保工程按时完工。该项目的建成对泰国当地缩短成品油交货周期、节约物流成本和确保能源供应安全具有重要意义，也是中泰双方落实共建"一带一路"的具体体现。

7. 中国石化与沙特阿拉伯国家石油公司共同签署合作备忘录

2022年8月，中国石油化工股份有限公司与沙特阿拉伯国家石油公司在沙特签署了一揽子合作备忘录，内容涵盖了石油化工、物资供应、装备制造、碳捕集、氢能开发利用等领域。在当前疫情持续和地缘冲突加剧进而引发全球能源危机的背景下，此举对于确保能源安全和巩固扩大双方能源领域长期战略合作具有重要意义。

（二）新能源与可再生能源领域合作典型重点项目

1. 巴基斯坦华龙一号两台机组建成投产

2022年4月，由中国核工业集团有限公司（以下简称中核集团）研发、设计、承建的巴基斯坦卡拉奇K3机组通过临时验收，标志着我国自主研发的第三代核电技术——华龙一号2、3号机组全面建成投产。华龙一号是我国具有完全自主知识产权的第三代压水核反应堆电站，满足国际最高安全标准，具备批量化建设的能力。本次2、3号机组的投运将为巴基斯坦每年提供清洁电力200亿千瓦时，能够满足200万人每年的生产和生活用电需求，也相当于每年减少标煤624万吨和减排二氧化碳1632万吨。由中核集团承建的该工程标志着我国核电技术领域的"国家名片"在"一带一路"沿线的推广和应用，对确保能源安全、实现绿色清洁发展和进一步密切中巴传统友谊都具有重要的现实和战略意义。

2. 葡萄牙Solara4大型光伏电站通电

2021年10月，由中国建材国际工程集团有限公司（以下简称中国建材集团，也即凯盛集团）作为总承包商建设的葡萄牙Solara4 220兆瓦大型光伏电站项目顺利通电。该项目是目前欧洲单体装机容量最大的太阳能光伏电站，全部采用中国建材集团自有品牌，可实现年发电量超过3800亿瓦时，每年可满足20万户家庭用电需求和减排二氧化碳33万吨。该项目的建成投运不仅标志着我国太阳能光伏技术在共建"一带一路"的欧洲国家新能源市场得到充分认可，也是中国为世界应对气候变化做出的积极贡献。

3. 越南亚飞得多风电项目实现商业运行

2021年10月,由中国电力建设集团有限公司(以下简称中国电建)总承建并完成的越南亚飞得多风电项目二期15台风机正式获得商业运行证书,这标志着一、二期共31台风机全部投入商业运行。该项目位于越南嘉来省,一期2021年1月开始动工,总装机容量140兆瓦,是中国电建在越南规模最大的陆上风电项目,越南已成为中国风电出口的最大海外市场,对于进一步拓展中企在"一带一路"沿线东盟新能源市场业务具有重要的推动作用。

4. 蒙古南部能源基地一期风电项目签约

2022年3月,中国能建签约蒙古南部能源基地1000兆瓦一期风电项目EPC合同,实现了中企在蒙古新能源领域的新突破。该项目总装机容量1000兆瓦,分三期建设。项目建成后将缓解蒙古南部矿区用电紧张的局面,将有助于蒙古的能源结构优化和清洁能源出口,同时,也有助于推动我国企业更好地在共建"一带一路"新能源领域"走出去"和进一步提高企业的国际新能源市场竞争力。

5. 印尼雅加达可再生能源合作项目签约

2022年4月,协鑫能源科技股份有限公司(以下简称协鑫能科)与印尼Sarana Jaya公司、SSPT公司签署了可再生能源项目三方股东协议,标志着协鑫能科下属企业负责的雅加达东区垃圾发电工程取得实质性进展。这也是协鑫能科继2022年2月与塞尔维亚国家电力公司合作之后在可再生能源领域的又一次海外重大项目。该项目工程装机总容量40兆瓦,采取工艺先进且满足欧盟烟气排放标准的技术,日处理垃圾可达1700吨,约占印尼首都雅加达日产垃圾的20%以上。该工程不仅满足印尼政府垃圾"3R"处理要求,也为当地提供了可替代传统煤炭发电的电力供应,也是中国与东盟国家共建"一带一路"的具体体现。

6. 沙特红海新城储能项目签约

2021年10月,由山东电力建设第三工程有限公司作为EPC总承包商与华为旗下的华为数字能源技术有限公司成功签约了沙特红海新城储能项目。该项目是目前世界上最大的电池储蓄设施,储电量可达1300兆千瓦时,可

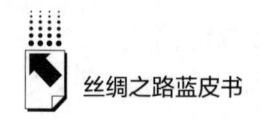

供该区域实现完全清洁的可再生能源供电利用，也是世界上第一个融合多能源互补系统的城市电力设施，对沙特资源枯竭城市转型和可再生能源利用具有重要意义。

7. 中芬能源合作项目在广州落地

2022年8月，在广州南沙建成投产的"多位一体"微能源网示范工程是中国与芬兰能源合作新能源领域的重点示范项目。该项目集成了太阳能、生物质能、氢能、先进储能技术等，对于显著提高区域能源利用效率和节能减排效果，以及促进粤港澳大湾区智慧低碳转型发展都具有重要意义。

三 俄乌冲突背景下丝绸之路经济带能源合作分析与展望

作为欧洲最大的天然气供应商，俄罗斯供气量约占欧洲天然气进口量的1/3，而乌克兰是俄罗斯天然气输送至欧洲的主要过境国，对输欧天然气供应至关重要。由于乌克兰积极寻求加入北约与俄罗斯强烈反对北约东扩之间的矛盾不断加深，2022年2月下旬，俄罗斯采取了旨在对乌克兰"去军事化"的"特别军事行动"。俄乌冲突爆发后，一些西方国家与俄罗斯之间形成了多领域、高频率的制裁与反制裁，全球能源市场受到巨大冲击，能源供需矛盾持续加剧，能源价格持续飙升且高位运行，已促使新一轮全球能源危机显现。国际能源署（IEA）数据显示[1]，自俄乌冲突爆发后，欧洲TTF价格和亚洲LNG现货价格均出现明显上涨，尽管3月中旬有所回落，但仍明显高于冲突爆发前的水平。

从目前形势看，全球新冠疫情结束预期仍未可待，随着俄乌冲突和西方国家与俄罗斯之间制裁的持续，欧洲不断削减对俄罗斯天然气进口的依赖并积极寻求能源替代，进而导致国际能源消费，尤其是天然气消费水平将持续走低，2022年下半年全球经济走势的不确定性和下行风险仍较大。尤其，

---

[1] 资料来源：IEA, *Gas Market Report*, Q2-2022 (Paris: IEA, 2022)。

俄乌冲突对丝绸之路经济带能源合作的直接影响主要体现在其加剧了全球能源供应链断链、缩链的风险。全球能源价格剧烈波动，不仅导致了包括欧洲许多国家和地区在内的世界能源价格上涨和能源紧张，而且促使弃煤进程延后，增加了应对气候变化和污染物减排的压力，但是，客观上也助推了包括中国在内的一些知名能源企业在全球新能源领域市场的占有和扩大。因此，共建"一带一路"国家、金砖国家等组织对能源供应链治理的呼声不断高涨，需要加快建立和完善安全、稳定、有效的能源供应链体系。

进一步分析认为，世界各国和地区在应对新冠疫情政策措施和手段上尚未实现统一，俄乌冲突以及地缘政治相关国家间的制裁措施不断加码，导致世界能源价格继续上涨，欧洲和亚洲能源供应短缺引发的能源危机、经济滞涨，甚至部分国家政治动乱的风险加剧，有可能会产生多米诺骨牌效应进一步影响全球其他国家和地区。结合丝绸之路经济带能源合作进展情况和世界政治经济总体形势，由此可认为，未来丝绸之路经济带能源合作的重点领域、主要对象、方式途径和预期成果不可避免地将会受到上述因素的影响。此外，这些不利因素对全球产业链供应链带来的持续冲击，可能会导致世界能源领域供需矛盾更加突出，部分国家和地区能源产业链供应链出现断裂的风险将会增加。

据统计，目前中国能源自主保障能力在80%以上，可再生能源电力消费约占全社会电力消费量的1/3。在确保我国自身能源安全稳定和实现绿色低碳转型的同时，坚持相互尊重、平等互利、合作共赢和实现包容性增长，是与有关国家、地区和国际组织交流合作的原则基础。为巩固丝绸之路经济带能源合作发展的良好势头，首先，需要保持战略定力、超前谋划布局、强化底线思维、积极主动应对，确保我国能源供给安全稳定，加快能源绿色低碳转型，加大新能源与可再生能源开发利用；其次，需要加强全国能源统一大市场建设调控，提升我国能源产业链供应链管理水平，加快构建以国内产业链供应链大循环为主，积极稳妥地推动国内国际产业链供应链双循环的能源合作发展新格局；最后，需要发挥在部分领域的科技成果优势，推广在产业化规模化方面的成熟经验做法，依托人力资源充沛的基本现实，运用

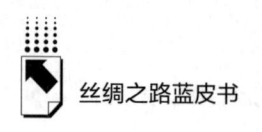

"一带一路"主题基金等金融工具，助力更多中国企业"走出去"开展能源合作，进一步提高海外市场竞争力，从而扩大中国在丝绸之路经济带沿线的影响力。

参考文献

《上海合作组织成员国元首理事会关于维护国际能源安全的声明》，新华网，http://m.news.cn/2022-09/17/c_1129009756.htm，最后检索时间：2022年9月17日。

《共建亚欧大陆美好家园——记习近平主席出席上海合作组织成员国元首理事会第二十二次会议》，新华网，http://www.news.cn/politics/leaders/2022-09/18/c_1129011543.htm，最后检索时间：2022年9月18日。

国务院新闻办：《国新办举行"加快建设能源强国 全力保障能源安全"新闻发布会图文实录》，http://www.scio.gov.cn/xwfbh/xwbfbh/wqfbh/47673/48664/wz48666/Document/1727984/1727984.htm?flag=1，最后检索时间：2022年7月27日。

国家能源局：《聚焦能源安全 推动能源转型——金砖国家领导人第十四次会晤〈北京宣言〉中的能源合作成果》，http://www.nea.gov.cn/2022-07/01/c_1310636494.htm，最后检索时间：2022年7月1日。

中国一带一路网，https://www.yidaiyilu.gov.cn/index.htm，最后检索时间：2022年7月1日。

一带一路能源合作网，http://obor.nea.gov.cn/index.html，最后检索时间：2022年7月1日。

中华人民共和国海关总署：《2022年6月进出口商品主要国别（地区）总值表（人民币值）》，http://www.customs.gov.cn/customs/302249/zfxxgk/2799825/302274/302275/4464418/index.html，最后检索时间：2022年7月13日。

中华人民共和国海关总署：《2022年6月全国进口重点商品量值表（人民币值）》，http://www.customs.gov.cn/customs/302249/zfxxgk/2799825/302274/302275/4464408/index.html，最后检索时间：2022年7月13日。

《我国能源自主保障能力保持在80%以上》，《经济日报》2022年7月28日，第3版。

B.3
2022年丝绸之路经济带设施联通发展报告

孙雅姗 张浩然*

摘　要： 对丝绸之路经济带设施联通建设的几个重点领域：铁路、公路、航空、信息等方面的互联互通在2021~2022年最新发展与成效做出总结与分析。2021年，我国与共建"一带一路"国家货物贸易额达到11.6万亿元，国内国际间、跨区域间交通基础设施互联互通水平显著提升。国家"十纵十横"综合运输大通道基本贯通，"八纵八横"高速铁路主通道、世界级机场群、港口群加快建设，数字丝绸之路、健康丝绸之路、能源丝绸之路、绿色丝绸之路等多维度、全方位、立体化的推进形式不断丰富着设施互联的内涵与外延。本报告认为设施联通建设在这一年间面临国际环境错综复杂、依赖政策推动、缺乏宏观统筹、融资环境收紧、融资渠道狭窄等多方面挑战。建议在未来设施联通建设中以联通应对挑战，于变局中开新局；加快推进绿色丝绸之路、数字丝绸之路建设；构建多元化融资体系，探索金融资源利益共享机制。

关键词： 丝绸之路经济带　设施联通　绿色丝绸之路

---

* 孙雅姗，陕西省社会科学院金融研究所助理研究员，研究方向为微型金融与区域金融；张浩然，悉尼大学金融与会计学硕士研究生，研究方向为数字经济。

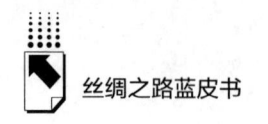

一 2021~2022年设施互联建设总体进展与成效

（一）设施互联的总体思路

习近平主席在2021年第二届联合国全球可持续交通大会开幕式上指出"中国将继续推进高质量共建'一带一路'，加强同各国基础设施互联互通，加快建设绿色丝绸之路和数字丝绸之路"[①]，为推动共建丝绸之路经济带设施联通高质量发展指明了未来的发展方向。2021年，我国与共建"一带一路"国家货物贸易额达到11.6万亿元，同比增长23.6%，创8年来新高。数字丝绸之路、健康丝绸之路、能源丝绸之路、绿色丝绸之路等多维度、全方位、立体化的推进形式不断丰富着设施互联的内涵与外延。我国与丝路相关各方一道，坚持共商共建共享原则，沿着基础设施绿色联通、高效联通路径有序推进，实现了与共建国家共同发展、互利共赢。一座座"连心桥"、一道道"发展带"、一条条"幸福路"跨越国界、意识形态和不同的发展阶段，勾画出丝路多领域互联互通的合作新蓝图。

（二）设施互联的现状与成效

1. 铁路互联互通的现状与成效

从国内段来看，以兰新铁路和兰新高铁线为主通道、临河—哈密铁路为北通道、格库铁路为南通道的"一主两翼"交通格局已经全面形成。北通道方面，由阿富准铁路、奎北铁路、兰新线、乌将铁路共同构成的北疆铁路环线已全线贯通。在此基础上，世界首条环沙漠铁路——和若铁路也于2022年6月全面建成。该铁路是世界首条环沙漠铁路线，全长2712公里，西经南疆腹地，东衔青藏铁路，是推动"丝绸之路经济带"的战略通道，成为填补区域路网空白，连接我国内陆与中亚、南亚地区客货交流的路网干

[①] 《习近平在2021年第二届联合国全球可持续交通大会开幕式上的主旨讲话》。

线。中通道方面，兰张三四线建设取得重大进展，预计2024年建成。该铁路是兰新高铁的重要组成部分，建成后将成为兰州至新疆方向第二条高铁通道，对于完善我国丝路高速铁路网布局，助力区域经济社会发展具有重要意义。南通道方面，格库铁路开通两周年，过货量超1000万吨，成为"带货"新主流。南疆的棉花、钢材等被顺利运往川藏等地，而青海、四川的化肥等物资也在源源不断地送往新疆。格库铁路有效缓解了中通道的压力，成为连接新疆与内地的"铁路驼队"。

从跨境铁路来看，"一带一路"的标志性工程，连接昆明和万象、全线采用中国标准的中老铁路2021年顺利建成投入运营。截至2022年9月底，"已累计发送旅客739万人次，累计运输货物851万吨，其中跨境货物154万吨"[1]，成为高效便捷的国际物流"黄金通道"。随着"澜湄快线+跨境电商""中老铁路+中欧班列"等铁路国际运输新模式的不断探索，中老铁路辐射效应和跨境货运能力将进一步加强。2021~2022年，中印尼共建"一带一路"、深化务实合作的标志性项目雅万高铁扎实推进，中国与东欧国家共建"一带一路"重点项目匈塞铁路内贝诺段正式开通运营，为区域发展和世界经济复苏注入"正能量"。此外，备受关注的中吉乌铁路再进一步，乌兹别克斯坦代理外交部部长在上合组织成员国元首理事会第二十二次会议上表示，中吉乌铁路修建协议计划在撒马尔罕峰会期间签署，这对促进中吉乌铁路在程序上和法律上的完善向前迈了一大步。可以看出，中国铁路是连接丝绸之路经济带的重要纽带，其以开放的姿态与世界分享国际领先技术，将"一带一路"涉及区域连接起来，不断拓展命运共同体建设走向纵深。

2. 公路互联互通的现状与成效

从国内段来看，G3018线精河至阿拉山口高速公路（精阿高速）已于2022年3月全线通车。精阿高速公路起于精河县东侧，止于阿拉山口市南侧，全长68.73公里，是G30连霍高速与阿拉山口陆路口岸的重要连接线。

---

[1]《中老铁路开通10个月，客货运量持续提升》，央视网，2022年10月5日，http://news.cctv.com/2022/10/05/ARTIqxujrAqS5EtwZjmQ5f2Z221005.shtml，最后检索时间：2022年12月2日。

该线路的通车使精河县至阿拉山口市可实现1小时内通达，为我国与中亚地区筑起高效、便捷运输的"大动脉"。2022年8月，新疆巴音郭楞蒙古自治州若羌县境内的依吞布拉克—若羌高速公路（依若高速公路）正式建成通车，成为继G7线京新高速、G30线连霍高速之后，进出疆第三条高速公路大通道，对于提升进出疆通道的运输能力，强化我国与中亚、南亚之间高效便捷的陆路联通能力具有十分重要的推动作用。

从跨境公路来看，打通中巴经济走廊的喀喇昆仑公路一二期工程已全部完工并实现通车，成为中巴两国的友谊之路、共同富裕之路。2022年6月通过的《关于深化"中国+中亚五国"互联互通合作的倡议》提出要充分发挥跨境铁路运输优势，积极推进中吉乌铁路项目可研工作，经营好"中国西部—欧洲西部"公路（双西公路）中哈段，争取"双西公路"早日全线常态化贯通。2022年9月，莫斯科—喀山高速公路举行开通仪式，该路段是"双西公路"俄罗斯段的组成部分，"目前，这一项目已被列入俄罗斯联邦交通基础设施现代化改造和扩建综合计划"①。

3. 货运班列的现状与成效

中欧班列自2011年开行以来，已在超50个城市开通运营82条运行线路，通达欧洲24个国家200个城市，成为共建"一带一路"的品牌工程。尤其在疫情下保持逆势增长，中欧班列为国际货物供应链的稳定、中欧地区共同抗疫发挥了重要作用，跑出了互利共赢"加速度"。"截至2022年8月，中欧班列已累计开行达10000列，累计发送货物97.2万TEU，同比增长5%，综合重箱率高达98.4%"②。

运输服务网络已密铺欧洲全境，"连点成线""织线成网"的联通基础已初步形成。目前，中欧班列运输货品已达5万多种，涉及衣帽、汽车、粮

---

① 《中老铁路开通10个月，客货运量持续提升》，央视网，2022年10月5日，http://news.cctv.com/2022/10/05/ARTIqxujrAqS5EtwZjmQ5f2Z221005.shtml，最后检索时间：2022年12月2日。

② 《2022年中欧班列累计开行1万列 通达欧洲24国200个城市》，央广网，https://baijiahao.baidu.com/s?id=1741741784385160029&wfr=spider&for=pc，最后检索时间：2022年12月2日。

食等53大门类。2022年，全国首趟境内外全程时刻表中欧班列（西安）顺利开行，乌鲁木齐国际陆港区联合成都双流空铁国际联运港共推"空铁公海"多式联运合作，将原有中欧班列线路进一步延伸至RCEP成员国，为不断扩大中国在中欧各国的"朋友圈"、深化国际产能合作、加速要素资源跨国流动做出了积极贡献；为稳定国际货物供应链畅通高效、高质量实现互联互通注入了强劲动力。

4. 航空互联互通的现状与成效

在疫情防控新阶段与新的国际形势下，临空经济正成为我国内陆城市不断拉近与世界的距离、实现跨越式发展的一种全新的动力模式。在全球疫情蔓延的情况下，我国依然"与'一带一路'中的45个国家和地区保持着定期客货运航班，每周货运航班1068班，是疫情前的2.6倍"[1]，为"一带一路"合作架起了安全、快捷、高效的空中桥梁。

陕西积极融入全球航空产业大循环。2021年10月，正式开通莫斯科—西安—阿拉木图第五航权货运航线，成为陕西首条链接共建"一带一路"国家的第五航权货运航线，为丝路国家间的经济贸易往来搭建便捷顺畅的"空中桥梁"。至此，"西安咸阳国际机场已开通全货运航线23条，初步形成了国内北上南下、东进西出，国际直达欧美的全货机网络布局"[2]；甘肃民航着力打造"一带一路"空中开放枢纽。2022年9月出台的《甘肃省民航机场集团打造甘肃省"一带一路"空中开放枢纽的实施方案》提出，甘肃省将充分发挥兰州、敦煌两机场的区位优势，"构建以'西进'为主，巩固'东连'、深耕'南向'、促进'北拓'的多向并进国际航线网络发展格局"[3]。青海作为西北地区重要的中心城市，正在构筑东西协作、南来北往

---

[1] 《中国与"一带一路"45个国家保持"空中联系"，埃塞俄比亚航空和卡塔尔航空的新布局》，https://www.163.com/dy/article/FN8BVMG50519EOS3.html，最后检索时间：2022年12月2日。

[2] 西安发布：《莫斯科-西安-阿拉木图第五航权货运航线开通》，https://baijiahao.baidu.com/s?id=1712344568020672768&wfr=spider&for=pc，最后检索时间：2022年12月2日。

[3] 《甘肃打造"一带一路"空中开放枢纽》，https://www.yidaiyilu.gov.cn/xwzx/dfdt/277893.htm，最后检索时间：2022年12月2日。

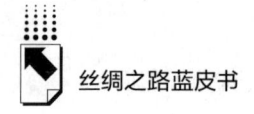

的"空中丝绸之路"。青海民航"头号工程"西宁机场三期扩建工程已进入建设高峰期，新建T3航站楼已经完成基础施工，建成后将以向西开放、围绕青藏高原区域枢纽机场建设目标，助力西北地区由传统经济腹地转型为面向中亚和西亚地区的经济发展前沿。宁夏充分发挥丝绸之路经济带战略节点优势，打造区域性国际航空物流中心。2022年出台的《西北民航"十四五"发展规划》中，银川河东国际机场和中卫、固原两座支线机场的功能定位得到进一步明确，即与西安、兰州、西宁三地机场共同形成层级明确、功能互补、协同运行的西北地区机场群。新疆开启"空中丝绸之路"高质量建设新篇章。2022年，新疆巴里坤民用机场获得批复，新疆喀什机场T2航站楼正式启用。11年来新疆机场数量由17个增加至24个，开通直飞疆外航线的支线机场达到14个，直飞疆外城市达到22座。初步形成了以国际枢纽为核心、次枢纽为骨干、支线机场为补充的结构合理、功能完善的区域机场体系。

5. 能源和信息通道互联互通的现状与成效

能源合作是"一带一路"建设的重点领域。2021~2022年，丝绸之路经济带能源项目总体顺利推进，中巴经济走廊方面，巴基斯坦卡洛特水电站已于2022年7月全面投入商业运营，每年可为巴基斯坦提供32亿千瓦时清洁电能，极大地满足了当地人民的用电需求；苏基克纳里水电站、巴基斯坦太阳能公园项目等电力项目建成投产。目前，中国已与共建"一带一路"的7个国家实现电力联网，能源基础设施互联互通水平显著提升。"中亚俄罗斯、中东、非洲、美洲和亚太五大油气合作区日渐丰满，西北、东北、西南及海上四大油气进口通道逐步成形，能源基础设施互联互通水平显著提升。"① 软联通方面，我国已与30多个能源类国际组织和多边机制建立合作关系，建立政府间能源合作机制的国家和地区超过90个，已开展双边能源合作规划的国家和地区达10个。信息通道畅通是数字丝绸之路高质量发展，

---

① 王怡、朱怡等：《东方风起再扬帆——"一带一路"国际能源合作纪实》，《中国电力报》2021年10月18日，第1版。

助推参与国的数字经济发展水平的基础。目前，在已同中国签订共建"一带一路"合作文件的全球140个国家中，有137个国家已开展或计划开展数字丝绸之路相关项目，17个国家已与中国正式签署数字丝绸之路谅解备忘录，至少33个国家已与中国签署相关协议。

二 2021~2022年设施互联建设的困难与问题

（一）百年变局交织世纪疫情，互联互通面临严峻挑战

当下，世界之变、时代更迭，国际环境错综复杂，百年变局正在以前所未有的方式展开：疫情阴霾仍在，局部冲突叠加，世界进入动荡变革期。基础设施互联互通面临前所未有的严峻挑战。

第一，大国竞争、集团政治、地区冲突等涉及国际政治、世界经济、安全态势、文明共存等诸多方面，其深刻性、复杂性、不可预测性都会对"一带一路"合作的持续推进造成深重影响。一些国家害怕中国和平崛起，干扰我们与世界的良性互动，阻碍"一带一路"设施互联推进进程。如2021年美国的"清网行动"，其中一个目的就是阻拦将部分海底光缆连接我国。

第二，国际环境错综复杂，逆全球化加剧政策沟通的难度。国际发展合作动能减弱，全球发展问题被边缘化。基础设施互联互通多为建设周期长、投资巨大的跨国项目，需要稳定的政治导向与政策支持。但在现阶段，"一带一路"建设之初的相对缓和的国际环境已发生重大改变。全球政治经济处于尚未确立新稳定结构的失衡期，这一时期的不确定性给稳定推进设施互联建设带来挑战。

第三，经济与政治的冲突加剧，阻碍经济发展的深层次矛盾更加凸显，经济下行压力在多个层面爆发。由此造成的贸易壁垒、经济波动冲击等一系列结果可能对互联互通建设产生不利影响。第三方经济特别是小型经济在大型经济体之间的贸易摩擦中不可避免地受到干扰，从而对原有的双多边自由贸易体系造成冲击。

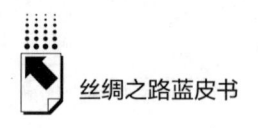

第四，新冠疫情下，社区封锁、企业停工、旅行禁令等措施迫使项目停工，一些基础设施建设项目因这些不可抗因素处于停滞状态。疫情后国际社会还将面对重振经济的重大考验，对于基础设施建设项目来说依然有较大的不确定性。

（二）过度依赖政策推动，缺乏宏观统筹机制

"一带一路"倡议具有较强的政策驱动特质，初期的合作项目主要集中在大型基础设施建设领域，这类项目投资大、周期长、门槛高，多由大型国企、政策补贴、政策性金融推动。这种推进模式对于设施互联互通来说可迅速汇聚优质资源，确保项目落地实施。但随着"一带一路"建设进入2.0阶段，市场化运作扬帆起航，初始模式存在的问题逐渐显现。一是无序竞争的问题比较突出。以中欧班列为例，发展之初，各地政府纷纷给予中欧班列政策红利，试图通过政府补贴的形式在全国脱颖而出。由此造成地区间无序竞争、各自为政、盲目争夺货源、"有去无回"、拥堵延误等问题不同程度存在，干扰了市场运行秩序，阻碍了中欧班列运输价值的有效发挥。二是国内丝路沿线地区所建立的合作尚缺乏覆盖全面、具有较强针对性和约束力的区域合作机制。尤其是在跨区域共建的项目方面，尚缺乏顶层对接机制、统筹平衡机制。因此，从国家到地方统筹规划、加强顶层沟通、整合多方资源也是目前设施互联面临的现实挑战。三是"一带一路"相关鼓励政策并未有效鼓励中小企业参与项目建设，反而造成了中小企业群体的分化。因为政策红利外溢存在不均衡现象，中小企业在分享政策红利存在较高的渠道成本。从实践来看，与政府结合越紧密的企业越容易享受政策红利，而市场化程度越高的企业反而难以及时分享红利。最直观的表现就是大型央（国）企能够有效利用政策促进企业"走出去"，而中小企业则较难获得这样的机会。

（三）疫情下融资环境收紧，基建融资渠道狭窄

一是疫情导致的财政压力和债务问题导致基础设施融资规模受限。根据

国际货币基金组织发布的《世界经济展望报告》，全球对冲新冠疫情的财政支出高达10.79万亿美元，导致发达经济体和新兴市场经济体债务与GDP之比创历史新高。通货膨胀压力上升、债务规模进一步扩大、主权信用风险升高，直接影响政府的融资能力和基建项目的融资成本。同时，面对通胀压力和债务难题，部分国家尤其是发展中国家已开始减少新增公共投资，基础设施项目的资金供给难以保障。二是融资渠道单一，缺乏多元化融资方式和金融产品。目前，丝绸之路经济带基础设施联通项目融资渠道仍然以信贷资金为主，资本市场融资规模不足，以丝路基金为代表的专项基金目前仍以股权投资为主，社会层面参与债权部分融资的积极性不高。三是低成本金融资源有限。在丝绸之路经济带基础设施建设的前期项目中，资金主要来源于政府援助、政策性金融，以及亚投行、丝路基金、政策性银行等开发性金融。这些金融资源价格相对较低、期限较长，但受限于金融资金有限，融资门槛高，条件较为苛刻，很难发挥杠杆效应以满足丝绸之路基础设施建设多层面、大规模的资金需求。如何使基础设施项目主体进入中长期资本市场，为基础设施互联建设提供可持续的、源源不断的资金支持，是未来丝绸之路建设中需要解决的关键问题。

三 丝路经济带设施互联建设的对策建议

（一）以联通应对挑战，于变局中开新局

习近平主席在博鳌亚洲论坛2022年年会开幕式上发出时代强音："世界各国乘坐在一条命运与共的大船上，要穿越惊涛骇浪、驶向光明未来，必须同舟共济，企图把谁扔下大海都是不可接受的。"[①] 世界大变局加速演进，百年变局既是"危"更是"机"。在疫情叠加国际环境错综复杂的情况下，共建"一带一路"国家基础设施表现出较强的发展韧性，说明和平发展合

---

① 《习近平在博鳌亚洲论坛2022年年会开幕式上的主旨演讲》。

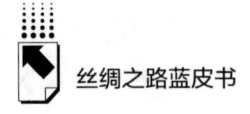

作共赢的时代主题没有改变，谁都无法阻挡各国人民对美好生活的向往。11年来，"一带一路"从理念化为行动，从愿景变为现实，已经形成一整套与人类命运共同体理念高度契合的价值理念，是推动构建人类命运共同体的重要实践平台。我们要毫不动摇地坚持共商、共建、共享原则，致力于高标准、惠民生、可持续的联通项目，向世界各国提出"开新局"之策。一是要跟踪国际形势发展变化，适时调整"一带一路"合作的方向和资源配置。选择政治关系稳定、经济效益可控、信誉相对较好的国家和地区，成为今后设施联通、技术投入的重点方向。二是要坚定不移地推进基础设施"硬联通"，弥补共建国家发展短板，释放全球经济发展动能；促进规则标准"软联通"，确保战略、规划和政策协同。三是在互联互通中要统筹好各参与国家的共同利益和差异化利益之间的关系，在开拓中国可持续发展的国际制度空间的同时，培育良性竞争的制度环境，寻求利益共识，实现多方共赢。

（二）加快推进绿色丝绸之路、数字丝绸之路建设

"一带一路"必须是能够可持续发展的"一带一路"。只有在绿色的前提下谋求发展，才能够维系"一带一路"的强大感召力。中国已深入开展生态文明建设，确立了碳达峰、碳中和目标。各国政府尤其是发达国家正积极调整能源结构，加快淘汰煤电等化石能源，加大对风光电热等新能源项目的政策支持力度。这一形势下，中国应以"绿色丝绸之路"引领新发展，推进绿色基建、绿色能源、绿色交通等务实合作符合时代趋势与"一带一路"发展内涵。一是要构建绿色丝路国际合作机制。团结共建国家共同落实好联合国2030年可持续发展目标，展现中国绿色发展的决心，充分发挥中国绿色引导力作用，加速推进生态文明理念在世界范围内的广泛认同。二是要与共建丝绸之路国家共同提高绿色治理能力。以设施互联为通道将中国在绿色发展进程中积累的经验、理念、技术和方法引入共建丝绸之路国家，让绿色成为"一带一路"发展的底色。三是加快能源基础设施的现代化升级，加强节能减排、清洁能源等互联互通项目的落地实施；加大清洁低碳产

业投资，推动共建国家产业绿色化、低碳化、循环化转型，让"绿色丝绸之路"助力疫情后世界经济"绿色复苏"。

"数字丝绸之路"建设为全球经济增长提供新的驱动力。2021年，中国跨境电商进出口额达到了1.98万亿元。中国不仅通过数字经济赋能高质量发展为自身开拓出一条开放合作之路，还通过"数字丝绸之路"建设，把沿线各国人民紧密联系在一起，为全球经济增长提供新的驱动力。下一步应聚焦数字基础设施、数字经济形态及相关机制建设。一是通过增强数字基础设施联通合作，缩小共建各国间数字鸿沟。引导和支持中国企业更多参与丝路国家数字基础设施建设，通过新基建、数据中心、云计算中心等项目拓宽与其在物联网、智能互联、5G等领域的合作范围。二是加快电网、水利、公路、港口以及铁路等传统基础设施与互联网、大数据、人工智能等新一代信息技术的深度融合。三是统筹推进全球数字丝路治理规则建设。通过推进全球性数字经济规则构建，为"数字丝路"治理规则建设塑造良好环境；探索整合区域性合作平台数字治理规则成果，为"数字丝路"治理规则建设凝聚共识；通过"数字丝路"治理规则建设的示范效应，助力全球性数字经济治理。

（三）构建多元化融资体系，探索金融资源利益共享机制

"一带一路"建设将覆盖全球70%的世界人口，这一进程不但是设施联通之路，民心相通之路，也是资金融通之路。推进"一带一路"设施互联，资金支持是不可或缺的首要因素，因此必须让金融发挥关键作用。一是要构建多元化可持续的金融支持体系。以政策性和开发性金融为杠杆，为重点项目的孵化和启动提供前期资金支持；拓宽直接融资方式，鼓励企业通过发债、股权融资等方式参与建设；"进一步扩大丝路基金、中非基金等投资基金的支持范围，对重点项目提供股债组合支持；放宽社会资本准入门槛，加大探索开展PPP融资模式"[①]。二是要探索金融机构和企业利益共享机制。

---

① 胡洁：《构建有效金融支持体系 助推"一带一路"高质量发展》，《中国经济时报》2022年5月18日，第3版。

"探索以国家信用在国际金融市场融资,再转借给国内的金融机构,以此降低那些没有主权评级的金融机构的外币资金成本"[1];探索发展中国家以央行为核心,由商业金融、政策金融组成政策体系,促进共建丝绸之路国家金融机构服务有效对接;探索金融机构与企业之间的利益流动机制,推广BOT(建设—经营—转让)模式,鼓励金融机构以较低利率向企业提供融资,企业根据盈利情况向金融机构返利。三是构建绿色投融资体系。充分发挥金融市场的功能,通过发行绿色债券、提供绿色贷款等方式,开展绿色低碳供应链管理,引导市场资源流向更加节能环保的技术,尽快退出高碳排放相关项目;帮助共建"一带一路"国家建立绿色金融标准,为国际资金支持丝路沿线绿色发展创造便利条件。鼓励金融机构发挥自身优势提供绿色金融相关能力建设,帮助当地提升绿色金融发展水平。

---

[1] 鞠传霄:《"一带一路"资金融通面临的挑战及建议》,《中国投资》(中英文)2021年第ZA期,第20~21页。

B.4 2022年丝绸之路经济带贸易合作发展报告

高云艳*

摘　要： 由于新冠疫情及俄乌冲突不利因素的影响，丝绸之路经济带贸易合作面临新的挑战。在RCEP正式生效实施和我国对外贸易"保稳提质"的大框架下，2022年丝绸之路经济带贸易合作保持逆势增长。政策环境不断优化，跨境电商高质量发展，以跨境电商综合试验区的扩围提质增效，加速跨境电商产业发展。本报告认为：贯彻落实党的二十大精神，加快建设贸易强国，推动共建"一带一路"高质量发展，建议持续从开放平台能效的提升、贸易通道的建设、新业态新模式的提速、服务贸易的全面推动为抓手，促进丝绸之路经济带贸易合作高质量发展。

关键词： 丝绸之路经济带　贸易合作　服务贸易　跨境电商综合试验区

一　2022年丝绸之路经济带贸易合作发展思路及成效

党的二十大报告指出，"共建'一带一路'成为深受欢迎的国际公共产品和国际合作平台"，进一步要求"推进高水平对外开放""稳步扩大规则、规制、管理、标准等制度型开放""加快建设贸易强国""推动共

---

* 高云艳，陕西省社会科学院助理研究员，研究方向为区域金融。

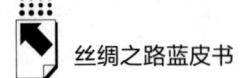

建'一带一路'高质量发展""维护多元稳定的国际经济格局和经贸关系"①,明确了丝绸之路经济带贸易合作走实走深、高质量发展的最新思路和目标方向,进一步提振了发展信心。

绿色贸易和数字贸易将引领丝绸之路经济带贸易合作,成为新发力点。早在2021年第三次"一带一路"建设座谈会上,习近平总书记就指出"要稳妥开展健康、绿色、数字、创新等新领域合作,培育合作新增长点"②。在数字贸易方面,要求"要深化数字领域合作,发展'丝路电商',构建数字合作格局"③。在绿色贸易方面,2022年《关于推进共建"一带一路"绿色发展的意见》提出,持续优化贸易结构,大力发展高质量、高技术、高附加值的绿色产品贸易。加强节能环保产品和服务进出口④。绿色贸易和数字贸易将成为贸易合作的新趋势。

2022年,丝绸之路经济带贸易合作逆势增长。从西北五省（区）数据指标来看,发展规模保持一定的增长,其中2022年1~8月青海省对共建"一带一路"国家进出口10.3亿元,增长1.4倍。2022年1~8月,陕西省对共建"一带一路"国家进出口661.9亿元,同比增长29.1%,占全省进出口总值的20.6%。2022年1~6月,甘肃省对共建"一带一路"国家进出口154亿元,同比增长25.2%,占甘肃外贸总值的47.3%⑤;2022年1~7

---

① 习近平:《高举中国特色社会主义伟大旗帜 为全面建设社会主义现代化国家而团结奋斗——在中国共产党第二十次全国代表大会上的报告》,http://www.gov.cn/xinwen/2022-10/25/content_5721685.htm,最后检索时间:2022年10月25日。
② 《习近平在第三次"一带一路"建设座谈会上强调 以高标准可持续惠民生为目标 继续推动共建"一带一路"高质量发展》,http://www.cnr.cn/china/news/20211120/t20211120_525666233.shtml,最后检索时间:2021年11月20日。
③ 《习近平在第三次"一带一路"建设座谈会上强调 以高标准可持续惠民生为目标 继续推动共建"一带一路"高质量发展》,http://www.cnr.cn/china/news/20211120/t20211120_525666233.shtml,最后检索时间:2021年11月20日。
④ 《发改委等四部门印发推进共建"一带一路"绿色发展的意见》,http://www.eco.gov.cn/news_info/53892.html,最后检索时间:2022年3月29日。
⑤ 《甘肃谋划用好"最大机遇"从"内陆腹地"逐步到"向西开放前沿"》,https://www.yidaiyilu.gov.cn/xwzx/dfdt/279860.htm,最后检索时间:2022年8月21日。

月，宁夏对共建"一带一路"国家进出口43.8亿元，同比增长74%①。同时期，新疆与共建"一带一路"国家进出口1051.2亿元，同比增长44.1%，占新疆外贸进出口总值的91%②。同时，丝绸之路经济带贸易合作在以下方面成效明显。

（一）丝绸之路经济带贸易合作的政策支撑进一步强化

2022年是丝绸之路经济带"十四五"相关规划实施的重要阶段，多个行动方案、计划、举措纷纷落地。如《"十四五"时期推进"空中丝绸之路"建设高质量发展实施方案》加强了"空中丝绸之路"品牌建设，推动国际影响力、感召力、塑造力实现新提升，同时为稳定"一带一路"供应链、产业链，促进经贸往来提供强大支撑；《"十四五"西安建设"一带一路"综合试验区实施方案》聚焦5大重点任务，其中包括通过打造中欧班列西安集结中心示范工程、推进西安国际航空枢纽建设、建设西安数字信息大通道大力推进建设亚欧陆海贸易新通道；通过探索开展内陆地区自由贸易港试点、建设"一带一路"国际商事法律服务示范区、加强"一带一路"综合试验区知识产权保护提升国际贸易自由化便利化水平等。另外，2022年1月1日RCEP正式生效，是迄今为止全球规模最大的自由贸易协定，政策红利将会进一步持续释放，涵盖关税减免、贸易便利化、服务投资开放、商务人员往来、电子商务和知识产权保护等广泛领域。2022年3月1日起新版《跨境电子商务零售进口商品清单》正式实施，新增29项商品，总计涵盖1476项商品，有利于促进跨境电子商务业态持续健康发展。可见，丝绸之路经济带贸易合作的政策环境更加优化。

---

① 《2022年1~7月宁夏外贸运行情况》，https：//www.sogou.com/link？url=hedJjaC291MCp_5kkk5YpiFbKRpwwbZwyHMHYj1bH7rtUF3xOTvIOdzcZXPi52J_tsCnpVGpPpA，最后检索时间：2022年9月1日。

② 《2022年8月30日〈新疆日报〉：前7月新疆外贸进出口总值同比增长近四成》，http：//beijing.customs.gov.cn/urumqi_customs/556645/556648/4557287/index.html，最后检索时间：2022年9月7日。

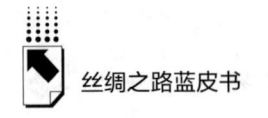

（二）平台载体线上线下创新融合，国际合作交流更加紧密深入，经贸合作实效新提升

2022年，在全球抗疫大环境下，第五届中国—中亚地方合作论坛、"一带一路"农业贸易与乡村振兴论坛、第六届丝绸之路国际博览会暨中国东西部合作与投资贸易洽谈会、2022丝绸之路国际商协会（西安）圆桌会、第八届丝绸之路国际艺术节、第七届中国—亚欧博览会、第五届中阿博览会、第二十八届兰洽会、第二届中国（宁夏）国际葡萄酒文化旅游博览会等一系列具有影响力的高端会展成功举办。同时，为了满足发展新需求，交流合作理念，办会不断创新，办会机制更加灵活。第六届丝绸之路国际博览会暨中国东西部合作与投资贸易洽谈会创新设置了区域全面经济伙伴关系协定（RCEP）专题展区，并举办2022中国（陕西）—RCEP区域经贸合作圆桌会，进一步拓宽RCEP各成员国间的合作空间；为了推广葡萄酒产业，宁夏增设中国（宁夏）国际葡萄酒文化旅游博览会国际性大型活动，与共建"一带一路"国家贸易更为密切，多元化外部市场开拓成效明显；省市交流合作更加紧密，2022年，黄河流域自贸试验区联盟启动，推动了自贸区协同发展，合作共赢。

（三）新模式新业态进一步提速，创新能力显著提升

2021年7月，《国务院办公厅关于加快发展外贸新业态新模式的意见》出台后，跨境电商、海外仓、市场采购贸易、离岸贸易、服务贸易等新业态新模式蓬勃发展，成为推动我国外贸高质量发展的强劲新动能，也成为推动丝绸之路经济带贸易合作高质量发展的新引擎。金融对新业态的支持增强。2022年7月21日起，央行《关于支持外贸新业态跨境人民币结算的通知》正式实施，充分发挥跨境人民币结算业务服务实体经济、促进贸易投资便利化的作用，从金融领域支持外贸新业态发展。跨境电商高质量发展，跨境电商使贸易效率更优化、流程更便捷，有效实现生产、服务和终端消费的无缝对接，已经成为发展速度最快、带动作用最强的外贸新业态。当前，跨境电

商实施重点突破与整体带动相结合，以跨境电商综合试验区的扩围提质增效，加速跨境电商产业发展。2022年，商务部在"一带一路"沿线增设宝鸡市、喀什地区、阿拉山口市等多个跨境电商综合试验区。伴随政策支撑体系的逐渐完善，有效推动了跨境电商高质量发展。如2022年1~6月，新疆跨境电商进出口额为21.2亿元，同比增长247.5%，超出去年全年规模。新疆跨境电商业务已从最开始单一的零售一般出口，拓展至保税进口、企业对企业出口等多种模式，形成了以直购出口、企业对企业出口、出口海外仓为主，网购保税进口为辅的跨境电商贸易格局；中国（西安）跨境电子商务综合试验区设立空港新城、国际港务区、曲江新区、高新区、经开区、碑林区等共9个创新示范先行区，引进考拉海购、菜鸟等国内知名跨境电商平台企业，实现全市跨境电商及相关企业达1300余家、从业人员3万余人，初步形成跨境电商产业链和生态圈。展示中心围绕国家、省、市三个层面，对其发展规划、发展进程、发展成果等内容进行多维度、多层次的呈现，同时搭建和畅通政府与行业、企业之间的沟通渠道。此外，成立西安市跨境电子商务联盟，带动宝鸡市、延安市跨境电商综合试验区发挥区位优势形成高标准融合发展的新局面[①]。长安号跨境电商全国集结中心建设提速，在跨境电商海关监管模式、共建共享海外仓以及人才培养等方面取得了新成效，为对外开放水平提升起到积极促进作用。

（四）服务贸易和特色服务出口发展水平提升，竞争优势增强

2022年，服务贸易在金融支持、模式创新、特色服务出口基地建设方面取得一定成效。在金融支持方面，2022年商务部再次出台文件《关于用好服务贸易创新发展引导基金支持贸易新业态新模式发展的通知》，鼓励地方相关基金及社会资本与服贸基金协同配合，加大对新业态新模式的投资力度，支持海外仓、跨境物流等跨境服务体系建设，培育数字贸易企

---

① 《全国跨境电商综试区资讯（2022-05-24）》，https://new.qq.com/rain/a/20220524A04GQP00，最后检索时间：2022年5月24日。

业，推动老字号优质服务"走出去"。如陕西省下达专项资金2000万元，从地区试点、平台承载、企业扶持推进服务贸易高质量发展。服务贸易模式创新取得成效。2022年，西咸新区试点探索国际教育创新发展新模式被入选最佳实践案例，通过搭建国际教育合作平台、国际教育双创就业平台、国际人才引进服务平台，推动国际教育带动服贸发展能效增强，如为俄罗斯立德集团30余家外资企业，同力重工等20余家国内企业的海外业务累计引进和输出人才3000余名，依托西安涉外职业高中累计为新加坡、沙特阿拉伯等共建"一带一路"国家输出技能型人才400余人。如由甘肃紫光智能交通与控制技术有限公司自行研发的智慧型分散式污水处理系统，经服贸会组委会专家组几轮评审，最终获选成为2022年服贸会发展潜力服务示范案例。特色服务出口基地建设步伐加快。2022年西北地区陕西航天经济技术开发区、中国西安人力资源服务产业园、宁夏智慧宫文化产业集团有限公司分别入选国家级特色服务出口基地（地理信息）、特色服务出口基地（人力资源）和特色服务出口基地（语言服务），甘肃中医药大学附属医院入选特色服务出口基地（中医药），将会成为扩大服务出口的有力支点。

（五）中欧班列质效进一步提升，与西部陆海新通道协同互动进一步强化，有力保障贸易合作畅通

当前形势下，中欧班列在加强国际经贸关系、确保全球产业链和供应链稳定方面发挥了重要作用。2022年1~8月，中欧班列已累计开行达10000列，累计发送货物97.2万标箱，同比增长5%，综合重箱率高达98.4%[①]。中欧班列与国际铁路合作加强，提升了国际联运效率。2022年新开通西安、重庆等城市经黑海、里海至罗马尼亚康斯坦察的铁海联运新线路，中欧班列与中老铁路国际货运列车、西部陆海新通道班列紧密衔接，推动形成"畅

---

① 《2022年中欧班列累计开行1万列》，https://politics.gmw.cn/2022-08/22/content_35968350.htm，最后检索时间：2022年8月22日。

通高效、多向延伸、海陆互联"的境外通道网络格局。西部陆海新通道北接丝绸之路经济带、南连21世纪海上丝绸之路。截至2022年8月底，海运、铁路、航空运输等方式形成的物流网络已覆盖全球113个国家和地区的335个港口，成为中国中西部地区货物进出最便捷的通道，助力中西部实现高水平开放，更深入地融入全球产业链。2022年，西部陆海新通道联合中远海等合作伙伴，首次开行了"阿联酋—钦州—兰州"进口汽车海铁联运班列，开通了"RCEP—北部湾港—河南/河北""西安—北部湾港"等海铁联运班列，通道服务范围从西部地区延伸至华中、华北地区，为中西部地区经济发展提供物流保障[①]。中欧班列主要开行城市及线路逐步实现了与西部陆海新通道班列的对接连通，推动中欧班列多向发展，中西部地区加强了与RCEP成员国的经贸往来。

（六）平台载体制度赋能，能效水平持续上升

丝绸之路经济带沿线各类开放平台建设持续推进，能效水平持续上升。为了加快高质量发展，部分开放平台的建设更加务实深入。如2022年7月7日，《上海合作组织农业技术交流培训示范基地建设方案》正式印发，提出建设科技高地、人才高地、产业高地、经贸高地，重点打造农业科技创新合作平台、国际农业科技及管理人才培育平台、农业实用技术对外推广平台、农业经贸及产能合作促进平台。旨在推进上海合作组织农业技术交流培训示范基地有效发挥"科技合作、人才培育、技术推广、经贸促进"功能，依托杨凌示范区农业特色优势打造技术、商贸、政策、人文等多层次交流平台体系，加速推动我国农技装备、优良品种和农业服务"走出去"，精准服务上合组织国家农业现代化、产业化和可持续发展。宁夏国家葡萄及葡萄酒产业开放发展综合试验区，自2021年7月挂牌以来，在项目支持、税费优惠、基地认定等方面得到农业农村部等有关部门大力

---

① 《西部陆海新通道海铁联运班列开行2万列》，http：//tradeinservices.mofcom.gov.cn/article/difang/maoydt/202209/137794.html，最后检索时间：2022年9月9日。

支持。出台《关于推进宁夏国家葡萄及葡萄酒产业开放发展综合试验区建设的政策措施》，启动生态型葡萄酒产业园和宁夏贺兰山东麓葡萄酒产业技术协同创新中心建设，搭建科技研发、人才智库、集成创新和成果转化高端平台等。

丝绸之路经济带沿线综合保税区、口岸、经开区、自贸区、跨境电商综试区、服务贸易试点等各类平台制度进一步开放、能效不断升级。如口岸布局不断优化、功能不断强化，经济开发区转型升级、自贸区进一步改革创新，沿线区域合作加强，平台相互赋能等。如2021年9月至2023年8月，国家在全面深化服务贸易创新发展试点地区，将自由类技术进出口登记备案管理权限下放到地市级商务主管部门等；2022年陕西自贸区支持西安国际港务区建设进口贸易促进创新示范区，打造进口商品集散地，强化进口贸易、保税展示、仓储分拨功能，优化口岸贸易环境，加快形成集进口、交易、仓储、配送等功能于一体的区域性展示交易中心；推动贸易外汇收支便利化试点扩面增量；按照"实质重于形式"的要求，支持离岸贸易发展，释放新型贸易方式潜力等[①]。

二 2022年丝绸之路经济带贸易合作发展存在的问题

（一）外部环境更趋复杂严峻，丝绸之路经济带贸易合作挑战加大

2022年，受国际环境更趋复杂严峻和国内疫情冲击明显的超预期影响，经济下行压力加大。地缘冲突加剧，国际产业链供应链运行不畅，世界经济复苏脆弱乏力，中国外贸发展环境的复杂性、严峻性、不确定性上升，丝绸之路经济带贸易环境面临巨大挑战。数据显示，2022年6月的全球经贸摩

---

① 《陕西省人民政府关于印发推进陕西自由贸易试验区贸易投资便利化改革创新若干措施的通知》，http://ftz.shaanxi.gov.cn/zcfg/dfzcfg/jY7f22.htm?pt=zwgk&op=dfzc，最后检索时间：2022年5月27日。

擦指数为 273，处于高位，比上月上升 90 个点，与去年同期相比上升 91 个点。同时，俄乌冲突的负面影响正成为经贸摩擦的新诱因，且经贸摩擦波及的产品面越来越大，影响正向供应链稳定、粮食安全、金融交易安全等领域。同时，RCEP 的正式生效，将会带来新的挑战，如规则治理挑战、区域竞争等。RCEP 协定生效后涌现海量新政新规，如果缺乏熟悉了解，产生信息差，在发展贸易过程中将带来不便。

（二）开放平台的制度开放和相互赋能，亟须强化

当前，国内疫情反复和俄乌冲突为平台载体的开放发展带来一定的不利因素。同时，丝绸之路经济带贸易合作对沿线省市的对外开放提出更高要求，以自贸区为引领的各类开放平台的制度开放和能级提升成为重中之重。目前，平台建设虽然取得一定成效，但是还存在制度创新集成性不高、示范引领作用不明显、缺乏地方特色的创新成果等。各类平台的深度融合和相互赋能有待提升。

（三）丝绸之路经济带贸易合作的新优势培育有待进一步加强

当前形势下，培育外贸新业态新模式和新增长点成为促进丝绸之路经济带贸易合作的重要抓手。新版《跨境电子商务零售进口商品清单》自 2022 年 3 月开始实施，新增 29 项商品，总计涵盖 1476 项商品，将对跨境电子商务业态持续健康发展产生很大影响；跨境电商综试区、特色服务出口基地需要数量与质量双提升；服务贸易改革力度、创新能力、发展动力仍显不足。服务贸易创新发展政策举措逐步完善，但试点地区仍存在定位不清晰、同质竞争明显、重点领域不突出等问题。

（四）通道的开放与顺畅有待持续巩固提升

丝绸之路经济带贸易通道建设取得一定成效，但是还存在一些问题，特别是地缘冲突对中欧班列稳定运行带来挑战。如受俄乌冲突影响，部分传统通道受阻，新通道支撑力不足；俄乌出口市场明显收缩，境外运价不断上

涨，国际金融风险加大，国际结算不畅；中欧班列自身建设存在发展局限；如重复布局造成城市恶性竞争，商品缺乏特色等。

三 2023年丝绸之路经济带贸易合作发展对策与建议

（一）紧抓RCEP协定生效机遇，释放政策红利

数据显示，印度、美国、印度尼西亚、欧盟、巴西和英国等国家的全球经贸摩擦指数处于高位，中国的全球经贸摩擦指数仍然处于低位。RCEP的正式生效，是挑战，更是良好的机遇。建议相关部门进一步加大普及宣传、解读RCEP和相关政策的力度，通过多种媒体、经贸活动等开展国内外双向宣传，帮助更多企业熟悉规则，分享红利，避免缺乏熟悉了解产生信息差。进一步放大政策效应，拓宽贸易渠道，有效提升贸易规模与质量。建议探索设立RCEP经贸合作试点，鼓励相关智库和专家开展对应地研究，尽快出台执行对接RCEP实施后的具体政策文件。

（二）对标RCEP国际经贸规则，制度创新赋能，推进开放平台能效水平持续升级

建议丝绸之路经济带沿线省份从开放平台提质增效切入促进对外开放突破发展。第一，继续支持丝绸之路经济带沿线省市争取国家级推动贸易合作的开放平台的设立，获取国家政策支持。比如设立青海自由贸易试验区、丝绸之路经济带服务贸易创新发展示范区、跨境电商零售进口试点等。第二，坚持复制也是创新理念，推进创新案例复制推广，持续推进平台能效升级。同时，加强平台合作，实现共赢，如黄河流域自贸区联盟，在推进产业合作、协同发展方面起到良好成效。第三，促进各类平台深度融合，协同发展。进一步推进自贸区功能区与自贸区协同创新区在平台、产业、项目、人才等方面交流合作的深化，实现创新协同、产业协同、政策协同；进一步优

化提升口岸和综保区功能，探索从布局、管理、政策、产业、创新等方面推动海关特殊监管区与自贸区统筹发展，实现开放平台融合发展。

（三）以新模式新业态为发展重点，构建丝绸之路经济带贸易合作新优势

建议支持丝绸之路经济带沿线省市以"区中园""园中园"等形式打造贸易新业态聚集区、构建新业态生态圈，带动区内传统企业利用新业态新模式实现转型升级；支持创新赋能，数字赋能，发展服务贸易，加快服务贸易的数字化转型，形成国际竞争新优势。增设服务贸易创新发展示范区，积极发展市场采购贸易方式试点，如新疆阿拉山口亚欧商品城、新疆乌鲁木齐边疆宾馆商贸市场等市场采购贸易方式试点，支持其他沿线省市争取申建国家市场采购贸易方式试点，提升贸易便利化水平。优化海外仓布局，促进丝绸之路经济带贸易合作。尽快出台相关措施，加快发展绿色贸易、数字贸易。

（四）持续推进中欧班列高质量发展及与西部陆海通道的深度融合，保障贸易通道的顺畅

中欧班列在构建全天候、大运量、绿色低碳、畅通安全的国际物流通道，维护国际产业链供应链安全稳定方面发挥了积极作用。持续提升中欧班列开行质效。全面推动市场化运营，持续提升通关效率，加快实行对已施加海关封的国际联运集装箱货物始发站、中转站和目的站监管互认等，优化通道并行、多点直达的网络布局；高标准建设中欧班列集结中心。进一步优化政策体系，促进班列与省内各类开发区和产业园区对接。建设跨境电商全国集结中心和进口贸易创新促进示范区，加密跨境电商专列开行频次，努力培育壮大国际合作和竞争新优势。深度融入西部陆海新通道，加强对接连通。

B.5
2022年丝绸之路经济带开发性金融发展报告

杨 琳*

摘　要： 本报告梳理了2022年丝绸之路经济带开发性金融的主要进展，并在此基础上评估其未来发展趋势。国家开发银行作为服务高质量共建丝绸之路的主力银行，创新金融工具，以专项贷款、绿色债券等方式加大对中长期项目的支持。亚洲基础设施投资银行坚持走国际化发展道路，加快业务拓展，持续提升其全球范围内的项目筛选和执行能力。丝路基金充分发挥中长期股权投资的优势，将可持续发展目标和ESG投资原则纳入公司投资决策和经营管理体系，在绿色、数字、创新等领域寻找新的增长点，推动产业链的衔接和发展。

关键词： 丝绸之路经济带　开发性金融　国家开发银行　亚洲基础设施投资银行　丝路基金

"一带一路"倡议坚持共商共建共享原则，为国际经济贸易发展搭建重要合作平台，为构建人类命运共同体搭建广泛参与的舞台。在这样的历史机遇中，开发性金融发挥着举足轻重的作用，共同为共建丝绸之路经济带国家基础设施建设、重大产业发展、重点民生工程提供长期金融支持。国家开发银行兼顾共建国家和国内段的基础设施发展，以专项贷款、绿色债券等为中

---

* 杨琳，博士，陕西省社会科学院金融研究所副研究员，研究方向为区域经济和科技金融。

长期项目融资为主；亚洲基础设施投资银行在新冠疫情发生后，就坚持为共建国家基础设施建设和疫情防控提供长期资金支持，在经济效应和民生发展方面收效显著；丝路基金进一步加强与国际金融机构合作，深耕中长期股权投资，通过市场化手段支持共建丝绸之路国家有潜力的企业和项目获得金融支持。

2022年世界经济面临了诸多挑战，俄乌冲突、新冠疫情、气候异常给全球的经济发展带来了极大困难，也给"一带一路"建设带来了严重制约。面对困难，开发性金融主动作为，不仅要千方百计保障项目施工不受影响，在疫情防控上也是毫不松懈，为共建国家经济发展提供了更好的金融服务。以下重点分析2022年国家开发银行、亚洲基础设施投资银行和丝路基金的发展现状和未来趋势。

一 国家开发银行的发展现状及未来趋势

国家开发银行（以下简称国开行）作为服务"一带一路"倡议最大的开发性金融机构，一直大力支持"一带一路"建设的重点领域和薄弱环节，不断为共建丝绸之路国家和地区注入开发性金融"活水"。

（一）发展背景及现状

2021年，国开行继续坚持高标准、可持续的发展目标，设立了第二期稳外贸专项贷款，并更高效的利用国际物流供应链专项贷款助力跨国贸易持续发展。同时与上合组织银联体设立了第二期300亿元专项贷款，与中国—拉美开发性金融合作设立10亿美元的"中拉发展合作"专项贷款和10亿美元"中拉数字经济合作"专项贷款。国开行还设立了"一带一路"专项奖学金，资助了16国留学生来华深造，有效地推动了民心相通[①]。

2022年，国开行积极应对俄乌冲突、新冠疫情等不利因素对世界经济

---

① 《国家开发银行2021年年度报告》，国家开发银行官网，2022年4月29日。

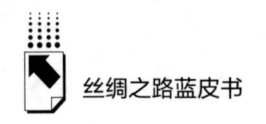

的影响，充分利用稳外贸专项贷款、国际物流专项贷款等集中发力，上半年就已经发放稳外贸贷款32亿美元，国际物流供应链贷款6.5亿美元，有效支撑了"一带一路"经贸领域的发展。同时，国开行积极对接共建"一带一路"国家的产业投资、基础设施建设、改善民生等领域的重大项目，上半年总计发放贷款超300亿元，为共建国家经济发展注入活力[①]。

（二）重要项目进展

1.支持坦桑尼亚马文尼水泥厂完成升级改造

2018年，坦桑尼亚港口城市坦噶的马文尼水泥厂曾一度面临停产倒闭，之后获得国开行承办的中非发展基金和华新水泥共同注资，于2020年5月开始设备环保升级。马文尼水泥厂采用最新的粉尘回收技术确保产品的绿色环保，应用最先进的余热发电技术实现能源二次利用，还新建了年产160万吨的节能粉磨站。这些投资都提高了水泥厂的绿色现代化水平，有效降低了对周边环境的影响。2022年初，马文尼水泥厂终于完成了改造升级，成为了该国第二大水泥制造商，每天水泥销量超过3300吨，熟料销量超千吨，产品供不应求。

马文尼水泥厂作为国开行旗下的中非发展基金投资的重点项目，虽然受到新冠疫情的影响，但仍按计划完成了项目投资、改造升级和建成投产。这一项目为当地带来了最新的生产工艺，有力地促进了经济发展、为当地居民提供了大量的就业机会，而且产品大量应用在当地许多政府基础设施的建设中，经济效益和社会效益十分突出。

中国对非洲的金融投资是近年来中国与非洲各国合作的重点领域。截至2021年底，中非发展基金已经累计在非洲有直接投资近60亿美元，项目遍及37个国家，撬动中国企业对非洲的投融资超过270亿美元。这些来自中国的投资帮助当地企业更好、更快地融入了全球产业链和价值链。与此同

---

① 《国家开发银行将亮相2022年服贸会金融服务专题展》，《金融时报》2022年9月1日，第1版。

时，中国的企业不仅带来了物美价廉的商品，也带来了先进的管理经验和创新活力。目前，有超过3000家的中国企业在非洲经营，其中大部分都是民营企业，这些企业积极同非洲工业化发展、城市化演进进行对接，有利地带动了非洲经济的发展。

2. 支持泰国东北部成品油项目顺利竣工

2022年5月底，泰国东北部地区成品油管道项目完成了项目验收。该项目是由国开行牵头的国际银团提供项目资金，由中石油管道局承建。作为国开行在泰国第一个能源基础设施建设项目，为保证项目资金及时到位，国开行将其列入"一带一路"专项贷款及国际业务重大项目库。

作为国家能源战略项目，东北部成品油管道工程是泰国规划的两条成品油输送主干线路之一，北起北标府、终于孔敬府，管线途经5个府、全长342公里，建设项目包括一条全新的输油管道及配套的终端设备。该项目的建设工程实现了泰国石油领域的多项"首次"：首次使用18米长的输油钢管、首次使用"倒装法"安装大型储油罐，最长的水平定向钻应用在长输油管道中。未来，管道项目规划将延伸接入老挝，进一步加强泰国、中国、老挝之间的能源互联互通。

该项目建成完工后，将大量降低成品油的运输时间，节约物流成本，提高了成品油的运输量及运输稳定性。由于可以减少油罐车的使用，每年可以减少二氧化碳的排放近百万吨。泰国能源部部长苏帕塔纳蓬表示，该项目的建成将显著增加泰国能源安全保障，改善东北部地区的成品油供应，为促进当地经济社会发展打下了坚实的基础。在项目建设过程中，遭遇新冠疫情的蔓延、百年一遇的洪水、配套资金到位延期等多重困难，但是施工方仍然坚持高标准、高要求，按时完成了既定的施工任务，得到当地政府和业主方的充分肯定。

随着"一带一路"倡议在泰国进入新发展阶段，未来的能源合作项目将会更加务实，将会给参与的各方带来新的发展机遇，同时也会把"一带一路"建设推向更高质量的发展。

3. 支持孟加拉国达卡绕城高速公路项目

达卡绕城高速公路项目全长48.11公里，总投资超过28亿元，由国开

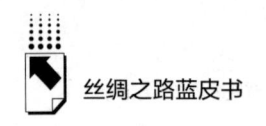

行和孟加拉国基础设施融资基金组成的银团提供项目融资，蜀道集团下属的四川路桥承建，建成后的高速公路将是孟加拉国第一条公私合营的封闭式收费高速公路[1]。项目由中方四川路桥和孟加拉企业组成的合资公司负责建设、运营。

为保证项目工期，施工方在项目部下设了两个预制梁场，总计将完成超过400片T形梁的预制施工任务。2022年5月达卡绕城高速的第一片长度超30米、重量约90吨的T形预制梁已经完成浇筑，标志着桥梁上部工程施工正式开始；与此同时，路面工程也已经完成了200米的试验段铺筑，标志着项目已经进入了全面建设阶段。高速路面铺筑将采用多个在孟加拉国首次应用的新技术，实验路段攻克了多项当地气候、材料和现有道路缺陷等重大难题。

虽然目前孟加拉国疫情防控形势依然严峻，但是施工企业表示将进一步严格遵守疫情防控要求，同心协力、高效高质地推进项目建设进度。据介绍，高速建成通车之后，将有效缓解达卡环城公路的交通压力，实现车流量分流，还将为当地居民提供更多就业机会，促进高速路沿线的经济发展。

（三）未来发展

国开行始终以建设国际一流开发性金融机构为发展目标，为推动共建"一带一路"的高质量发展提供全方位、高效率的金融支持。未来国开行发展方向将重点在以下三个方面。一是更加高效服务共建"一带一路"国家的基础设施建设，加强对重大项目的融资支持，发挥开发性金融的引领带动作用。二是践行绿色发展理念，通过创新绿色金融产品，不断完善授信业务环境和社会影响评价体系，支持绿色交通基础设施、清洁能源建设和工业节能环保改造等项目，与各方共建绿色"一带一路"，实现共建国家经济、社会和环境协调发展。三是不断开放合作，加强中国—中东欧银联体、中国—东盟银联体、中日韩—东盟银联体等多边合作机制的发展，在风险分担、资源整合方面开展务实合作。

---

[1] 《中企孟加拉国达卡绕城高速公路项目取得重要进展》，新华网，2022年5月20日。

二 亚洲基础设施投资银行的建设进展与未来趋势

亚洲基础设施投资银行（以下简称亚投行）自2016年成立以来，成员国已经达到了105个，涵盖了全球79%的人口和65%的GDP。亚投行运用市场化的手段，将市场与金融服务高效对接起来，向共建"一带一路"国家和地区的基础设施建设提供金融支持，取得了让人瞩目的成绩。

（一）发展背景及现状

2021年，亚投行共批准参与了51个项目，总投资额为99.3亿美元，其中能源、交通、金融和城市改善项目占比最高。亚投行还吸引个人投资者积极参与基础设施资产支持证券的发行，用以支持部分地区的数字化、技术发展等创新项目。亚投行通过高效、精准地使用有限资金，帮助了更多成员来满足他们日益增长的基础设施需求。

2022年，亚投行在33个国家拥有191个项目组合，项目融资额达364.4亿美元，快速增长的全球业务作为催化剂，拉近了亚投行与相关地区客户和合作伙伴的距离。亚投行2022年开始筹备在阿联酋首都阿布扎比设立一个临时业务中心，以更好地服务当地业务发展。亚投行2022年的业务重点集中通过创新融资方式和金融工具来支持可持续的基础设施建设，旨在通过区域合作，提高成员国基础设施互联互通，通过经济的绿色发展来实现更加广泛的经济复苏。

（二）重要项目进展

1. 投资数据中心服务新兴亚洲国家

亚投行通过阿尔法有限合伙人（Alpha）管理的私募基金吉宝数据中心二号基金（KDCF Ⅱ）出资1.5亿美元用于发展服务于亚洲新兴经济体的数据中心，该项目是亚投行的第一个数据中心项目。随着5G技术及其他超高速计算机的大规模应用，在这方面的投资将会变得越来越重要。亚投行的该

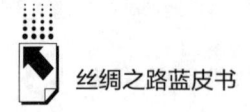

笔投资分为两类：通过平行基金投资1亿美元，其余5000万美元通过共同投资投入，标志着KDCF Ⅱ开始封闭运行。作为一个对快速增长的数据中心领域进行战略投资的发展基金，KDCF Ⅱ将重点投资于亚太地区。

许多中低收入国家缺乏自己的数据基础设施，而且不同收入水平国家的数据中心普及率差距很大。由于投资环境等方面存在缺陷和不足，全球主要投资机构在很大程度上回避对新兴经济体的投资。该项目将加强对资本的撬动作用，从而更好地发展服务于新兴亚洲的托管数据中心。亚投行与KDCF Ⅱ和Alpha的合作将通过投资服务于新兴亚洲的托管数据中心来促进该地区数字基础设施的发展，以弥合数字鸿沟。

该项目符合亚投行基础设施互联互通、区域合作和绿色发展的宗旨，它还将进一步支持Alpha开发气候金融的监测指标，有助于多国开发银行在跟踪气候融资以及基金层面的环境和社会管理系统方面进行融合，所形成的覆盖东南亚和东亚以及亚太其他地区的合作伙伴关系，对亚投行在以上地区多元化发展十分有利。

2. 支持土耳其奥斯曼加兹输电网络建设

2022年3月7日，亚投行与ZorluEnerji全资子公司奥斯曼加兹电力（OEDAŞ）签署了首笔以里拉计价的非主权贷款协议。中低压电网运营商ZorluEnerji为土耳其西部5个省、125个城镇、1455个村庄、约192万用户提供服务[①]。这是亚投行首次为电力网络特许权提供非主权融资，为其将来在监管行业领域的投资铺平了道路。亚投行已通过一项7500万美元的贷款承诺，为土耳其发展面向未来的基础设施提供融资。该笔资金是价值3.5亿等值美元的俱乐部融资的一部分，将有助于扩大、恢复并改善土耳其西部内陆地区奥斯曼加兹的输电网络效率。

自2018年以来，亚投行一直为土耳其经济发展提供支持，支持项目包括帮助土耳其履行气候承诺并发展节能运输系统。截至2022年2月，亚投

---

① "AIIB Signs USD75-M Loan in Turkish Lira for Electricity Distribution Network Upgrade"，亚投行官网。

行已经投资土耳其市场各个领域的项目共计15个，超过35亿美元。

3. 支持乌兹别克斯坦铁路更新改造

2022年3月，在初塔什干国际投资论坛期间，亚投行和乌兹别克斯坦签署了一项1.08亿美元的贷款协议，用于实现布哈拉—米斯金—乌尔根奇—希瓦铁路线的电气化。通过对465公里的铁路进行电气化改造并提升运行速度，可以更好地将花剌子模地区与乌兹别克斯坦中部和东部地区连接起来，便利的交通条件将进一步促进当地旅游业的发展。项目建成后，投入运营的列车最高时速可达250公里/小时，将布哈拉至希瓦之间的时间缩短约3小时，而从首都塔什干到希瓦也仅需7小时。同时，该项目还将支持铁路沿线的城市建设和旅游业可持续发展，将铁路沿线地区变为以旅游业为主导产业的经济走廊。

铁路电气化改造有望每年减少超81000吨温室气体排放，促进该地区绿色交通的发展，通过应用最新的技术，该项目还为生态环境脆弱的咸海地区引入气候适应设施。该项目符合亚投行为适应未来基础设施融资的使命，并通过为生态可持续的基础设施融资从而增强地区间连通便利性树立了一个很好的榜样，运输能力的改善和整合将进一步促进该地区的贸易和经济增长。该项目由亚投行与亚洲开发银行共同出资，旨在提高乌兹别克斯坦铁路运营效率、增加运输能力、消除主要城市之间的交通设施条件，通过支持中亚区域经济走廊（CAREC）的发展，改善乌兹别克斯坦与邻国及其他国家的跨境贸易和设施互联互通。截至2022年2月，亚投行已在乌兹别克斯坦投资了8个项目，总投资金额超过12亿美元，主要集中在支持交通运输业的发展。

4. 支持科特迪瓦共和国疫情防控

亚投行董事会已批准一项9000万欧元（等值1亿美元）的贷款，以支持科特迪瓦共和国加强其疫苗接种和疫情防控相关医疗保健系统建设[①]。这

---

① "AIIB Approves EUR90M to Strengthen Vaccination and Healthcare Systems in Côte d'Ivoire"，亚投行官网。

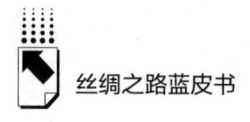

是亚投行在科特迪瓦的第一个项目，旨在提高当地疫情防控能力，以更好应对新冠疫情带来的公共卫生威胁，并加强医疗卫生资源储备以应对病毒的变异。

该项目将帮助科特迪瓦政府将新冠疫苗的接种率提高到70%，并向9902万人、约占总人口的35%提供加强针。除了新冠疫苗的采购和分拨以外，该项目还将为科特迪瓦的卫生部门提供资金，以帮助其更迅速、高效地应对未来可能发生的公共卫生疫情，包括更新医疗设备、新建隔离中心和冷链物流设施，以及为贫困或农村地区的疫苗接种点招募和培训医疗工作者。亚投行提供的紧急防疫融资，可以更好地帮助该国政府实现广泛疫苗接种的目标，这表明亚投行在新冠疫情期间也有向非区域成员交付项目资金的能力。

这笔贷款来自亚投行的新冠恢复基金（CRF），该基金旨在向受到疫情影响的公共部门及私营企业提供总计约200亿美元的融资。截至2022年2月，亚投行在新冠恢复基金下的投资项目共计50个，总额超过118亿美元，支持了超过26个成员国家遏制疫情、实现经济复苏。

（三）未来发展

亚投行自成立以来坚持走国际化发展道路，不断进行金融创新，为共建"一带一路"国家提供了优质、高效的金融服务。未来，亚投行将坚持绿色基础设施的路径持续发展，计划到2025年将气候融资总额的占比由2021年的48%提高到50%以上。同时，亚投行也更加关注受新冠疫情影响、供应链受到冲击、经济发展停滞的国家和地区，将持续提供资金支持，创造发展机遇，促进该地区经济尽快恢复。

三 丝路基金的建设进展与未来趋势

2014年12月丝路基金有限责任公司在北京注册成立，是一支按照市场化、国际化、专业化原则设立的中长期开发投资基金，重点围绕"一带一路"建设提供投融资服务。近年来，丝路基金主动把握共建"一带一路"的发展机遇，开拓创新，积极应对各种风险挑战，在投资布局上采取审慎稳健的态度，风险合规体系建设逐步完善，资产管理和运营日趋成熟，综合收益率逐年上升。在国际局势复杂、突发疫情影响等极度不利条件下，丝路基金展现出了极强的发展韧性。

（一）发展背景及现状

作为服务"一带一路"建设的金融平台，丝路基金充分发挥中长期股权投资基金的优势，为项目解决资金需求。近年来，丝路基金越来越重视绿色金融的发展，2021年作为锚定投资人参与发起设立了气候投资主体基金——TPG上善睿思气候基金，在全球范围内投资新能源产业、低碳基础设施等领域，在不到一年的时间内，就已经投资了9个项目。

2022年，丝路基金坚持绿色投资的理念，专门在董事会下设可持续投资委员会，主动将可持续投资原则纳入公司治理体系、经济管理体系和投资决策流程中，确保SDGs纳入投资评估、决策和管理的全流程。同时，已经着手开展公司运营和投资组合碳足迹测算的基础性工作。

（二）重要项目进展

1. 与印度尼西亚投资局签署投资框架协议

2022年6月，丝路基金与印度尼西亚共和国投资局签署了投资框架协议，双方将各自发挥在市场资源、项目遴选和项目管理方面的优势，共同在印度尼西亚开展项目投资合作，这表明双方已经构建起了互利共赢的战略伙伴关系。

根据协议，双方将在经济发展以及基础设施互联互通等方面展开深度合作，通过金融工具创新，重点支持印度尼西亚当地惠民项目建设和重大经济发展项目。丝路基金将出资200亿元人民币或等值外币，并申明在优先使用人民币的前提下，与印度尼西亚各方共同投资。[①] 印度尼西亚官员表示，印尼投资局与丝路基金拥有共同的发展理念，双方将按照协议共同推进双边经

---

① 《丝路基金与印尼投资局签署投资框架协议》，丝路基金官网，2022年7月4日。

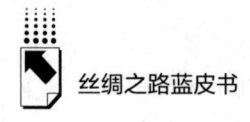

济发展，并对其他潜在投资者的加入持开放态度。

2. 阿联酋迪拜哈斯彦3号机组成功并网

丝路基金在中东地区的首个项目就是哈斯彦电站，完全由中国企业投资、中国企业设计、中国企业建造，是一个由中国完成的全链条的高质量共建"一带一路"典型项目。哈斯彦电站是中东地区第一个洁净燃煤项目，也是全世界首个具备双燃料满负荷供电能力的电站。

2022年5月，阿联酋迪拜哈斯彦电站项目3号机组首次并网且实现一次成功，项目建设按进度如期进行，预计将于2023年初全部投入商业运行。迪拜哈斯彦电站1、2号机组分别于2020年、2021年投入商业运行，成功为2020年迪拜世博会提供了能源供应和保障。该项目全部建成并投入运营后，将提供迪拜约1/5的电力供应，极大降低当地民众的用电成本。同时，还将实现迪拜能源结构优化，能源供应保障能力提升。

（三）未来发展

丝路基金经过多年的发展，积极进取，开拓创新，在中长期股权投资领域积累了丰富的实践经验。未来，丝路基金将会更加注重可持续发展目标，与各方通力合作推进可持续投资，巩固在可持续分类、信息披露和第三方评级等领域的合作，以帮助降低"漂绿"、监管套利等风险。丝路基金将会进一步加强内部风控建设来防范投资风险。面对复杂多变的新冠疫情对一些被投项目的冲击，提出符合各方利益的风险解决方案，改善被投企业的融资结构，帮助其尽快走出困境，推动企业与投资伙伴的长期共赢。

参考文献

陈杨、董正斌：《开发性金融支持"一带一路"基础设施建设的对策研究》，《国际贸易》2022年第4期。

中国人民银行国际司课题组：《以绿色金融合作支持"一带一路"建设》，《中国金融》2021年第22期。

林峰、林淑佳：《基础设施互联互通有助于实现减贫目标吗？——来自亚投行成员国的经验分析》，《统计研究》2022年第9期。

张文佳、蔡玮：《亚投行推动"一带一路"建设的路径分析》，《东北亚经济研究》2022年第4期。

陈小鼎、罗润：《亚投行气候投资的新实践：影响、挑战及其应对》，《太平洋学报》2022年第10期。

李婷、汤继强：《"一带一路"沿线国家金融风险对中国OFDI的影响研究》，《国际经贸探索》2022年第3期。

B.6
2022年丝绸之路经济带科技创新合作发展报告

段利民　李　晓[*]

摘　要： 本报告主要就2021~2022年"一带一路"科技创新合作方面进行分析，首先对科技创新合作方面的总体进展与成效做出总结，分析认为本年度在强化产学研国际合作、大力发展数字科技、加强知识产权国际合作等方面取得了显著进展；在此基础上进一步分析建设"一带一路"过程中遇到的困难，突出表现为地缘政治阻碍、"数字鸿沟"制约成果共享以及数字治理规则及跨境电商标准规则缺位等；最后提出加强数字基础设施建设合作、构建数字治理规则及跨境电商标准规则等对策建议，并对"一带一路"科技创新合作的未来趋势做出预测。

关键词： 丝绸之路经济带　"一带一路"　数字丝路　科技创新合作

两千多年前，古丝绸之路的畅通促进了东西方文化的交融、经济的发展，推动了世界文明的进步，形成了以和平合作、开放包容、互学互鉴、互利共赢为核心的丝绸之路精神。两千多年后的今天，国际形势、经济发展乃至自然环境均发生了翻天覆地的变化，但关于世界人民共同发展的美好愿望却没有变。为延续古丝绸之路精神，中国国家主席习近平于2013年提出共

---

[*] 段利民，博士，西安电子科技大学经济与管理学院副教授、硕士研究生导师，研究方向为技术经济与技术创新管理；李晓，西安电子科技大学经济与管理学院研究生，研究方向为技术经济与管理。

建新"丝绸之路经济带"的美好倡议，距今已有9年时间。9年内，中国始终坚持共商、共建、共享的原则，与共建国家在科技、医疗等方面加强交流与合作，开放包容、互利共赢，共同推动丝绸之路经济带高质量发展。"一带一路"的建设，将中国与共建国家的发展紧密结合在一起，不仅为共建各国带来了发展机遇，更为世界经济带来了活力，取得了一系列成果。截至2022年7月，中国已与149个国家和32个国际组织签署了200多份共建"一带一路"合作文件，形成了3000多个合作项目，投资规模近1万亿美元①，为构建人类命运共同体搭建了平台。

一 2021~2022年丝绸之路经济带科技创新建设总体进展与成效

（一）丝绸之路经济带科技创新建设的总体思路

自提出共建"丝绸之路经济带"倡议以来，中国始终将"科技丝绸之路"的建设放在重要地位。近年来，"亚非杰出青年科学家来华工作计划""'一带一路'科技创新行动计划"等项目的提出，充分表明了中国对丝绸之路经济带科技创新建设的重视程度。这些计划为"一带一路"科技创新建设提供了总体思路，计划行动扎实稳步推进，促进了中国与共建国家的科技交流合作。在完成原有目标的同时，针对当前的科技建设合作情况，中国提出了更进一步的科技建设总体思路。

2021年11月，习近平总书记在第三次"一带一路"建设座谈会上指出，要开展健康、绿色、数字、创新等新领域合作，培育合作新增长点。支持发展中国家能源绿色低碳发展，推进绿色低碳发展信息共享和能力建设；深化数字领域合作，发展"丝路电商"，构建数字合作格局；实施好科技创

---

① 外交部：《"一带一路"惠及世界 充满了无限广阔的空间》，环球网，https://baijiahao.baidu.com/s?id=1741488129622186474&wfr=spider&for=pc，最后检索时间：2022年8月30日。

新行动计划,加强知识产权保护国际合作,打造开放、公平、公正、非歧视的科技发展环境。2022年1月,《"十四五"数字经济发展规划》中提到要加快贸易数字化发展,推动"数字丝绸之路"深入发展,统筹开展境外数字基础设施合作。以上的讲话及文件对2022年度的"一带一路"科技发展提供了总体思路,即把发展重心放在"数字""创新""绿色"等方面。

(二)丝绸之路经济带科技建设的现状与成效

数字化已成全球发展趋势,它为世界各国带来了机遇和挑战,随着数字化进程的加快,加强数字领域合作成为世界各国提高数字化水平的重要途径。在丝绸之路经济带的建设过程中,中国一直强调与共建国家共同发展数字化、进行数字领域的合作。2017年5月,"数字丝绸之路"这一概念被首次提出,强调要坚持创新驱动发展,加强与共建国家及地区在科技前沿领域的合作;2018年4月,强调要加强中国与共建国家在网络基础设施与安全方面的合作;2019年4月,强调要加强数字化发展,建设"创新丝绸之路";2021年11月,强调要与共建国家加强数字经贸合作,大力发展"丝路电商"。可见,加强数字领域合作一直是丝绸之路经济带科技建设的重要方向。

"数字丝绸之路"是2021~2022年中国在丝绸之路经济带科技建设方面的重点,它将"一带一路"同数字经济有机地结合起来。中国积极帮助共建"一带一路"国家及地区加强数字基础设施建设,加强当地与其他国家的信息交流,努力缩小"数字鸿沟",实现网络联通,推动双方数字经济发展及互联网经贸发展,努力打造网络空间命运共同体。在疫情防控新阶段,"数字丝绸之路"的建设不仅会为共建国家带来经济发展机遇,更会为世界经济复苏带来活力。

1. 重视科技创新,加强国际产学研用合作

中国一贯强调科技创新的重要性,提出要将"一带一路"打造成创新之路,以创新提质量,以创新促发展。科技部严格按照指示采取一系列措施扩大中国与共建国家的科技创新交流活动。截至2021年底,中国已与84个共建国家建立了科技合作关系，支持联合研究项目1118项，启动建设了53家联合实验室①。这些数字充分体现了中国对于加强科技创新合作方面的坚定决心，并且以行动贯彻落实。

2021年9~12月，分别于广州市、西安市、深圳市、厦门市和福州市等地开展了"2021海上丝绸之路国际博览会""2021丝绸之路国际产学研用合作会议""'一带一路'人工智能大会"等一系列关于科技创新以及加强国际产学研用合作的会议及论坛。这些会议及论坛主要围绕科技创新展开重点讨论，着重强调中国与共建各国加强创新合作的重要性，希望各国能够在关键重点领域联手推进国际产学研用协同、融合、创新发展，加强合作的广度与深度，激发科技创新创造活力。其中，光电工程、电子信息以及绿色智能制造等科技前沿重点与人工智能、无人机等投资贸易热点的发展趋势是这些会议的讨论热点，希望各国能够积极整合高校、企业和科研院所的资源，重视高校人才培养，加强各国在学术领域的沟通与协作，对接企业需求，促进高校与科研院所的科技成果转化，增强创新策源力和成果转化力。中国愿与共建国家在电子信息等关键重点领域加强交流与协作，在重要科技创新问题上实现共建共享，共同推动国际产学研用合作走深走实。另外，2022年8月，"2022丝绸之路教育合作交流会"在西安市举办，强调要扩大教育对外开放，同时中国也在积极建设"一带一路"教育国际合作交流中心、科技创新交流合作基地等，充分汇集教育资源与全球科技人才，构建高质量教育共同体。

中国同共建国家一贯坚持互利共赢的思想，深化重要科技领域的交流与合作，围绕关键领域多层次、全方位推进。将交流合作的重点放在大数据、人工智能、5G网络建设等科技前沿领域的创新应用上，加强产学研用国际合作，努力构建教育共同体，全面贯彻落实科技创新行动计划，实现"创新丝绸之路"更高质量发展。

---

① 外交部：《"一带一路"惠及世界　充满了无限广阔的空间》，环球网，https://baijiahao.baidu.com/s?id=1741488129622186474&wfr=spider&for=pc，最后检索时间：2022年8月30日。

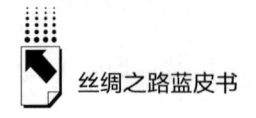

2. 借力数字科技，大力发展"丝路电商"

数字化是时代发展趋势，跨境贸易为全球经济发展带来了新动力，跨境电商拥有极大的发展潜力。统计数据显示，2021年中国跨境电商进出口总额为1.98万亿元人民币[①]；2022年第一季度，中国对共建"一带一路"国家跨境电商商品出口增幅高达92.7%。截至2022年7月，中国已与23个国家建立了双边电子商务合作机制，在中国签署的19个自由贸易协定中，含有电子商务条款的占60%左右[②]，这些数字足以说明中国对跨境电商领域的重视。近一年来，中国在促进"丝路电商"发展方面举办了多次国际会议。2021年9月，分别于厦门市、南宁市、济南市举办了"2021'丝路电商'政企对话会暨国际合作论坛""2021中国—东盟丝路电商论坛""第四届泉城电商大会暨2021'丝路电商'国际合作发展论坛"等，就跨境电商发展前景及趋势做出讨论，希望促进中国与区域全面经济伙伴关系协定（RCEP）成员国及东盟成员国之间的跨境贸易交往，抓住数字经济发展机遇，促进各方经济发展。2022年5~8月，分别在石家庄市、南宁市、长春市、郑州市等地举办了"'丝路电商'政企对话会""2022中国自由贸易试验区海外招商合作大会""第二届中国新电商大会国际合作论坛""第六届全球跨境电子商务大会'丝路电商'国际合作高峰论坛"等，这些会议及论坛主要就数字经济环境下跨境电商的发展前景展开讨论，对新形势下如何抓住机遇、加速发展、提高跨境电商的发展能力做出重要探讨。尤其是RCEP生效以来，给中国与共建"一带一路"国家带来了重大发展机遇，RCEP通过关税减让、降低贸易壁垒等政策促进贸易自由化、便利化，且在RCEP区域内形成了一体化的经济体系，使得区域内各国之间的贸易往来更加安全便利，极大降低了跨境贸易领域的经营风险。因此，要抓住RCEP带

[①] 《第五届数字中国建设峰会推动共建"数字丝路"》，中国新闻网，https://baijiahao.baidu.com/s?id=1739239190266824566&wfr=spider&for=pc，最后检索时间：2022年8月30日。

[②] 《"丝路电商"国际合作（郑州）高峰论坛：跨境电商为RCEP区域经济一体化注入强劲动力》，新浪财经，https://baijiahao.baidu.com/s?id=1740934418803918578&wfr=spider&for=pc，最后检索时间：2022年8月30日。

来的数字贸易机遇，围绕跨境贸易等重点领域开展对话交流，提高中国同共建国家的跨境电子商务往来，促进各方经济发展。

中国同共建国家不断发展新的合作方式，共同开展多层次多领域的合作，积极构建更加规范透明的电子商务体系，为共建国家电子商务注入活力。阿里巴巴、中兴、华为等著名中国企业通过为共建国家及地区提供公共服务以及基础设施建设帮助，助力"数字丝绸之路"的发展，为中国赢得了大量的海外客户。在数字化背景下，"丝路电商"将迎来新的发展机遇。

3. 加强知识产权保护国际合作

对知识产权进行保护是推动丝绸之路经济带更好发展的重要举措。自"一带一路"建设以来，中国持续深化与共建国家的知识产权保护合作，并取得了一系列成果。2021年，中国企业在共建国家的专利申请公开量同比增长29.4%，授权量同比增长15.3%，共建国家在我国的发明专利申请量同比增长7.7%，授权量同比增长18.1%[①]。另外，《区域全面经济伙伴关系协定》中内容最多的章节是知识产权保护，足以体现各国对知识产权保护的重视程度。RCEP 在 TRIPS 的基础上，对著作权、商标权、专利权、地理标志权、工业设计权、国名权、遗传资源权等作出了更加详细的规定，并且扩大了某些权利的保护范围，比如在商标权方面，RCEP 明确提出声音和香气均可申请商标。RCEP 对区域内知识产权保护做出了重要贡献，提升了区域内各国的知识产权保护水平，是中国加强与共建"一带一路"国家知识产权保护合作的重要里程碑。

中国与共建国家对知识产权保护给予极大重视，并开展了一系列知识产权保护国际合作交流活动，2017年至今，中国国家知识产权局每年定期举办知识产权培训班，比如2021年10月，"'一带一路'创新与知识产权保护研修班"于重庆市举办，邀请共建"一带一路"国家的人员参加知识产权保护方面的课程，提高知识产权保护意识与能力，培养知识产权保护方面

---

① 《我国与"一带一路"沿线国家知识产权布局实现双向加强》，新华网，https://baijiahao.baidu.com/s? id = 1736409823302221660&wfr = spider&for = pc，最后检索时间：2022年8月30日。

的人才。2022年7~9月，于重庆市、西安市、南宁市等地分别举行了"2022'一带一路'与知识产权制度融合发展论坛""第六届丝绸之路博览会'一带一路'知识产权合作论坛""中国—东盟商事法律合作研讨会"等，中国—东盟自由贸易区南宁国际商事法庭也于2022年9月揭牌运行，是中国涉外商事司法发展的重要一步。这些会议及论坛给中国同共建"一带一路"国家讨论知识产权保护国际交流与合作提供了平台，促进了参会各方在知识产权保护方面的交流，有利于"一带一路"国际知识产权合作的发展。中国在未来也将积极参与全球知识产权标准制定，与世界各国加强国际知识产权保护方面的合作，为科技创新保驾护航（见表1）。

表1 2021~2022年主要丝绸之路经济带科技合作交流活动一览

时间	承办部门或单位	地点	科技合作交流活动
2021年9月8日	中国国际电子商务中心、福建省电子商务促进会	福建省厦门市	2021"丝路电商"政企对话会暨国际合作论坛（厦门）
2021年9月10日	广西壮族自治区商务厅	广西壮族自治区南宁市	2021中国—东盟丝路电商论坛
2021年9月24日	山东省商务厅、济南市人民政府、中国国际电子商务中心	山东省济南市	第四届泉城电商大会暨2021"丝路电商"（山东）国际合作发展论坛
2021年9月24~27日	广东省投资促进局、广州市商务局、广州市贸促会、中国对外贸易中心（集团）	广东省广州市	2021广东21世纪海上丝绸之路国际博览会
2021年10月28日	陕西省教育厅、西安交通大学	陕西省西安市	2021丝绸之路国际产学研用合作会议
2021年10月30日	厦门大学、福建省教育厅、厦门市教育局、深圳大学、深圳产学研合作促进会、福州大学等	福建省厦门市/广东省深圳市/福建省福州市	2021海上丝绸之路国际产学研用合作会议
2021年12月13~14日	西咸新区管委会、西安电子科技大学	陕西省西安市	2021"一带一路"人工智能大会
2022年1月13~14日	广西东盟技术转移中心	广西壮族自治区南宁市	"东盟杰出青年科学家来华入桂计划"业务培训班
2022年5月27日	商务部投资促进事务局和广西壮族自治区商务厅、中国（广西）自由贸易试验区工作办公室	广西壮族自治区南宁市	2022中国（广西）自由贸易试验区海外招商合作大会

续表

时间	承办部门或单位	地点	科技合作交流活动
2022年6月28日	商务部电子商务司、河北省商务厅、廊坊市政府	河北省石家庄市	2022"丝路电商"（河北）政企对话会
2022年7月13日	西安交通大学	陕西省西安市	丝绸之路大学联盟夏令营
2022年7月19日	国家知识产权培训（重庆）基地、"一带一路"知识产权与创新发展研究院、重庆士继嘉知识产权研究院	重庆市	2022"一带一路"与知识产权制度融合发展论坛
2022年7月24日	国家发改委国际合作中心、福建省发改委、福州市人民政府	福建省福州市	第五届数字中国建设峰会·数字丝路分论坛
2022年7月29日	中国国际电子商务中心	吉林省长春市	第二届中国新电商大会国际合作论坛
2022年8月9日	郑州航空港经济综合实验区	河南省郑州市	"丝路电商"国际合作（郑州）高峰论坛
2022年8月14日	陕西省知识产权局、陕西省政府	陕西省西安市	"一带一路"知识产权合作论坛
2022年8月15日	陕西省教育厅、有关高校	陕西省西安市	2022丝绸之路教育合作交流会
2022年9月16日	中国国际贸易促进委员会法律事务部、中国—东盟商务与投资峰会秘书处、广西壮族自治区高级人民法院	广西壮族自治区南宁市	中国—东盟商事法律合作研讨会
2022年11月8日	浦东新区市场监管局、中国质量认证中心	上海市	上海自贸试验区"一带一路"技术交流国际合作中心东亚分中心揭牌

二 2021~2022年丝绸之路经济带科技创新建设的困难与问题

（一）地缘政治的阻碍

当今世界霸权主义、保护主义、单边主义盛行，疫情尚在全球传播，各

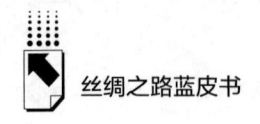

国经济仍然乏力，经济全球化遇到阻碍。在这种环境下，丝绸之路经济带的建设面临很多困境与挑战。

新冠疫情给全球经济带来了极大冲击，生产与需求量急速下降，投资、消费与出口均受到影响，加上疫情防控的巨额支出，导致不少国家的经济陷入萎靡，尤其是共建"一带一路"的发展中国家。经济的不稳定进而引起了一些国家及地区的政治动荡，加之共建国家的社会制度、宗教信仰等不一致，不同的利益集团从自身利益出发，对是否支持"一带一路"表现出不同态度，这让"一带一路"在当地的建设变得困难重重。但我们应明确，"一带一路"建设是为了全球的经济复苏，是为了造福共建国家及地区的人民，虽然国际局势复杂多变，但经济全球化趋势不可逆，"一带一路"的建设脚步不会因此停滞。

（二）"数字鸿沟"制约成果共享

数字化是全球发展趋势，"数字丝路"的建立为共建国家带去了经济发展机遇。但由于共建"一带一路"国家及地区科技水平的限制，当地数字化发展刚刚起步，大部分国家的数字基础设施数量较少且质量较差，数字基础设施建设整体来说较为落后，严重制约其数字化发展。2021年11月联合国国际电信联盟发布的关于世界各国互联网覆盖率排名数据显示，巴基斯坦、吉尔吉斯斯坦、尼泊尔等共建"一带一路"国家在网络覆盖率排名中处于较为靠后位置。因此，对于沿线发展中国家及地区来说，良好的数字基础设施建设是融入"数字丝路"的关键。

由于发达国家的数字技术水平处于国际领先地位，不论是当前的数字发展水平还是未来的数字创新水平，美国等发达国家都具有较大优势，尤其是在最重要的科技人才方面，美国具有垄断性优势，这也就决定了其未来的数字创新能力将远超于其他国家。这种优势的存在，会使得发达国家在未来科技创新层面更加领先，并且这种优势会持续扩大，从而拉大各国之间的数字差距。这种"数字鸿沟"的存在，无疑制约了中国与共建"一带一路"国家及地区间的数字科技成果共享，各种原因叠加会使得"数字鸿沟"会越来越大，从而阻碍全球数字命运共同体的发展。

（三）尚未形成统一的数字治理规则及跨境电商标准规则

目前全球已进入数字化时代，数字贸易为世界经济复苏带来了巨大能量。尽管中国的数字化发展非常迅速，但在数字领域，欧美等发达国家仍处于领先地位。当下全球并未形成被各国共同认可的数字治理规则，并且世界贸易组织现有的规则与框架对数据这种资源来说并不完全适用，因此各国及集团从自身利益出发，都在试图建立能给自己带来利益最大化的数字治理规则。目前尚未达成世界认同的多边治理规则，全球数字治理规则仍呈现出碎片化特点。

中国在全球数字规则的制定中处于摸索阶段。另外，由于我国与多数共建国家尚未签署自由贸易协定，加上共建"一带一路"国家之间存在进出口关税差异大、市场监管标准不统一、数字知识产权保护的法律法规不完善等问题，导致中国在进行跨境交易时面临阻碍，这些都会影响"一带一路"的发展。

三 本领域丝路经济带建设的趋势分析与对策建议

（一）趋势分析

"一带一路"为各国谋福利，为人类谋发展。虽然在建设过程中遇到了一些困难，但"一带一路"的总体发展趋势是前进的、上升的，并不会被困难挡住前进的步伐，随着世界进入后疫情时代、数字化时代，"数字""创新""绿色"成为丝绸之路经济带科技方面发展的新趋势。

1. "创新丝绸之路""数字丝绸之路"仍是发展重点

创新不论在何时都是发展的重点，科技创新关乎一个国家发展的命脉。中国将坚持创新引领，积极与共建"一带一路"国家开展更全方位、更高质量的科技创新合作交流活动，加强在5G网络、人工智能等科技前沿领域的国际交流与合作，帮助共建"一带一路"国家跟上全球发展的脚步。因此推动"创新丝绸之路"建设仍是未来的发展重点。同时，由于数字化是全球发展趋势，因此中国与共建"一带一路"国家将紧紧抓住数字化发展机遇，顺应数字化潮流，大力发展"数字丝绸之路"。深入推进与共建国家在数字领域的交流与合作，推动数字基础建设的发展，推动传统产业数字化转型，加强数字经济领域的合作，抓住数字经贸发展机遇，与共建国家积极开展跨境电商方面的合作。同时，在数字经济等重点领域开展交流，与共建国家共同制定区域数字合作标准及规则，保护数据的隐私性、安全性，切实打造好"数字丝绸之路"。

2."绿色丝绸之路"发展速度加快

推动绿色发展是保护全球生态环境、构建人与自然生命共同体的重要措施。近年来，环境问题是世界各国关注的焦点，中国贯彻落实习近平生态文明思想，提出"双碳"目标，重视绿色发展，因此在建设丝绸之路经济带的过程中，"绿色丝绸之路"是大势所趋，是必然选择。

自2013年首次提出构建丝绸之路经济带之时，习近平总书记就指出绿色发展的重要性，此后更是多次强调要共建"绿色丝绸之路"。2017年，我国连续颁布《关于推进绿色"一带一路"建设的指导意见》和《"一带一路"生态环境保护合作规划》，从政策层面提出"绿色丝绸之路"建设的原则与相关规划。2022年3月印发的《关于推进共建"一带一路"绿色发展的意见》中提出，到2025年，共建"一带一路"绿色发展取得明显成效，到2030年，共建"一带一路"绿色发展格局基本形成。此外，中国还与共建国家成立了"一带一路"绿色发展国际联盟，主动发起"一带一路"绿色发展伙伴关系倡议等。这些措施无不彰显出中国对于建设"绿色丝绸之路"的坚定决心。

3.更加重视数据知识产权保护

数字化是当今世界的发展趋势，而数据是数字世界的根本，是信息时代的新能源，是当今世界的基础性战略资源，因此数据的重要性不言而喻。中国拥有庞大的数据资源，是典型的数据资源大国，若想让所拥有的庞大数据资源充分发挥作用，首先要解决的便是数据的知识产权问题。《"十四五"

国家知识产权保护和运用规划》中提出要实施数据知识产权保护工程，可见数据知识产权保护的重要程度。目前我国对数据知识产权的保护尚处于起步时期，仅在浙江、上海等地设立了数据知识产权保护试点，以便为后续的推广积累经验。鉴于数据的重要性，加上目前对信息知识产权和跨境数据的保护不足，推动数据知识产权保护工作刻不容缓，因此加强数据知识产权的保护不仅是国内知识产权保护的趋势，也将是"一带一路"建设发展过程中的一个重要趋势。

（二）对策建议

1. 加强数字基础设施建设合作，缩小"数字鸿沟"

目前共建"一带一路"国家大多不具备良好的互联网连接，数字基础设施发展不完善。"数字丝绸之路"的建设，最重要的是要帮助共建国家完善数字基础设施建设，利用我国建设数字基础设施的经验，帮助当地光纤电缆、卫星导航、电信网络等硬件设施的建设，提高互联网、信息通信技术的普及度，实现网络互联互通。在此基础上，利用我国在人工智能、5G等数字技术方面的优势，促进数字技术在传统产业中的应用，将传统基础设施与数字技术充分融合，帮助共建国家建设智能电网、智能交通等。只有在建设好数字基础设施的前提下，才能让更多的共建"一带一路"国家及地区融入数字化这个世界发展趋势中。另外，在"丝绸之路经济带"的科技建设过程中，应坚决反对数字保护主义。要通过加强中国与共建国家的数字基础设施合作，提高中国与共建国家的"软联通"能力，增强双方的信息共享能力，提高"数字经贸"能力，以此缩小"数字鸿沟"，促进共建国家经济发展，为南南合作注入活力，均衡南北发展，构建数字命运共同体。

2. 构建"一带一路"区域内统一的数字规则及跨境电商规则

目前各国及利益集团出于自身利益，都在极力构建有利于各自的数字治理规则，因此全球数字治理规则仍呈现碎片化特点，加上在中亚地区存在的"B3W""C5+1"等多边合作机制，导致中亚区域内数字合作规则不一致。

因此适合"一带一路"数字经济发展的规则框架亟须构建，以破除数据贸易壁垒，积极推动电子商务货物贸易自由化规则的构建，由此推动建立"一带一路"区域内统一的数字规则治理标准。

由于数字化与全球化的快速发展，跨境电商的市场发展潜力巨大，"数字丝绸之路"的建设无疑促进了中国与共建国家跨境电子商务的发展，但正是由于跨境电商发展过于迅速，完善的规则标准尚未跟上，加上共建国家之间存在进出口标准不统一等问题，导致中国在与这些国家进行跨境贸易时规则较为复杂，因此加快建立统一的"一带一路"跨境电子商务贸易规则标准是当务之急。中国应积极推动及参与制订跨境电商标准规则，同时培养标准化人才与一批优秀的电商企业，在相互平等的基础上积极推进共建"一带一路"国家相互间的标准化规则互认，加强在数字规则方面的合作，比如跨境数据传输规则等，实现共同领域标准体系的对接。

3. 科技助力"绿色丝绸之路"建设

共建"一带一路"国家有迫切的经济发展需求，但是由于涉及国家众多，气候类型、地理环境等有较大差异，并且沿线多为发展中国家，发展经济时常以污染为代价，在建设过程中难免会面临如何平衡生态环境与经济发展之间关系的难题。

为推动"一带一路"建设高标准、高质量发展，要全面、准确地把"绿色"这一概念融入建设的全过程，把"可持续"这一观念落实到建设的各方面，利用科技助推绿色发展，打造好"绿色丝绸之路"。中国作为"一带一路"的发起者，应肩负起大国使命，践行绿色发展理念，积极参与国际绿色标准规则的制定，在努力实现自身绿色发展的同时，帮助共建国家平衡发展与生态的关系，加强官方沟通机制与民间交流对话，促进各国达成绿色发展共识。另外，在丝绸之路经济带的建设过程中，要利用科技加快推动绿色能源、绿色基建、绿色交通的建设，开展科技含量高、环境污染少的产业合作，降低对传统能源的依赖性，完善全过程绿色供应链，积极布局科技合作项目用以助力"绿色丝绸之路"的建设，通过多种方式开展与共建国家的绿色合作。

参考文献

《共建亚欧大陆美好家园——记习近平主席出席上海合作组织成员国元首理事会第二十二次会议》，新华网，http：//www．news.cn/politics/leaders/2022－09/18/c_1129011543.htm，最后检索时间：2022年9月18日。

徐向梅：《共建"一带一路" 开创美好未来》，《经济日报》2022年7月6日，第11版。

许皓、吴光辉：《中国—东盟共建"数字丝绸之路"：机遇、挑战与路径选择》，《黄冈职业技术学院学报》2022年第5期。

甄飞扬、邓云成：《美国智库对"绿色丝绸之路"倡议的认知与我国的应对》，《科技情报研究》2022年第4期。

中国人民银行伊犁州中心支行课题组：《依托中哈合作中心助推中国与中亚共建绿色丝绸之路的路径研究》，《金融发展评论》2022年第9期。

方恺、席继轩、李程琳：《全球碳中和趋势下的"绿色丝绸之路"建设——中国的路径选择》，《治理研究》2022年第3期。

黄叶岚：《共建绿色丝绸之路，同享生态碧水蓝天——环境与资源管理视角下绿色丝绸之路的建设逻辑和路径》，《皮革制作与环保科技》2022年第7期。

B.7
2022年丝绸之路经济带产业园区合作发展报告[*]

刘肖楠[**]

摘　要： 在全球经济形势日益严峻的背景下，我国通过与共建"一带一路"国家充分开展经贸合作实现了对外开放水平的持续提升，产业园区的合作发展成为我国"走出去"的重要途径。境外产业园区是中国特色产业合作的成功模式，也是实施"一带一路"倡议的重要抓手；同时，国内各省市以自贸试验区为重要平台，不断推进丝绸之路经济带产业园区的合作发展。在当前工作中，存在合作各国发展不均等、疫情冲击和逆全球化趋势长期存在、产业园区建设与丝绸之路经济带融合发展程度待提升等几点问题，针对问题，本报告提出了进行科学规划、积极推动区域经济一体化、加快构建"双循环"格局、加大金融支持力度等对策建议。

关键词： 丝绸之路经济带　产业园区　"一带一路"

2022年，受新冠疫情和国际地缘政治紧张、冲击全球经济等因素影响，中国经济面临多重挑战和考验。然而，在此背景下，我国持续推动高水平对外开放，2022年1~8月，我国企业在共建"一带一路"国家非金融类直接投资915.2亿元人民币，同比增长9.7%（折合139.5亿美元，同比增长8.2%），

---

[*] 本报告系陕西省社会科学院2022年青年课题"金融支持陕西自贸区高质量发展研究"（项目编号：22QN03）的研究成果。
[**] 刘肖楠，陕西省社会科学院金融研究所研究实习员，研究方向为地方财政、区域金融。

占同期总额的18.6%，较上年同期上升0.5个百分点。习近平总书记多次强调，"中国扩大高水平开放的决心不会变"。在建立高水平对外开放体系的总体引领下，丝绸之路经济带的合作共建成为重要抓手。截至2022年7月，我国已与149个国家、32个国际组织签署了共建"一带一路"合作文件，形成3000多个合作项目，投资规模近1万亿美元，开放水平稳步提升。

产业园区的投资共建是我国与共建丝绸之路经济带国家进行经贸合作的重要形式。近年来，在"五通"建设的过程中，我国与共建丝绸之路经济带国家通过投资建设相关产业园区的方式不断深入合作，不仅对相关产业的发展起到了极大的促进作用，也通过园区的合作共建不断共享双方优势产业成果，共同提升对外开放水平。

随着"一带一路"经贸合作的开展，国内产业布局与丝绸之路经济带的发展走向紧密相关已成为一种趋势，共建丝绸之路经济带各国也随着境外境内各产业园区的开拓建设走进中国市场，产业园区合作成为共建国家进行经济发展和产业布局的一项重要考量因素，丝绸之路经济带的建设也为欧亚区域的经济合作与贸易往来提质加速，包括中国—格鲁吉亚自贸协定、中亚区域经济一体化合作、中巴经济走廊建设等，都是在共建发展中促成的合作硕果。

近年来，从与共建丝绸之路经济带国家共建产业合作园，到完善自由贸易试验区布局，再到探索新产业、新业态、新模式的国际合作，我国不断打造高水平对外开放新格局，开拓合作共赢新局面。与共建丝绸之路经济带国家开展的产业园区合作正在成为支撑中国企业、资金、技术等"走出去"的重要平台，对保障我国乃至全球产业链、供应链的稳定，促进园区所在地、所在国发展发挥着越来越重要的作用。

一　丝绸之路经济带产业园区合作建设发展现状

（一）国际：以产业园区共建合作推动共赢发展

境外经贸合作区是以国内企业为主体，通过谈判的方式与东道国政府签订协议，在协议限定的区域内投资并建设成的产业链完整、集中度高、公共服务功能健全、管理模式便捷高效的产业园区。境外产业园区是中国特色产业合作的成功模式，已成为我国企业"走出去"的集聚平台和对外投资的重要名片，是深化产业投资合作、实现"产业联通"的重要抓手。2013年，随着"一带一路"倡议提出，我国与共建国家建设产业园区的速度步入"快车道"。2013~2017年，中国海外园区新增40余个，短短5年里增长数量超过此前20年建成的园区数量总和，且绝大部分分布在共建"一带一路"国家。[①] 截至2021年末，纳入商务部统计的境外经贸合作区分布在46个国家，累计投资507亿美元。中国已在24个共建国家建设了79个境外经贸合作区，累计投资430亿美元，为当地创造了34.6万个就业岗位（见表1）。[②] 2021年，中国与共建"一带一路"国家货物贸易额达11.6万亿元人民币。[③] 此外，与共建"一带一路"国家合作建立的国家级海外产业园区已达到20个，这些产业园区的建成成为我国企业"走出去"的重要渠道。

海外产业园区多由中外两国政府或企业共同推动、合作建设，在海外为我国"走出去"的企业打造一个小范围内相对完善的基础设施，同时通过国家间协商和建立贸易机制，获得更广范围内的贸易优惠政策，并吸引专业中介机构和服务企业扎根聚集，形成更加完善的配套服务体系，在降低企业"走出去"门槛的同时拓展更多海外市场，提升企业的海外竞争力。产业园区的建设也能够进一步促进东道国的产业结构优化升级，推动中方企业更多参与东道国建设和贸易，推动经济发展，达成双赢局面。

表1　通过商务部确认考核的境外经贸合作区名录

	合作区名称	境内实施企业名称
1	柬埔寨西哈努克港经济特区	江苏太湖柬埔寨国际经济合作区投资有限公司
2	泰国泰中罗勇工业园	华立产业集团有限公司

[①] 《中国科技园花开"一带一路"》，《人民日报》（海外版）2018年9月5日，第10版。
[②] 资料来源：商务部2022年1月20日例行新闻发布会。
[③] 《高质量共建"一带一路"》，《人民日报》2022年9月6日，第18版。

续表

	合作区名称	境内实施企业名称
3	越南龙江工业园	前江投资管理有限责任公司
4	巴基斯坦海尔—鲁巴经济区	海尔集团电器产业有限公司
5	赞比亚中国经济贸易合作区	中国有色矿业集团有限公司
6	埃及苏伊士经贸合作区	中非泰达投资股份有限公司
7	尼日利亚莱基自由贸易区（中尼经贸合作区）	中非莱基投资有限公司
8	俄罗斯乌苏里斯克经贸合作区	康吉国际投资有限公司
9	俄罗斯中俄托木斯克木材工贸合作区	中航林业有限公司
10	埃塞俄比亚东方工业园	江苏永元投资有限公司
11	中俄（滨海边疆区）农业产业合作区	黑龙江东宁华信经济贸易有限责任公司
12	俄罗斯龙跃林业经贸合作区	黑龙江省牡丹江龙跃经贸有限公司
13	匈牙利中欧商贸物流园	山东帝豪国际投资有限公司
14	吉尔吉斯斯坦亚洲之星农业产业合作区	河南贵友实业集团有限公司
15	老挝万象赛色塔综合开发区	云南省海外投资有限公司
16	乌兹别克斯坦"鹏盛"工业园	温州市金盛贸易有限公司
17	中匈宝思德经贸合作区	烟台新益投资有限公司
18	中国·印尼经贸合作区	广西农垦集团有限责任公司
19	中国印尼综合产业园区青山园区	上海鼎信投资(集团)有限公司
20	中国·印度尼西亚聚龙农业产业合作区	天津聚龙集团

资料来源：商务部"走出去"公共服务平台。

在"一带一路"倡议下，我国与共建国家产业园区合作成果丰硕，重大项目顺利推进。相关数据显示，截至2018年，越南龙江工业园、泰国罗勇工业园、埃及苏伊士经贸合作区、华夏幸福印尼产业新城、中国·印尼聚龙农业产业合作区等分别位居共建"一带一路"国家海外园区的前5名。[1] 中国在"一带一路"沿线建立的海外产业园区随着与共建国家合作的深入推进，呈现产业分布多元化的特征，现已广泛分布于农产品加工、矿产资源、制造业、物流业及高新技术产业合作等不同领域。印度（浦那）中国三一重工产业园、白俄罗斯明斯克中白工业园作为我国海外制造业产业园区

---

[1] 曾刚、赵海、胡浩：《"一带一路"倡议下中国海外园区建设与发展报告（2018）》，中国社会科学出版社，2018。

合作的代表，对东道国产业发展形成良好助力；巴基斯坦瓜达尔能源化工园区和中哈阿克套能源资源深加工园区则建立在口岸和能矿资源富集区，属于能源资源加工产业合作区；作为农业产业合作区的代表，华信中俄现代农业产业合作区则依托自然条件和农业基础优越的区域建立；商贸物流海外园区有波兰（罗兹）中欧国际物流产业合作园、白俄罗斯明斯克商贸物流园和哈萨克斯坦（阿拉木图）中国商贸物流园；依托科教文化中心建立的高新技术产业合作区则有莫斯科（杜布纳）高新技术产业合作园区和圣彼得堡信息技术园区等。[①]

2022年1月，《区域全面经济伙伴关系协定》（RCEP）生效实施，这一框架将为我国与共建"一带一路"国家的经济往来提供更多机会与可能。中国—马来西亚钦州产业园区与马来西亚—中国关丹产业园区项目是共建"一带一路"产业园区合作项目的新典范，作为中马两国合作的旗舰项目被称为中马"两国双园"，2022年3月，随着RCEP协定在马来西亚正式生效，中马"两国双园"投资合作价值将进一步提升。

2022年9月15~16日，上合组织成员国元首理事会第二十二次会议在撒马尔罕举行，上合组织农业基地已形成以上合组织国家为主体、以共建"一带一路"国家为主、广泛辐射发展中国家的合作局面，以政府引导、高校参与、企业运营的模式，广泛建设海外农业园区集群。截至2022年，已落地的农业产业园区达到12个，产业合作的范围进一步拓展。

我国丝绸之路经济带沿线省份的海外园区共建工作也取得显著成效。近年来，陕西自贸试验区积极发挥农业科技优势和中欧班列贸易大通道作用，在哈萨克斯坦、吉尔吉斯斯坦、乌克兰、白俄罗斯等共建丝绸之路国家布局建设了14个农业科技示范园，打造农业跨境产业链和产业集聚区。甘肃（兰州）国际陆港与普洛斯管理物流园、中白工业园姊妹园、上合组织（连云港）国际物流园积极开展友好园合作工作，着力将园区打造为对外开放的成功范本、中外合作的样板工程。宁夏在毛里塔尼亚、约

[①] 《中国海外园区遍地开花》，《国际商报》2018年9月4日，第5版。

旦、吉尔吉斯斯坦等国开展多项农业技术活动。宁夏大学在埃及建立中埃旱区水土开发实验室，开发并生产新一代手机 App 智能节水灌溉系统。2021 年 12 月在中巴经贸联委会第 15 次会议上，中国新疆—巴基斯坦经贸合作工作组建立，将有力拓展新疆向西开放的广度和深度。云南省积极展开老挝万象赛色塔综合开发区国际合作工作，截至 2022 年 6 月，开发区累计完成投资约 9.14 亿美元，累计入驻来自中国、泰国、日本等 7 个国家和地区的企业 113 家。老挝磨丁经济专区已签约入园企业 433 家，累计投资额达 9.66 亿美元。

随着我国与共建"一带一路"国家共建海外产业园区的工作不断推进，各领域、各地区的园区建设成绩不一而足。海外产业园区的建设不仅有助于推动我国企业走出国门，扩大外贸，提升我国对外开放的水平和质量，也有利于东道国的经济、税收、就业等多方面的进步和提升，促进东道国经济实现快速发展，产业园区合作发展有力地推动"一带一路"建设打造出一个双赢的良好局面。

（二）国内：以自贸区为主阵地高质量共建"一带一路"

作为"一带一路"倡议的发起者与重要参与者，我国各省市也积极与共建"一带一路"国家开展各个领域的产业园区深度合作。近年来，我国与共建丝绸之路经济带国家产业合作和园区共建工作进一步扩展，经贸投资合作明显加强。西部陆海新通道、中欧（中亚）班列、空中丝绸之路等重要贸易通道的贯通极大地提升了内陆地区的开放程度和开放水平。丝绸之路经济带沿线各省市自贸区、保税区等产业园区成为参与"一带一路"高质量共建工作的主阵地、主平台，在共建"一带一路"、扩大开放和支撑外贸方面发挥了不可或缺的作用。

作为丝绸之路经济带向西开放的前沿，陕西在参与丝绸之路经济带产业园区合作和经贸往来中一直扮演着重要角色，陕西自贸试验区则成为重要阵地和平台。2022 年 4 月，西安陆港型国家物流枢纽成为我国首个成功获批启运港退税试点资质的陆地港口；西咸新区空港新城全货运航线已有 41 条，航空货量近40万吨，陕西已初步构建起面向"一带一路"、辐射全球的货运航线网络。截至2022年，陕西拥有124个省级、24个国家级国际科技交流合作基地，与来自40多个国家和地区的400多家机构建立了全方位、多层次、宽领域的合作关系。[①] 2015年至2022年6月，陕西进出口总值达3589.19亿元。2022年8月，位于中国（陕西）自由贸易试验区杨凌片区的杨凌综合保税区正式封关运行，这为杨凌高质量对外开放打开了又一个窗口，也为我国与共建"一带一路"国家的农业产业合作提供了更多便利。依托杨凌综合保税区和陕西自贸试验区的平台优势，上合组织农业基地规划建设了跨境电商产业园、种质资源保税研发园、上合组织国家农产品加工产业合作园等基础设施，形成较为完善的国际合作农业产业园区。2022年下半年，为进一步支持陕西省服务贸易高质量发展，打造陕西内陆改革开放高地，深度融入共建"一带一路"大格局，陕西省财政厅下达专项资金2000万元，支持陕西省18家服务贸易重点企业和园区发展。"一带一路"上的陕西，正在通过自贸区、港务区、保税区等优质平台，深入参与高质量共建"一带一路"的工作中。

四川地处丝绸之路经济带和长江经济带核心腹地，近年来，以国际大通道为依托，以重点开发开放试验区为载体，在共建"一带一路"引领全省开放发展方面取得积极成效。2021年，四川对共建"一带一路"国家（地区）进出口值达到2956.4亿元，自"一带一路"倡议提出以来，年均增幅达11.8%。2022年第一季度，四川对共建"一带一路"国家（地区）进出口值784.9亿元，同比增长35.3%，高于全国18.6个百分点。中国（四川）自由贸易试验区市场活力不断增强，贡献了全省近1/4的外商投资企业、1/10的进出口额和1/10的新增市场主体。四川天府新区成为共建"一带一路"和长江经济带发展的重要节点，布局建设的成都东部新区等4个省级新区，144个开发区进出口总额约占全省的80%，其中成都高新综合保税区进出口总额列全国综合保税区第1位。新签约落地中智（四川）农业

[①] 《陕西努力以高水平开放推动高质量发展》，《人民日报》2022年8月8日，第4版。

科技合作示范园，中法、中德、中韩、新川、中意等国际合作园区差异化发展，川港合作示范园、四川海峡两岸产业合作区加快建设。四川着力建设"一带一路"进出口商品集散中心，2022年1~11月全省货物贸易进出口总额8538.6亿元、规模居全国第8位，其中对共建"一带一路"国家进出口总额占全省的30.8%，对外承包工程新签合同额83.4亿美元，居全国第4位，增长47.3%，其中对共建"一带一路"国家新签合同额占全省的89.9%、增长74.4%。

重庆地处"一带一路"和长江经济带的联结点，是建设内陆开放高地的重要枢纽。自2017年中国（重庆）自由贸易试验区获批设立以来，重庆依托自贸区平台与共建"一带一路"国家积极开展产业合作。在服务共建"一带一路"方面，重庆自贸区开拓创新，积极发挥丝绸之路经济带重要枢纽作用，依托中欧班列建立多项国际货运作业规范，截至2022年，已有3项获批为国家标准；开创先河，开立"铁路提单国际信用证"，已实现批量化运用。2022年1~5月，重庆市进出口实现3438.3亿元，同比增长12.9%，对共建"一带一路"国家进出口增长14.4%。重庆两江新区已经与德国、瑞士、意大利、日本、韩国等国家建立国际合作产业园，搭建多功能的开放型功能平台，开放平台的集聚效应日益显现。在创新发展对外贸易方面，重庆进出口规模从2016年的4115亿元增长到了2021年的8000亿元，总量居西部第2、全国第11。推进双向投资方面，过去5年FDI累计超过120亿美元，其中2021年达22.4亿美元。各类外商投资市场主体超过7500户，世界500强企业累计落户312家。重庆市内企业"走出去"投资超过300家，海外资产累计近200亿美元，收购顶尖技术100余项。[1]

中国（广西）自由贸易试验区聚焦先进制造业、现代服务业、跨境产业、总部经济等领域，设立中国—东盟经贸中心，建设面向东盟、服务"一带一路"的大宗商品交易平台。围绕商贸投资、法务、金融、物流等10大功能板块，形成中国—东盟"一站式"贸易投资跨境集成服务，已入驻

---

[1]《重庆内陆开放高地建设稳步前行》，中国青年报客户端，2022年7月13日。

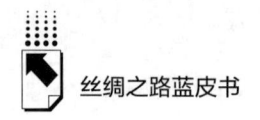

文莱、印尼、马来西亚等9个国家共40余家机构。东盟连续22年成为广西第一大贸易伙伴，广西边境贸易进出口总额连续7年排全国第1位，加工贸易在2021年突破1000亿元。2021年，广西实际利用外资16.5亿美元，同比增长25.4%，较2012年增长220%。①

自2019年8月30日中国（云南）自由贸易试验区挂牌成立以来，云南着力推进面向南亚东南亚辐射中心建设，多举措构筑对外开放新高地，在丝绸之路经济带产业园区建设合作方面取得了显著成效。2021年，云南与共建"一带一路"国家、RCEP国家的贸易额分别达1810亿元人民币、1407亿元人民币，同比分别增长7.5%、5.1%。②截至2022年7月，云南自贸试验区新设企业5.6万户，占同期全省新设企业的11.98%；完成外贸进出口2791.36亿元，占同期全省外贸进出口的32.58%；实际使用外资5.87亿美元，占同期全省使用外资的28.71%，其开放引领和辐射带动作用进一步凸显。

除了以自贸试验区为平台开展丝绸之路经济带合作建设以外，沿线省份和地区还以签署合作协议、共办展会论坛等方式开展产业园区建设合作。宁夏积极发挥中阿博览会重要平台作用，第五届中阿博览会宁夏签约项目开工落地155个，到位资金202亿元；银川综合保税区完成进出口总值25.9亿元，增长21.6倍；发运国际卡车班列1227辆，实现贸易额17.5亿元③；宁东能源化工基地加快推进韩国晓星36万吨氨纶项目实施，银川经济技术开发区稳步推进制造业对外开放。青海省、新疆维吾尔自治区于2022年9月共同签署了《推进中尼贸易陆路通道经济合作意向书》，以"通道+平台"合力促进两省区交通、物流、商贸深度合作，推进区域经济新格局的战略通道建设，加速促进青海、新疆深度融入国家"一带一路"建设，服务国内国际双循环新发展格局。甘肃加快推进兰州、天水综试区建设，累计培育跨

---

① 《广西边境贸易进出口总额连续七年排全国第一》，中国新闻网，2022年9月28日。
② 《云南多举措打造面向南亚东南亚区域性国际经贸中心》，中国新闻网，2022年8月15日。
③ 《宁夏融入服务共建"一带一路"打好对外开放"组合拳"》，中国一带一路网，2022年9月20日。

境电商主体企业超260家，2021年完成交易额近14亿元，跨境电商进出口业务实现RCEP成员国全覆盖。①

二 丝绸之路经济带产业园区合作存在的问题

（一）共建丝绸之路经济带国家国情差异大，发展不平衡

在丝绸之路经济带产业园区合作建设过程中，参与共建各国之间由于国情的差异，广泛存在于欧亚地区的社会发展不平衡、收入差距大等问题仍然值得关注，这些因素阻碍了地区市场扩大和地区经济共同发展。在境外产业园区的建设过程中，一方面，由于共建丝绸之路经济带国家多为发展中国家，经济发展情况大多落后于我国，在中东、非洲等地，除了经济因素的影响外，还存在社会情况、国家政局不稳定等额外因素的干扰，东道国的宗教信仰、语言文化差异也形成阻碍，这些都构成了丝绸之路经济带产业园区合作过程中的客观不利因素。另一方面，在境外产业园区建设和发展的过程中，园区选址、与当地政府的沟通、园区政策的制定与协调和本地员工们的雇佣培训等问题对境外产业园区的长期发展形成了一定挑战。在国内各个产业园区与共建丝绸之路经济带国家合作交流中，国家之间的客观差异仍然构成不小的挑战，因共建丝绸之路经济带国家优势产业、区位特点和经济发展阶段等方面都存在极大差异，如何以产业园区来辐射更多共建国家和地区，实现我国企业"走出去"范围的进一步扩大，是需要全面考虑的问题。

（二）疫情影响与逆全球化趋势可能长期存在

近年来，受美国及欧洲等发达国家的经济政策和发展趋势影响，经济全

---

① 《甘肃"一带一路"区位优势愈加明显 建设立体式开放通道网络》，中国一带一路网，2022年9月22日。

球化发展遭遇挑战，这一逆全球化趋势对世界各国各地区都产生一定影响。全球新冠疫情影响导致这一趋势加速发展，西方国家开始呈现产业链本土化、区域化的特征。新冠疫情发生以来，多国政府与跨国企业在进行产业布局时将安全性作为第一要素考虑，对于对外开放的态度发生一定转变，如欧盟推出供应链法，不断强化投资国家安全审查工作。在疫情防控常态化的背景下，如何应对疫情对国际经济往来造成的长期影响，如何应对逆全球化趋势对共建丝绸之路经济带的阻碍，成为长期存在的挑战和问题，也对我国与共建丝绸之路经济带国家深入共建产业园区，开展经贸合作形成了一定的阻力。

（三）产业园区与丝绸之路经济带融合发展程度有待提升

近年来，我国对共建"一带一路"国家的直接投资总额不断提升，投资的重大项目和产业中，基础设施类建设投资占据较大比例，这与共建"一带一路"国家普遍国情相关，但与此同时，我国在共建"一带一路"国家投资较多基础设施的行为与进行经贸合作带动产业发展的趋势却未呈现明显的线性相关，基础设施投资合作的区域与产业合作区域出现一定的分离态势。具体来看，基础设施投资较多的地区，产业合作发展进展却较为缓慢，如何将产业园区合作与丝绸之路经济带建设发展更加有效地融合成为一个需要解决的问题，我国企业与产业园区共建各国的合作还需进一步深化。一方面，从我国"走出去"的企业对国内较为完备的产业链、生产线的依赖程度仍较强，这使得共建国家无法从产业园区合作中获得更大发展；另一方面，共建丝绸之路经济带国家的配套服务体系也较弱，对两国产业园区合作的稳定与产业链的安全保障不足。因此，为推动我国与共建丝绸之路经济带国家产业园区共建工作的开展，并带动丝绸之路经济带的经济建设，我国需要进一步构建以产业园区为基础的产业链、供应链体系，积极带动共建国家实现供应链的本土化延伸。充分利用我国当前已经建设完善的境内、境外产业园区，使得我国与共建丝绸之路经济带国家产业链、供应链的衔接更加畅通，以产业园区合作为基础有效带动丝绸之路经济带的整体建设和发展。

三　丝绸之路经济带产业园区合作发展的对策建议

（一）科学规划丝绸之路经济带产业园区建设工作

总体来看，要解决由各国发展差异带来的产业园区建设衍生问题，实现协同发展、合作共赢，就需要在产业园区合作工作的推进中，从长远出发，科学、高水平规划产业园区建设和合作工作。注重把控投资建设环境的风险，加强与共建国家和地区政府部门的沟通协调，提高建设规划的稳定性和战略性，注重刚性约束条款的制定，为产业园区长期建设提供更为稳定的环境。在园区招商工作方面，注重产业生态的打造，为产业园区的长期发展注入活力。一方面，在园区前期规划时，充分考虑区位优势、产业特点，合理谋划产业链各个环节，达到聚产成园；另一方面，要注意开发质量与开发效率并重，可在划定范围内先进行小面积开发，以前期收益带动后期更大范围的迭代发展，形成良性循环。在园区管理方面，构建精简、高效的扁平化行政管理体制，推动管理园区向服务园区转变，努力打造集产业发展和生产生活式服务功能于一体的复合式园区。

（二）积极推动区域经济一体化助力产业园区合作

习近平总书记在党的二十大报告中指出，要继续推进高水平对外开放，推动共建"一带一路"高质量发展，维护多元稳定的国际经济格局和经贸关系，这也为我国继续展开丝绸之路经济带产业园区合作工作指明了方向，合作不会因困难而止步。在全球新冠疫情暴发、经济衰退等多重阻碍下，"一带一路"共建工作呈现出逆势而上的发展活力，为维护区域乃至国际产业供应链、价值链发挥了不可或缺的作用。依托"一带一路"，在疫情期间，东盟、拉美等地区与我国的经贸合作不断加强，东盟已和我国形成了互为第一大贸易伙伴的贸易格局，对亚洲区域经济一体化的推动形成了积极助力。在逆全球化趋势长期存在的背景下，我国应积极推动"一带一路"经贸合作不断深入，推动区域经济一体化进程。这不仅有助于我国与共建国家不断降低贸易壁垒，降低关税成本，推动各国企业经济往来与产业园区合作，也有助于共建"一带一路"国家形成更加科学的产业链、供应链、价值链体系。通过区域经济合作发展，充分发挥各国优势，助推我国更快实现产业结构优化升级，也有助于我国产业和技术更顺畅地在共建"一带一路"国家落地，同时，积极的贸易往来可以为区域内国家提供更多生产需求，实现区域内经济发展合作共赢。

（三）加快构建"双循环"新发展格局赋能产业园区建设合作

2020年5月，我国首次提出"构建国内国际双循环相互促进的新发展格局"。党的二十大报告中再次强调，"必须完整、准确、全面贯彻新发展理念，坚持社会主义市场经济改革方向，坚持高水平对外开放，加快构建以国内大循环为主体、国内国际双循环相互促进的新发展格局"。以国内大循环为主体、国内国际双循环相互促进的新发展格局符合经济发展规律，也有利于推动丝绸之路经济带产业园区合作建设，促进区域内经济协调发展，助推产业分布状况合理布局，构筑"一带一路"互利共赢的产业链供应链合作体系。在"双循环"格局的思想指导下，一方面应坚持高水平对外开放的基本原则，积极参与到全球与区域贸易格局中，捍卫在贸易规则制定和变革中的话语权，体现大国担当，为共建"一带一路"国家经济发展争取充足空间，创造良好前景；另一方面应注重补齐我国在"一带一路"相关重点产业发展中的短板，重视对产业链的补链强链工作。不断提升我国与共建各国在高新技术产业的合作水平，在产业园区建设合作中加强在科技、生物等领域的开放合作，同时充分利用人工智能、区块链等新技术，实现合作产业不断优化升级。

（四）积极运用金融工具支持产业园区合作

在丝绸之路经济带产业园区合作建设的过程中，由于涉及国际经贸往来，合作伙伴多为跨国企业，就存在投资周期更长、不确定因素更多、货币结算环节更复杂等问题，金融工具的合理运用显得更为重要，面对企业的融资需求、金融便利性功能需求和风险管理需求，在境外经贸合作区、境内自贸试验区金融支持体系建设中，应充分考虑对"一带一路"高质量发展的支持措施。针对"走出去"企业的跨境贸易融资需求，积极与跨境金融机构展开合作，以国际并购贷款、国际保理、跨境融资租赁等创新方式满足企业融资需求，创新开展"央行跨境票据通"等业务，通过银行承兑汇票完成与境外企业的资金结算，不断降低企业融资成本；推动自贸区积极申请并实施跨境人民币试点，与共建国家和地区探索发行人民币债券的途径和方式；推动建立海外投资保险制度，应对经贸合作带来的经营风险；加强离岸金融创新工作，以金融手段消除跨境合作障碍，积极探索解决企业在货币兑换、支付结算等方面对金融的功能性需求。同时，结合不同产业特征，积极探索开展境外产业保险，有效降低境外企业生产经营风险。

参考文献

赵亮：《"丝绸之路经济带"沿线中国自贸区建设的经济产业效应——对九大重点行业的GTAP模拟》，《经济体制改革》2022年第4期。

徐向梅：《共建"一带一路" 开创美好未来》，《经济日报》2022年7月6日，第11版。

张相伟、龙小宁：《"一带一路"倡议下境外经贸合作区和对外直接投资》，《山东大学学报》（哲学社会科学版）2022年第4期。

孙冰：《我国海外产业园区空间布局对"一带一路"沿线国家贸易质量的影响研究》，《商业经济研究》2022年第12期。

刘保奎、张舰：《长江经济带同一带一路统筹衔接的战略重点》，《开放导报》2022年第3期。

杨丽：《境外经贸合作区与中国对外投资的关系研究》，云南财经大学硕士学位论文，2022。

陈爱贞：《构筑一带一路高质量发展的共建之路》，《中国社会科学报》2022年2月16日，第3版。

刘洪愧：《"一带一路"境外经贸合作区赋能新发展格局的逻辑与思路》，《改革》2022年第2期。

祁志军：《海外产业园区推动"一带一路"新发展》，《中国外汇》2020年第20期。

B.8
2022年丝绸之路经济带抗疫国际合作发展报告

王景华*

摘　要： 新冠疫情反复延宕，奥密克戎毒株及其变异毒株再次引发全球新一轮疫情，我国与共建丝绸之路经济带国家和地区共同面对新冠疫情带来的挑战。为此，应保持头脑清醒、强化责任担当，充分认识到疫情防控的复杂性、艰巨性和反复性，在持续推进新冠疫苗和药物研发过程中以打造"健康丝绸之路"为目标，扩大和深化抗疫合作及相关领域的合作，加快建设人类卫生健康共同体；坚持在与共建国家和地区进行疫情信息通报与疫情防控经验分享中真实叙述中国抗疫和丝绸之路经济带建设的实际情况及成果，消除共建国家和地区民众对中国抗疫合作及其相关领域合作的疑虑、担忧和误解；以构建全球发展命运共同体理念为指导，持续推进"一带一路"建设，促进"全球发展倡议"落实落地，助力抗疫合作走深走实。

关键词： 丝绸之路经济带　国际抗疫合作　经济复苏

2022年，时值共建"一带一路"倡议提出9周年，也是新冠疫情在全球暴发并流行的第3年。面对新冠疫情的持续冲击，中国与共建"一带一路"国家和地区坚持守望相助、勠力合作、共克时艰，不仅一定程度上阻

---

* 王景华，博士，陕西省社会科学院助理研究员，研究方向为马克思主义哲学、社会认识论。

止了疫情在包括共建国家和地区在内的国际社会的扩散蔓延,也促进了共建国家和地区在公共卫生领域人文交流合作的深入发展,推动了民心相通走深走实;还进一步促进了丝绸之路经济带建设与共建国家和地区的经济复苏发展,一批重大合作项目进展平稳,特别是"健康丝绸之路"和"数字丝绸之路"建设成果显著。疫苗合作和绿色发展伙伴关系得到共建国家和地区的广泛支持,民心相通的基石日益坚实。

一 丝绸之路经济带抗疫合作的总体思路和进展

(一)坚持呼吁共建国家和地区秉持人民至上、生命至上的理念和人类卫生健康共同体理念,加强抗疫合作

面对当前复杂的新冠疫情形势,中国认真履行联合国关于合作抗击疫情的政治宣言,充分尊重世界卫生组织发挥的引导作用,坚持呼吁包括共建丝绸之路经济带国家和地区在内的国际社会秉持人民至上、生命至上的理念和人类卫生健康共同体的理念,加强抗疫合作,并把抗疫合作纳入丝绸之路经济带建设和全球发展倡议中,推动抗疫合作走向深入。2021年9月21日习近平主席在第76届联合国大会一般性辩论上提出,根据各国领导人出席联合国成立75周年系列峰会时发表的政治宣言承诺"合作抗击疫情,携手应对挑战",首先要坚持"人民至上、生命至上"的防控理念,以弘扬科学精神、秉持科学态度、遵循科学规律来"统筹疫情常态化精准防控和应急处置、统筹疫情防控和经济发展",同时"加强国际联防联控,最大限度降低疫情跨境传播风险"[①]。而且,还要把作为战胜疫情利器的新冠病毒疫苗当作全球公共产品,在全球范围内形成公平合理的分配,确保发展中国家的可及性和可负担性。其次"我们必须复苏经济,推动实现更加强劲、绿色、健康的全球发展"。"要共同推动全球发展迈向平衡协调包容新阶段",并"坚持发展优先""坚持以人民为中心""坚持普惠包容""坚持创新驱动"

---

① 《习近平在七十六届联合国大会一般性辩论上的讲话》,新华网,2021年9月22日。

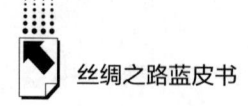

"坚持人与自然和谐共生""坚持行动导向"①的全球发展倡议。其中，抗疫和疫苗的合作是"坚持行动导向"方面的八大重点合作领域之一。这为在推动全球发展中继续凝聚全球抗疫力量，共创后疫情时代美好世界指明了进一步努力的路径。

2021年10月30日习近平主席在二十国集团领导人第十六次峰会第一阶段会议上进一步呼吁，参会各国要坚持"团结合作、携手抗疫"，应"齐心协力，以科学态度应对并战胜新冠肺炎疫情，加强防控、诊疗手段，提高应对重大突发公共卫生实践能力"，并提出各国要"加强疫苗科研合作，支持疫苗企业同发展中国家联合研发生产""坚持公平公正，加大向发展中国家提供疫苗力度，落实世界卫生组织提出的2022年全球接种目标""支持世界贸易组织就疫苗知识产权豁免权早日做出决定，鼓励疫苗企业向发展中国家转让技术""加强跨境贸易、保障疫苗及原辅料贸易畅通""公平对待各种疫苗，以世界卫生组织疫苗紧急使用清单为依据推进疫苗互认""为全球疫苗合作特别是发展中国家获取疫苗提供金融支持"②6方面内容的全球疫苗合作行动倡议。这些内容构成了当前中国抗疫合作和疫苗合作的基本主张和基本方案。不仅如此，参会各国还要"加强协调，促进复苏"，各国应"加强宏观经济政策协调，保持政策的连续性、稳定性、可持续性"。此外，各国还应"着眼长远，完善全球经济治理体系和规则""应该维护以世界贸易组织为核心的多边贸易体制，建设开放型世界经济"③。

在这些主张和方案指导下，2021年11月19日习近平主席在第三次"一带一路"建设座谈会上进一步指出，要在稳步拓展健康、绿色、数字、创新等合作新领域中培育合作新增长点，并加强抗疫国际合作，继续向共建

---

① 《习近平在七十六届联合国大会一般性辩论上的讲话》，新华网，2021年9月22日。
② 《习近平出席二十国集团领导人第十六次峰会第一阶段会议并发表重要讲话》，新华网，2021年10月31日。
③ 《习近平出席二十国集团领导人第十六次峰会第一阶段会议并发表重要讲话》，新华网，2021年10月31日。

国家提供力所能及的帮助①。2022年1月25日习近平主席主持中国同中亚五国建交30周年视频峰会时则进一步强调，要强化守卫和平的防护盾。"中国愿继续向中亚国家提供疫苗和抗疫物资，加大疫苗和特效药联合生产和技术转让"②，并在有相关需要的国家设立传统医学中心，呼吁建立中国—中亚健康产业联盟。同时，为促进地区社会经济发展，要建设高质量的合作带。中国愿意在经贸领域、电子商务领域、基础设施领域、能源领域、高技术领域加强合作③。2022年4月21日习近平主席在博鳌亚洲论坛2022年年会开幕式上发表主旨演讲时进一步强调，"我们要共同守护人类生命健康"。"各国要相互支持，加强防疫措施协调，完善全球公共卫生治理，形成应对疫情的强大国际合力。要坚持疫苗作为全球公共产品的属性，确保疫苗在发展中国家的可及性和可负担性。"同时，"我们要共同促进经济复苏"，在坚持建设开放型世界经济、加强宏观政策协调、维护全球产业链供应链稳定中"促进全球平衡、协调、包容发展""稳步推进全球发展倡议落实落地"④。由于这些理念和主张方案同我国与共建丝绸之路经济带国家和地区持续开展的抗疫合作与复苏经济发展的合作相辅相成，故而为当前共建各国各地区辩证地把握疫情防控与经济发展的关系提供了理论借鉴；也为各国各地区加强疫情防控、促进抗疫合作、夯实民心相通提供了思想引导；还为共建各国各地区在全球发展中持续推进丝绸之路经济带建设指明了努力的具体路径。

（二）在持续抗疫医疗合作中坚持疫情信息通报与疫情防控经验分享、抗疫援助合作、疫苗研制合作与推广

在上述理念和方案引导下，我国与共建国家持续开展了信息共享、建立

---

① 《习近平主席出席第三次"一带一路"建设座谈会并发表重要讲话》，新华网，2021年11月19日。
② 《习近平在中国同中亚五国建交30周年视频峰会上的讲话》，新华网，2022年1月25日。
③ 《习近平在中国同中亚五国建交30周年视频峰会上的讲话》，新华网，2022年1月25日。
④ 《习近平在博鳌亚洲论坛2022年年会开幕式上发表主旨演讲》，人民网，2022年4月22日。

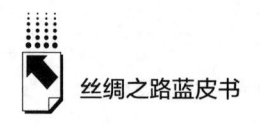

通道、医疗援助与合作、疫苗研制合作与推广等多层面多角度的抗疫合作，促进了我国与共建国家信息交流、统筹协调、共同抗疫，也促进了各方人员往来和复工复产。

1. 坚持疫情信息通报与疫情防控经验分享

在疫情信息通报与疫情防控经验分享方面，我国坚持与包括共建国家和地区在内的国际社会分享中国疫情信息和疫情防控经验，也呼吁共建国家向国际社会分享本国疫情信息和疫情防控经验，为本国和地区及全球疫情联防联控工作提供"基础性、关键性支持"①。尤其是当前我国坚持实行最严格且专业高效的信息发布制度，相关政府部门第一时间发布权威信息，回应群众关切，凝聚社会共识，持续为他国抗疫提供参考和借鉴。而且，坚持通过国家卫健委中、英文官方网站和政务新媒平台设置疫情防控专题页面，发布每日疫情信息，解读政策文件和防疫措施，介绍中国抗疫进展。截至2022年4月13日，我国已经与180个国家、10个国际和地区组织分享疫情防控和诊疗方案，并向世界卫生组织提交了《中医药治疗新冠肺炎循证评价研究报告》②。与此同时，我国也根据疫情发展态势、实际国情等，积极推广和持续更新诊疗方案、防控政策措施及管理规范。例如2022年3月22日，针对当前疫情防控从"全链条精准防控"阶段进入"全方位综合防控"③新阶段，根据当前疫情流行过程中奥密克戎毒株及其变异株传播速度快和隐匿性强等特点、患者临床表现出新的特点、治疗的新药物已经相继上市等，我国提出了《新型冠状病毒肺炎诊疗方案（试行第九版修订版）》，全面落实"外防输入，内防反弹"的总策略和"动态清零"总方针，切实"维护人民群众生命安全和身体健康，最大限度统筹疫情防控和经济社会发展"④。

---

① 塔米尔：《2020年中国与周边国家抗疫合作分析与展望》，载《中国周边关系蓝皮书：中国与周边国家关系发展报告（2021）》，社会科学文献出版社，2021，第353页。
② 杨一：《共创后疫情时代美好世界》，人民日报—人民网，2022年4月12日。
③ 马晓伟：《坚定不移贯彻"动态清零"总方针，坚决巩固疫情防控重大战略成果》，求是网，2022年5月16日。
④ 疾病预防控制局：《解读〈新型冠状病毒肺炎诊疗方案（试行第八版修订版）〉》，国家卫生健康委员会官方网站，2022年6月28日。

2. 坚持抗疫援助合作

在抗疫医疗援助合作方面，我国积极开展与包括共建国家和地区在内的国际社会的援助与合作。在医疗物资援助与出口方面，截至2022年4月13日，我国已经向包括共建丝绸之路经济带国家和地区在内的国际社会提供了大约3720亿只口罩、超过42亿件安全防护服、84亿份病毒检测试剂①。其中，西安、重庆、成都、郑州等地开行的中欧班列"防疫物资专列"发挥了重要作用，据统计，到2022年4月底，这些专列总计发送国际合作防疫物资1410万件，合计10.8万吨②。由此，中欧班列也成为全球抗疫的"生命线"和稳定供应链的"保障线"③。在派遣医疗团队进行医疗援助方面，截至2022年5月15日，我国已经向包括共建丝绸之路经济带国家和地区在内的34个国家派出了37支医疗专家组④。

3. 坚持疫苗研制合作与推广

在疫苗研制合作与推广方面，自新冠疫苗研制生产问世以来，我国坚持秉持人类卫生健康共同体理念，坚持把疫苗当作全球公共产品，向包括共建国家和地区在内的国际社会特别是广大发展中国家提供疫苗，积极开展合作生产。到2022年2月初已经同20多个国家开展合作生产，形成10亿剂年产的产能⑤。截至2022年4月13日，我国已经在15个国家建设疫苗原液灌装基地，旨在打造当地疫苗生产中心和向有疫苗合作需求的国家提供相应技术支持和帮助⑥。到2022年6月底中国已经向120多个国家和国际组织提供超过22亿剂新冠疫苗，是国际抗疫合作的重要贡献方⑦。其中，2021年12月15日中国向塔吉克斯坦援助的第13批和第14批新冠疫苗完成交接⑧。

---

① 杨一：《共创后疫情时代美好世界》，人民日报—人民网，2022年4月12日。
② 《中欧班列的"朋友圈"为何越来越广?》，国家发改委公众号，2022年5月18日。
③ 《特稿：携手各方共创后疫情时代美好世界》，新华网，2022年3月8日。
④ 俞懿春、周輖：《中国持续助力全球抗疫》，《人民日报》2022年5月15日。
⑤ 和音：《加强疫苗合作，共筑免疫屏障》，《人民日报》2022年2月27日，第3版。
⑥ 杨一：《共创后疫情时代美好世界》，人民日报—人民网，2022年4月12日。
⑦ 谢希瑶：《中国推动世贸组织达成新冠疫苗知识产权豁免决定展现大国担当》，新华社，2022年6月21日。
⑧ 《中国政府新一批援吉新冠疫苗运抵比什凯克》，新华社，2021年12月16日。

2022年5月9日，中国向巴勒斯坦难民救济工程处援助的疫苗完成交接①。中国还积极支持世界卫生组织发挥中心协调作用，优先保障"新冠疫苗实施计划"采购需求，已向该计划提供超过2亿剂疫苗，并向该计划捐赠1亿美元用于分配新冠疫苗给发展中国家②。此外，中国一直积极参与世贸组织框架下关于新冠疫苗知识产权豁免权议题的磋商，加强与美国、印度和南非等成员国的沟通互动。2022年6月12~17日世界贸易组织第12届部长级会议达成新冠疫苗知识产权豁免决定，为包括共建国家和地区在内的广大发展中国家实现新冠疫苗本土化生产提供了"法律上的保障和程序上的便利"③。

（三）加强互联互通合作，推动经济社会复苏发展，助力抗疫合作走向深入

在上述理念和方案的引导下，除了继续加强抗疫合作外，在抗疫合作促进民心相通、提振经济复苏信心和热情的助推下，我国与共建国家和地区还稳步拓展健康、绿色、数字、创新等新领域合作，积极推进丝绸之路经济带建设和各国经济发展，助力抗疫合作及相关领域的合作走向深入。例如2022年6月8日中国+中亚五国外长在会晤时，各方就一致赞成在卫生领域，通过扩大"卫生、流行病防控、远程教育、远程医疗等领域合作"来共同消除新冠影响；"在医疗物资、医药生产及传染病预防、诊断、治疗方面开展联合科研，完善抗击疫情合作方式"，在经贸投资领域，"加强产业、粮食安全、可再生能源、数字经济等领域合作"；在交通物流合作领域，"加强互联互通合作"；在高技术合作领域，"在'中国+中亚五国'IT产业园基础上建设'数字丝绸之路''智能丝绸之路'，深化数字经贸、人工智能、大数据、电子政务、区块链"等合作④，推进丝绸之路经济带建设，

---

① 《中国援助巴勒斯坦境外难民新冠疫苗全部交付》，新华社，2022年3月10日。
② 和音：《加强疫苗合作，共筑免疫屏障》，《人民日报》2022年2月27日，第3版。
③ 谢希瑶：《中国推动世贸组织达成新冠疫苗知识产权豁免决定展现大国担当》，新华社，2022年6月21日。
④ 《"中国+中亚五国"外长会晤联合声明》，新华社，2022年6月9日。

促进地区社会经济复苏发展，助力抗疫合作及相关领域的合作走向深入。2022年1月12日中国和叙利亚签署"一带一路"合作谅解备忘录，增进两国在基础设施、电力等多个领域的友好深入合作①。此外，共建国家还热烈响应和普遍支持全球发展倡议，加入中国在联合国平台成立的"全球发展倡议之友小组"②并于2022年1月在纽约联合国总部召开了首次会议。

二 丝绸之路经济带抗疫国际合作面临的困难和挑战

总体上看，在包括我国与共建丝绸之路经济带国家和地区在内的国际社会抗疫合作的共同努力下，世界各国抗疫已经取得了重要进展。我国同共建国家和地区的抗疫合作也从疫情暴发初期我国因疫情形势严峻、抗疫物资相对匮乏而接受包括共建国家和地区在内的国际社会的宝贵援助和支持阶段，进入我国持续稳定疫情发展态势和疫情零星散发、抗疫物资产能得到大幅度提升、疫情防控治疗经验日趋丰富完善、持续开展与包括共建国家和地区在内的国际社会抗疫援助和合作阶段。尽管如此，我国与共建国家和地区之间的抗疫合作及相关的合作，仍然面临着一些困难和挑战。

（一）奥密克戎变异增多、传染性和隐匿性增强、传播速度加快，导致疫情反复延宕，对抗疫合作造成了一定程度的挑战

自2020年新冠疫情在全球流行以来，新冠病毒已经历经从阿尔法到贝塔再到德尔塔等不断变异，这导致全球疫情时常反弹、起伏不定，持续侵袭着人类生命健康，威胁着人类生命安全，也持续冲击着世界经济发展。尽管如此，但从2021年初起，随着新冠病毒疫苗的研制及其在世界范围内的广泛接种、相关药物研发取得积极成果和国际抗疫合作不断增强，疫情得到了

---

① 郑一晗、汪健：《中国叙利亚签署"一带一路"合作谅解备忘录》，新华网，2022年1月13日。
② 《守望相助，共同促进全球可持续发展——论习近平主席金砖国家工商论坛开幕式主旨演讲》，《人民日报》2022年6月22日，第1版。

一定程度的控制，各国各地区疫情防控封锁措施逐步放宽。在这一复杂背景下，自2022年初以来奥密克戎毒株及其亚型毒株BA.2、BA.4和BA.5等以其更强的传染性、传播力、隐匿性导致欧洲亚洲等多国新冠感染人数急剧上升，再次掀起了全球疫情高潮①。其中，日本7月份新增病例连续多日突破10例，印度7月份单日新增感染病例达到了4个月以来的最高水平。哈萨斯坦也因放宽各种防疫限制措施、接种新冠疫苗放缓及防范病毒意识的松懈、奥密克戎变异毒株的肆虐在2022年7月7日以来出现了疫情反弹，近一周内全国新增确诊新冠感染人数增长2.9倍②。奥密克戎变异BA2.12.1毒株也在韩国刚解除各项防疫规定、户外活动不再需要戴口罩之际，于2022年5月登陆韩国，并同时也登陆以色列、新加坡和巴基斯坦等国家。这反映出，取消或放宽疫情限制和相应的防控措施及对病毒防范意识的松懈，给奥密克戎及其变异毒株的迅速传播提供了便利条件。由此导致的后果是"一些国家不得不面临严峻的疫情形势；感染人数成倍增长、医疗系统遭遇挑战、新冠康复患者再次感染……"③简言之，新冠病毒的频繁变异及其在一些国家传播速度的加快，对前一个时期全球抗疫成果造成了负面冲击。这在一定程度上干扰和阻碍了我国与共建各国持续开展抗疫合作及其相关领域的合作。

（二）新冠疫情对共建各国各地区经济发展的冲击，对抗疫合作造成了一定程度的干扰和阻碍

不仅如此，虽然世界经济数据整体呈现出一定程度的复苏发展迹象，但新冠疫情反复延宕，不仅给各国民众生命安全和身体健康造成严重威胁，也给世界经济发展带来了深刻影响。世界银行副行长兼首席经济学家卡门·赖

---

① 《奥密克戎变异毒株引发全球疫情反弹，接下来会发生什么?》，中国新闻网，2022年7月21日。
② 《哈萨克斯坦疫情反弹，系奥密克戎变异毒株传播》，北青网，2022年7月8日。
③ 《奥密克戎变异毒株引发全球疫情反弹，接下来会发生什么?》，中国新闻网，2022年7月21日。

因哈特指出，就当前全世界各国经济发展状况看，经济发展恢复到疫情前水平的国家实际上只有少数，大约九成低收入国家的人均国内生产总值实际上都低于疫情前的水平[①]。故而可以说，疫情不断反弹，而实际上真正的全球经济复苏发展并未到来。不仅如此，由于新冠病毒的传染性和扩散性极强，再加上世界各国防疫政策和防疫限制措施都有所不同，能发挥的有效性作用也存在差异，因此总体上看，目前世界各国遭受新冠疫情冲击而发生的经济危机，依旧也没能够得到弥补和挽回。由此导致的结果是，全球经济的产业链供应链陷入紊乱、大宗商品价格持续上升、能源供应紧张等风险相互交织，加剧了世界经济复苏发展进程的不确定性和不稳定性。这也对我国和其他共建国家持续推进丝绸之路经济带建设造成了制约和阻碍，进而也对各国持续开展抗疫合作及其相关领域的合作造成了制约和阻碍。

三 丝绸之路经济带抗疫合作和助力经济复苏发展的趋势分析与对策建议

当前奥密克戎及其变异毒株再次引发全球新一轮疫情表明，新冠疫情在全球大流行大蔓延远未结束，世界各国依旧面临严峻的抗疫形势。为此，我们还应保持头脑清醒、强化责任担当，充分认识到疫情防控的复杂性、艰巨性和反复性，在持续推进新冠疫苗和药物研发过程中继续与共建国家和地区开展抗疫合作，促进各国抗疫取得新成效。

第一，坚持以打造"健康丝绸之路"为目标，扩大和深化我国与共建国家和地区的抗疫合作及相关领域的合作，加快构建人类卫生健康共同体。

由于共建丝绸之路经济带国家和地区之间贫富差距较大，其中大部分发展中国家应对新冠疫情的能力相对比较弱，相对缺乏有力的财政支持和公共卫生系统及医疗服务系统，新冠疫苗接种率整体偏低，因此我国需要持续扩

---

① 《2022世界什么样？专家：面临更多困难，各国应团结应对》，《人民日报海外版》2022年1月4日，第10版。

大和深化与共建这些国家的抗疫合作，特别是扩大和深化疫苗合作。具体来说，在中国与中亚五国的抗疫合作中，要以"中国+中亚五国"元首会晤机制①为引领，以就共同致力于推动丝绸之路经济建设、抗疫合作及相关领域合作达成的共识为引领，以"中国+中亚五国"外长会晤等一系列合作对话合作机制为依托，以落实这些共识为契机，在持续向中亚国家提供疫苗的同时，要积极与中亚各国尤其是当前疫情形势较为严峻的哈萨克斯坦加大新冠疫苗与特效药联合生产和技术转让。同时，持续扩大和深入推进"卫生、流行病防控、远程教育、远程医疗"等领域合作和加强在"医疗物资、医药生产及传染病预防、诊断、治疗"②等方面联合科研。此外，还要扩大和深化中国与中亚各国健康医疗合作，大力支持和推进在中亚设立的中国—吉尔吉斯斯坦中医药中心、中国—哈萨克斯坦中医药中心、中国江苏—乌兹别克斯坦中医药中心的建设，并努力争取在塔吉克斯坦和土库曼斯坦等国家设立和建设中国中医药中心，继而以这些中国中医药中心或中国中医中心为平台和基础，进一步设立和建设医学覆盖面更大和研究领域更广的中国传统医学中心，推动中医在中亚各国落地开花。在中国与西亚等国抗疫合作中，则是要拓展和深化医疗物资采购及其合作生产、新冠疫苗联合生产等卫生医疗领域的投资合作。不仅如此，还要加强生物制药、化学药、中药、医疗设备和器械、数字健康等相关领域的合作，并争取在此基础上积极与西亚国家联合设立和建设中国医药中心，进而联合建立中国医学中心，推动中国医学在西亚国家发展。同时，借助于这些合作平台及上海合作组织、"一带一路"中医药发展论坛、中国—阿拉伯国家博览会大健康产业论坛、丝绸之路国际博览会暨中国东西部合作与投资贸易洽谈会等平台，大力支持和推动中国医药企业与中亚、西亚、欧洲等国的医药企业持续深入开展医疗物资、医疗科技、卫生健康等相关领域的合作，尤其要加强以数字健康基础设施建设为依托的"互联网+医疗健康"模式的智慧医疗健康合作，并加快药品和医疗设

---

① 《"中国+中亚五国"外长会晤联合声明》，新华社，2022年6月9日。
② 《"中国+中亚五国"外长会晤联合声明》，新华社，2022年6月9日。

备生产标准和流通的标准化对接，促进双方或多方深入合作，联合研制和生产更多符合市场需求的产品，打造中国与共建各国优势互补、互惠互利的健康产业联盟，构建人类卫生健康共同体。再次，坚持开放包容的健康医疗合作发展态度，欢迎包括美国、日本、欧盟、俄罗斯等国家和地区的企业加入这些卫生医疗等合作平台，并积极争取加入美国、日本、欧盟、俄罗斯等国家和地区与中亚五国建构的"+1"[①]战略合作机制平台，树立自身品牌和凸显特色优势，同时与这些合作机制平台形成优势互补，推动自身医疗科技发展进步。最后，持续推动多渠道培养以医药学为基础的医学人才合作。一方面，大力支持共建各国留学生和工作人员来华进行医学研修研讨、学习医学及其相关学科。另一方面，借助于在共建各国的中国中医药中心和中医学中心及孔子学院，与当地政府联合设立高层次医学人才培养机构，同时借鉴其他国家先进经验，在联合推进医学学科建设、医学科研课题项目、医学实训基地建设等过程中培养卫生、健康等领域的医学专业人才。

第二，坚持在与共建国家和地区进行疫情信息通报与疫情防控经验分享中真实叙述中国抗疫和丝绸之路经济带建设实际情况及成果，消除共建国家和地区民众对中国抗疫合作及相关领域合作的疑虑、担忧和误解。

现实地看，我国与共建国家和地区的抗疫合作及相关领域的合作，既是各国守望相助、勠力合作抗击新冠疫情不断取得新成效的重要机制，也是各国实现抗疫信息和经济带建设信息互联互通的重要平台。为此，要充分利用这一合作机制平台与共建国家持续进行疫情信息通报、疫情防控经验分享及经济带建设信息的交流沟通，就各自新冠疫情扩散情况、抗击疫情政策措施及其取得的成效、丝绸之路经济带建设情况及成果持续进行相互沟通交流，促进各国相互了解他国抗疫实际情况及医疗技术、医疗服务等领域的实际发展情况和丝绸之路经济带建设实际情况及其成果，并相互学习和借鉴其他国家抗疫的典型做法和有益经验，进而推动优势互补、互惠互利的抗疫合作及其相关领域的合作不断走向深入。在这期间，尤其要坚持对外充分合理地利

---

① 龙国仁：《中国与中亚共建"健康丝绸之路"》，中国社会科学网，2022年2月22日。

用新媒体进行宣传，不断真实地讲述中国抗疫故事和丝绸之路经济带建设故事，持续唱响国际社会合作抗疫的主旋律，传播国际社会合作抗疫的正能量，从而使共建国家民众持续深入了解中国抗疫实情及相关中国价值理念、中国之治及取得的成就。同时，要充分发挥大国的担当作用，尊重、支持和助力联合国、世界卫生组织、世界贸易组织、G20等政府间多边组织充分发挥协调各方、引导世界各国合作抗疫的作用，在全球范围内宣扬人类命运共同体的价值理念，从而进一步凝聚共建各国合作抗疫共识及其相关发展共识，推动共建各国合力推动抗击疫情不断取得新成效和全球经济复苏发展。

第三，以构建全球发展命运共同体理念为指导，持续推进"一带一路"建设，促进"全球发展倡议"落实落地，助力抗疫合作及相关领域的合作走深走实。

如前所述，当前新冠疫情的反复延宕对全世界各国经济发展形成了持续严重冲击，而共建丝绸之路经济带国家和地区之间贫富差距较大，其经济发展也存在明显强弱差异，在这一背景下，一些经济发展较为脆弱的发展中国家，新冠疫情的反弹不仅导致其企业生存困难、生产下降和普通民众特别是贫困群众的生活水平普遍下降，也导致这些国家和地区疫情防控、卫生医疗服务系统及相关经济产业链、供应链陷入混乱，进而导致疫情反弹与经济民生恶化相互影响而陷入恶性循环，从而导致当地抗疫陷入僵局。这对持续推进丝绸之路经济带建设造成了一定的制约和阻碍，进而也对共建各国推进抗疫合作及其相关领域的合作造成了制约和阻碍。因此，除了要继续扩大和深化抗疫合作及相关领域的合作外，共建各国还需要继续加强经贸合作，尤其要扩大和深化健康、绿色、数字、创新等领域的合作，进而在继续共同推动丝绸之路经济带建设中助推各国经济复苏发展，从而促进抗疫合作及相关领域的合作不断取得新成效。

不仅如此，共建"一带一路"倡议与"全球发展倡议"是一脉相承的。从前文分析可知，全球发展倡议是针对当前疫情反复延宕、严重冲击全球经济发展，尤其是重创发展中国家经济发展而提出的，其旨在呼吁国际社会关注发展中国家面临的经济发展问题、公共卫生危机等紧迫问题，加强在抗疫和疫苗、数字经济、互联互通等 8 大领域的合作，共同推动全球经济发展迈向平衡协调包容的新阶段。这一倡议的核心价值理念是"以人民为中心"，其主要目标则在于助力落实联合国 2030 年可持续发展议程①，这是高度契合世界各国的发展需要的，也是与"一带一路"倡议相通的。为此，我们要以落实全球发展倡议而凝聚的广泛国际共识为基础，以积极"挂牌成立全球发展促进中心、牵头建立项目智库、举办全球共享发展行动论坛"② 为依托，借助共建国家积极参与推动全球发展倡议落实落地的契机，在共建国家对接自身发展需求过程中，扩大和深化与这些国家在减贫、抗疫、粮食能源安全、就业培训、工业化、数字经济、绿色发展③等重点领域的务实合作，助推抗疫合作及相关领域的合作走深走实、行稳致远。

---

① 《习近平在七十六届联合国大会一般性辩论上的讲话》，新华网，2021 年 9 月 22 日。
② 《（外事）中国、南亚发展援助主管部门面对面对话推动全球发展倡议落地》，新华网，2022 年 8 月 23 日。
③ 《王毅：全球发展倡议是大势所趋、人心所向》，光明网，2022 年 5 月 10 日。

国内合作篇
Domestic Cooperation Reports

B.9
2022年丝绸之路经济带国内西北段发展报告

张 涛 徐小静[*]

摘 要： 当前，国际形势复杂多变，逆全球化冲击世界供需，世界动荡变革加剧与疫情交织，发展不确定性因素增加，国内需求收缩、供给冲击、预期转弱三重压力突出，经济恢复压力加大。处在向西开放前沿位置的丝绸之路国内西北段五省（区）"十四五"开局良好，经济稳定增长，对外贸易实现新突破，向西开放程度不断扩大，物流作用持续增强，人文交流不断深入，高质量发展取得新成效，融入"一带一路"的政策规划保障更加有力，但协调体制机制不健全仍然是制约丝绸之路国内西北段加快建设的短板，亟须国家层面支持纳入国家路网规划的基础设施建设项目多，对外贸易合作平台体系亟待完善，历史文化旅游资源挖掘利用不够充分。

---

[*] 张涛，陕西省城市经济文化研究会会长，研究方向为区域经济；徐小静，陕西省城市经济文化研究会经济师，研究方向为宏观经济、财务管理。

为此建议，务实建立丝绸之路经济带西北段建设协调协商机制，加快完善丝绸之路经济带西北段基础设施路网，支持甘肃、宁夏、青海、新疆建立自贸区，统筹西北地区丝路文化旅游资源，将资源优势转换成为产业优势，加强文明交流互鉴。

关键词： 丝绸之路经济带　"一带一路"　西北五省（区）　自贸区　中欧班列

当前，国际形势复杂多变，逆全球化冲击世界供需，世界动荡变革加剧与疫情交织，发展不确定性因素增加，国内需求收缩、供给冲击、预期转弱三重压力突出，经济恢复压力加大。处在向西开放前沿位置的丝绸之路国内西北段五省（区）按照党中央提出的"疫情要防住、经济要稳住、发展要安全"的要求，坚持稳中求进总基调，立足新发展阶段、贯彻新发展理念，统筹开发和发展，构建国内国际双循环发展新格局，"十四五"开局良好，高质量发展取得新成效，稳住了经济发展的大盘，融入"一带一路"的基础和优势更加凸显。

一　西北五省（区）融入"一带一路"建设现状

（一）政策规划保障有力

西北五省（区）坚决落实党中央决策部署，贯彻第三次"一带一路"建设座谈会精神，紧紧围绕国家"十四五"发展规划及2035年远景目标，深度融入"一带一路"建设出台政策规划，政策措施保障更加有力。陕西省印发实施《陕西省"十四五"深度融入共建"一带一路"大格局、建设内陆开放高地规划》，提出构建"一核两翼四通道五中心多平台"开放格局。甘肃省修订《甘肃省推进"一带一路"建设工作领导小组工作规则》

并在交通运输、通道物流、开放型经济发展、文化交流合作等领域制定专项规划方案。青海省出台了"一带一路"建设"十四五"实施方案。宁夏印发《自治区推进"一带一路"和内陆开放型经济试验区建设2021年工作计划》。新疆印发《2021年自治区推进丝绸之路经济带核心区建设工作要点》，编制《丝绸之路经济带核心区建设评价指标体系》，着力优化"一港"开放枢纽、打造"两区"开放高地、建好"五大中心"开放平台、构建"口岸经济带"开放门户。

（二）经济增长速效兼具

面对国际、国内复杂发展环境，统筹新冠疫情防控和经济社会发展的压力，丝绸之路经济带国内西北段五省（区）扎实做好"六稳"工作、全面落实"六保"任务，经济发展提质增效，实现稳定增长。2021年，西北五省（区）陕西、甘肃、青海、宁夏、新疆实现生产总值分别为29800.98亿元、10243.3亿元、3346.63亿元、4522.31亿元、15983.65亿元，较上年增长分别为6.5%、6.9%、5.7%、6.7%、7.0%。2022年上半年，西北五省（区）陕西、甘肃、青海、宁夏、新疆实现生产总值分别为15252.34亿元、5235.3亿元、1688.5亿元、2352.56亿元、8279.04亿元，比上年同期增长分别为4.2%、4.2%、2.5%、5.3%、4.9%，[①] 总体呈现经济加速恢复，经济运行稳中有进，速效兼具、量质齐升的积极特征。

（三）对外贸易实现新突破

2021年，西北五省（区）陕西、甘肃、青海、宁夏、新疆进出口总值分别为4757.8亿元、490.9亿元、31.3亿元、214.04亿元、1569.1亿元，同比上年增长分别为25.9%、28.4%、36.4%、73.4%、5.8%。[②] 同期，西北五省（区）陕西、甘肃、青海、宁夏、新疆对共建"一带一路"国家进

[①] 资料来源：西北五省（区）统计部门及海关、商务部门公布数据。
[②] 资料来源：西北五省（区）统计部门及海关、商务部门公布数据。

出口总值分别为810.2亿元、224.4亿元、9.3亿元、67.00亿元、1369.3亿元，同比分别增长28.2%、30.5%、36.6%、71.5%、11.5%。2022年上半年，西北五省（区）陕西、甘肃、青海、宁夏、新疆进出口总值分别为2362.3亿元、325.8亿元、21.7亿元、122.5亿元、915.1亿元，同比分别增长6%、24.6%、43.2%、70.1%、39.1%。其中，宁夏增速排名全国第1，青海增速排名全国第3。同期，西北五省（区）陕西、甘肃、青海、宁夏、新疆对共建"一带一路"国家进出口总值分别为459.9亿元、154亿元、7.6亿元、36.9亿元、824亿元，分别增长26.9%、25.2%、150%、73%、45.7%。[1] 在世界经济发展低迷、国际市场不确定性因素增加的形势下，西北五省（区）进出口保持了良好的发展态势，实现了逆势增长，特别是对共建"一带一路"国家进出口增长快速。

（四）中欧班列稳定提升

西北五省（区）作为丝绸之路经济带国内段建设的核心区域，是连接亚欧大陆桥的重要通道，是我国向西开放的前沿阵地，在携手推动向西开放大通道建设方面取得了显著成效，物流作用持续增强。2021年，陕西省西安中欧班列长安号开行突破3841列，甘肃省成功开行义乌—兰州—莫斯科、武威—第比利斯、武威—杜伊斯堡国际货运班列，共发国际货运班列498列。青海省累计开行29列国际货运班列，首发"青海海东—西藏日喀则—尼泊尔"公铁联运南亚国际贸易班列。宁夏回族自治区开通至中亚、蒙古国、俄罗斯国际货运班列。银川保税区开通运营"一带一路"国际卡车班列，发车698辆。新疆维吾尔自治区全力保障国家战略通道畅通，全年经阿拉山口、霍尔果斯出境西向班列达到12210列，其中中欧班列7579列，占全国开行总量的49.9%。从乌鲁木齐国际陆港区开行中欧班列1000列。2022年上半年，陕西省西安中欧班列长安号开行1791列，甘肃省开行国际货运班列超过180列，青海省开行国际货运班列9列，宁夏回族自治区发运

---

[1] 资料来源：西北五省（区）统计部门及海关、商务部门公布数据。

西向至中亚国际货运班列4列,新疆维吾尔自治区经霍尔果斯口岸开行的中欧班列达到3181列、经阿拉山口出境中欧班列超过3000列。①

(五)人文交流不断深入

丝绸之路经济带建设以来,西北五省(区)发挥各自历史文化资源优势,全方位、多层次地不断扩大对外文化交流,内容和形式不断丰富,提升了"中华文化"的影响力和传播力,增进了对外合作交流的互信。2021年,陕西省成功举办第7届丝绸之路国际艺术节等重大活动,"丝绸之路:长安—天山廊道的路网"成功申遗世界文化遗产项目,与30多个境外文博科研机构和高校建立合作交流关系。同时,西安打造"一带一路"中华优秀文化传承示范区。甘肃省成功举办第十届敦煌行·丝绸之路国际旅游节,敦煌当选2021年东亚文化之都。青海省先后赴韩国、西班牙等国家开展20多批次对外文化交流活动,成功举办"青海文化旅游宣传周"等活动,成立了藏医药国际合作青海基地。宁夏加大对刺绣、麻编、贺兰山岩画等文化遗产的开发利用和推广,组织文艺精品和非遗产品赴德国、比利时等国家展演。新疆在周边7个国家建立11所孔子学院,开展文化活动322场次,建成运营丝绸之路经济带核心区新疆药物研发中心,积极推进中医药"走出去"。

二 丝绸之路经济带国内西北段建设应重视的问题

(一)协调体制机制不健全仍然是加快向西开放的短板

丝绸之路经济带提出以来,沿线各省(区)以此为重大战略机遇,积极融入"一带一路"建设,取得了可喜的成绩。近年来,西北五省(区)政协为助推服务丝绸之路经济带建设召开联席会议,为促进丝绸之路经济带

---

① 资料来源:西北五省(区)统计部门及海关、商务部门公布数据。

国内西北段建设、构建合作交流机制积极建言献策。但是西北五省（区）作为丝绸之路经济带国内段最为重要的核心区域在基础设施建设、重大项目布局、产业协同合作、生态协同治理、市场监管等方面仍然缺乏有效的联合协调推进机构，区域间常态化对话交流、合作，重大事项协调的工作机制也没有建立健全，在一定程度上影响省际的互联互通及重大事项协商、重大项目推进等方面工作。

（二）跨省互联互通的基础设施项目亟待纳入国家路网

西北五省（区）在国家战略中具有承东启西、连接南北的重要作用，但是当前西北五省（区）内外联动的基础设施规划滞后，相关项目建设进度缓慢。一是西北与西南的快速货运、客运路网不够完善，特别是银川经宝鸡、汉中、巴中的铁路没有纳入国家中长期铁路网规划。二是西北五省（区）内路网不够完善，布局不够科学需要调整分设，甘肃与南疆连接没有国家公路，甘肃四川省际通道需要纳入"十四五"规划，福银高速甘陕交界段急需扩容。兰州铁路枢纽亟待优化，新疆境内"卡脖子"路段项目亟须加快推动实施建设。已经纳入国家中长期规划的青海省格尔木至成都铁路、西宁至玉树至昌都铁路需要沿线省区共同支持推动，加快建设进度。

（三）丝绸之路经济带西北段对外贸易合作平台亟待完善

西北五省（区）对外开放不足，地区特色资源优势和产业优势发挥不够。作为我国向西开放的桥头堡，目前只有陕西获批建设自由贸易试验区，其他四省（区）都没有设立自由贸易试验区。甘肃省早在2019年就申请建设自由贸易试验区，至今没有获得国家支持，青海省西宁—海东连接格尔木青藏国际陆港枢纽地位凸显，需要搭建更加开放的对外贸易合作平台，新疆作为"一带一路核心区"国际贸易、能源交易、跨境合作功能地位突出，宁夏与中东、中亚等地贸易合作稳定，增长迅速，为了更加扩大开放，都迫切需要设立自由贸易试验区。

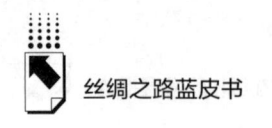

（四）西北五省（区）文旅游资源优势没有转化成产业优势

丝绸之路经济带国内西北段是古丝绸之路的起点和重要通道，是中华文明重要的发祥地，历史文化资源富集，申遗成功的"丝绸之路：长安—天山廊道的路网"沿线遗址、遗产众多，宗教、民族文化独具特色，却由于对资源统筹挖掘、开发不充分，资源优势没有发挥成为产业优势。近年来，西北五省（区）旅游人数增加，但有关丝绸之路历史文化旅游的深度体现项目不足，受疫情影响国际旅游受挫严重，丝路文化在东西方交流、融合发展方面发挥的作用有限，一些独具特色的文旅品牌项目仍需提升参与感和体验感。同时，西北五省（区）旅游服务设施落后，星级酒店、民宿配套设施有限，存在应季涨价，机场、铁路、景区共享汽车配套不足等问题。

三 丝绸之路经济带国内西北段建设的建议

（一）建立丝绸之路经济带国内西北段建设协调协商机制

尽快由国家有关部委牵头、西北五省（区）政府部门参与，建立丝绸之路经济带国内西北段建设协商机构，共同协调解决丝绸之路经济带沿线省际交通基础设施规划衔接、建设问题。建立产业协同合作发展推进机制，推进五省（区）产业协同发展，设施共建共享、交通互联互通，立足各省区现有产业发展优势和特色，统一规划、科学整合，促进形成有效的区域经济分工布局。同时，建立协同推进境外产业园区建设合作机制，组建"走出去"联盟，引导东中部省区发挥资金、技术、通道、平台等比较优势，与西部地区实现"抱团出海"，优势互补，资源共享。

（二）要重视支持西北地区新的陆海新通道路网规划建设

要充分考虑西北五省（区）财政基础薄弱、交通基础设施存在短板等情况，重视支持西北地区新的陆海新通道路网规划建设，加大支持交通基础设施建设项目力度，在资金、用地、财税等方面出台倾斜政策。尽快将银川—宝鸡—汉中—巴中南下与重庆段西部陆海新通道连接的铁路，作为沟通西北与西南地区的一条新的陆海新通道纳入国家中长期规划。同时将兰州经汉中至十堰高铁纳入国家铁路网规划。加快建设甘肃进入南疆的国家公路，争取在"十四五"期间实施，确保南疆通道及早打通。争取在新一轮国家公路网规划调整中将G1816乌玛高速与G75兰海高速在甘肃境内的共线段进行调整分设，分设后G1816乌玛高速新规划路线为兰州至永靖至临夏段，较既有共线高速通道缩短里程约22公里。加快推进福银高速甘陕交界段扩容改造项目。加快青海省格尔木至成都铁路、西宁至玉树至昌都铁路建设。支持启动甘川省际通道G0611赛尔龙（甘青界）至朗木寺（甘川界）至川主寺段项目。加快启动新疆境内"卡脖子"路段建设，加快实施精阿铁路二线、精伊霍铁路二线建设。研究推动库尔勒段铁路二线建设，启动中吉乌铁路国内段前期工作。

（三）支持甘肃、宁夏、青海、新疆建设自贸区

当前，我国实施全面开发开放战略，西北五省（区）要建设内陆开发开放高地，深度融入"一带一路"建设，应积极支持甘肃、青海、宁夏、新疆建立自由贸易试验区。特别是甘肃、新疆属于沿边省区。设立沿边自由贸易试验区较沿海、内陆自贸试验区与周边国家和地区合作的空间大，可以在推动跨境共同监管设施的建设与共享、加强跨境监管合作、陆海空铁港多式联运、跨境运输和跨境经济文化交流合作等进行创新实验和积极探索。

（四）推动丝绸之路经济带国内西北段文旅协同发展

要支持西北五省（区）文旅部门建立文化旅游产业联盟，共同打造丝绸之路文化旅游节，充分挖掘西北五省（区）的长城、长征、黄河、丝路文化资源，利用元宇宙技术，开发可以虚拟和现实世界交融、交互的深度体验项目。支持西北五省（区）实施黄河沿线文物、非遗、旅游等专项规划。支持陕西建设国家第四个对外文化贸易基地，助力陕西加快形成面向中亚、

南亚、西亚国家的重要产业和人文交流基地，构筑内陆地区独具特色的国际贸易通道。支持甘肃省加快建设大敦煌文化旅游圈，组建兰州—西宁城市群黄河文化旅游发展联盟。支持指导阿勒泰、塔城等地建立跨境旅游合作区、示范区，研究赋予便利化跨境旅游政策。支持指导新疆开行丝绸之路经济带旅游班列，创新推动跨境旅游。

B.10
2022年新疆丝绸之路经济带核心区建设发展报告

王宏丽[*]

摘　要： 2022年9月是中国"一带一路"倡议提出9周年。聚焦丝绸之路经济带核心区建设，新疆在复杂严峻的国际形势和改革发展稳定的国内形势前，在统筹疫情防控和经济社会发展的现实要求中，继续以"一港、两区、五大中心、口岸经济带"为抓手，高质量推进核心区建设。新疆再次历经新冠疫情的严峻考验，进出口贸易逆势而上，持续保持高速增长。展望丝绸之路经济带核心区建设，按照"高标准、可持续、惠民生""更高合作水平、更高投入效益、更高供给质量、更高发展韧性"的建设要求，落实核心区建设积极服务和融入国家发展全局，新疆更需要在构筑双循环新发展格局中，夯实生产要素聚集、现代物流体系建设、激发实体企业活力、强化开放载体赋能、发挥改革创新实效，全面落实好"五统筹"，全力推进核心区建设。

关键词： 丝绸之路经济带　高质量发展　新发展格局　新疆

2021年11月19日，习近平总书记在第三次"一带一路"建设座谈会上强调：以高标准、可持续、惠民生为目标，努力实现更高合作水平、更高

---

[*] 王宏丽，新疆社会科学院经济研究所副所长、副研究员，研究方向为区域经济学。

投入效益、更高供给质量、更高发展韧性,推动共建"一带一路"高质量发展不断取得新成效。① 2022年2月,国家推进"一带一路"建设工作领导小组全体会议全面部署2022年重点工作,"准确把握总体要求,落实好五个统筹"成为新形势下共建"一带一路"新要求。

2022年7月,习近平总书记在新疆考察时强调:"要推进丝绸之路经济带核心区建设,要积极服务和融入新发展格局。""核心区""枢纽地带"再次成为热词,引发全国对新疆丝绸之路经济带核心区建设的瞩目。

一 2021~2022年新疆丝绸之路经济带核心区建设总体进展

2022年9月,新疆丝绸之路经济带核心区建设迎来9周年。在贯彻落实新形势下共建"一带一路"总体要求、落实好"五个统筹"的工作要求下,新疆稳步推进丝绸之路经济带核心区建设。

(一)顶层设计与实施方案

2022年2月,国家推进"一带一路"建设工作领导小组办公室出台《新疆高质量建设丝绸之路经济带核心区实施方案》。5月,新疆在推进丝绸之路经济带核心区高质量发展工作会议上提出"从八个方面持续用力,以重点突破带动核心区建设整体推进"。② 这8个方面分别是:以推进乌鲁木齐国际陆港区建设提升乌鲁木齐引领作用;打造喀什、霍尔果斯经济开发区为核心区两个重要支点;提升口岸经济带产业支撑能力;推进构建基础设施互联互通网络体系;健全商贸物流体系;加大国际交流合作、拓展向西开放的广度和深度;扩大对内开放、积极融入全国统一开放大市场;加大改革创

---

① 《习近平出席第三次"一带一路"建设座谈会并发表重要讲话》,中国政府网,http://www.gov.cn/xinwen/2021-11/19/content_5652067.htm,最后检索时间:2022年9月9日。
② 《自治区推进丝绸之路经济带核心区高质量发展工作会议召开 马兴瑞讲话》,新华网,http://xj.news.cn/2022-05/25/c_1128681956.htm,最后检索时间:2022年10月2日。

新力度、激发核心区发展活力。之后，自治区政协审议通过《关于完整准确贯彻新时代党的治疆方略，助力丝绸之路经济带核心区建设的决议》，强调在围绕中欧班列、乌鲁木齐国际陆港、交通互联互通、产业发展等方面激发动能、提升实效，用好西北五省（区）政协服务丝绸之路经济带建设协作交流机制，合力打造内陆开放和沿边开放高地，凝心聚力助力丝绸之路经济带核心区建设。

2021~2022年度，新疆丝绸之路经济带核心区备受关注。在2021年11月全国第三次"一带一路"建设座谈会上，新疆成为7位发言单位之一，介绍建设成效及意见建议。2021年12月，新疆召开推进新疆丝绸之路经济带核心区建设工作座谈会。2022年3月，汪洋主席在新疆调研强调"当前新疆发展正面临前所未有的重要机遇，找准服务和融入新发展格局的切入点和发力点"。2022年4月，《中共中央国务院关于加快建设全国统一大市场的意见》正式出台，对丝绸之路经济带核心区建设提出新的发展要求。2022年5月，新疆召开推进丝绸之路经济带核心区高质量发展工作会议，自治区党委书记马兴瑞发表重要讲话，全面部署新形势下新疆丝绸之路经济带核心区建设。2022年7月，习近平总书记考察新疆，在乌鲁木齐国际陆港区通过实时画面了解中欧班列（乌鲁木齐）集结中心、霍尔果斯口岸和阿拉山口口岸的现场作业情况，强调"要推进丝绸之路经济带核心区建设，把新疆的区域性开放战略纳入国家向西开放的总体布局中，创新开放型经济体制，加快建设对外开放大通道，更好利用国际国内两个市场、两种资源，积极服务和融入新发展格局"。共建"一带一路"秉持共商共建共享原则，坚持开放、绿色、廉洁理念，努力实现高标准、可持续、惠民生目标。

2021~2022年度，为加快核心区建设，紧密实施了一系列决策和行动。2021年11月，新疆印发《新疆维吾尔自治区国家区域医疗中心综合改革试点方案》，[1] 提出打造"立足新疆、面向西北、辐射中亚"的"一带一路"

---

[1] 《不断提高改革的综合效能和整体效应为高质量发展提供动力支撑制度保障》，https：//baijiahao.baidu.com/s？id=1713925721824317442&wfr=spider&for=pc，最后检索时间：2022年9月9日。

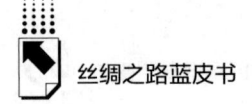

高端国际医疗服务中心。12月,新疆印发《自治区加快发展外贸新业态新模式实施方案》,① 提出"运用新技术新工具赋能外贸发展、推动传统外贸转型升级、推进外贸服务向专业细分领域发展"三方面推进方案。12月,新疆印发《关于进一步推进丝绸之路经济带核心区医疗服务中心高质量发展的指导意见》。② 2022年5月,新疆印发《关于强化科技创新支撑引领作用推动新疆经济社会高质量发展的意见》,③ 为核心区建设提供科技创新支撑。2022年6月,新疆发布《自治区贯彻落实国发〔2022〕12号文件精神推进经济稳增长一揽子政策措施》,从9个方面提出46项措施,高效统筹疫情防控和经济社会发展,为推动新疆经济稳增长、促进核心区建设提供政策保障。

(二)建设现状与建设成效

2021~2022年度,新疆丝绸之路经济带核心区建设依旧聚焦"一港、两区、五大中心、口岸经济带",在统筹疫情防控和经济社会发展中稳步前行。

在"一港"建设方面,乌鲁木齐国际陆港致力打造核心区标志性工程,推动乌鲁木齐引领新疆经济社会发展。习近平主席考察乌鲁木齐国际陆港,给予新疆丝绸之路经济带核心区建设发展肯定、提出期望。作为陆港型国家物流枢纽、中欧班列集结中心示范工程,乌鲁木齐国际陆港按照"集货、建园、聚产业",在2022年推动重点建设项目23个。其中,国际粮油交易

---

① 《关于印发自治区加快发展外贸新业态新模式实施方案的通知》,新疆维吾尔自治区人民政府网,http://www.xinjiang.gov.cn/xinjiang/c112545/202201/8acdfbae9c2f4490bf4d77dd40a23455.shtml,最后检索时间:2022年9月9日。
② 《丝绸之路经济带核心区大事记(2021年)》,新疆维吾尔自治区发展和改革委员会,http://xjdrc.xinjiang.gov.cn/xjfgw/c112382/202204/aba5208f09d44ea5aa4969892f17c41c.shtml,最后检索时间:2022年9月9日。
③ 《强化科技创新引领 为经济社会高质量发展赋能——关于〈强化科技创新支撑引领作用 推动新疆经济社会高质量发展〉的意见解读》,新疆维吾尔自治区人民政府网,http://www.xinjiang.gov.cn/xinjiang/zcjd/202206/0df9818285be4b6993c8782c64ac386a.shtml,最后检索时间:2022年10月2日。

中心预计2022年底全面竣工，将充分发挥新疆国际国内两个市场、两种资源的优势，成为集粮油交易、粮油展示、商务洽谈、资金结算等功能于一体的交易平台。乌鲁木齐国际陆港已经形成中欧班列集结中心、多式联运中心、国际快件中心三大功能区，中欧班列（乌鲁木齐）集结中心发挥重点标志性功能，智能化建设及建设运营较为成熟。乌鲁木齐国际陆港重点打造"龙头企业+产业集群"，加大招商引资力度，着重建设商贸物流业、先进制造业和现代服务业，全力做好物流枢纽补短板、强弱项，大力提升物流枢纽承载能力。

在"两区"建设方面，喀什经济开发区和霍尔果斯经济开发区快速发展。2021年，霍尔果斯经济开发区经历了疫情防控的严峻考验，以重点项目为抓手、以高标准服务为手段，以"五免五减"①等系列优惠政策为保障，紧紧围绕电子信息、农产品与食品加工、加工制造、生物医药和大健康、纺织服装与新材料"五大产业"，加大招商引资力度，促进形成"投产一批、建设一批、储备一批"投资态势，做好补链、延链、强链。2021年，霍尔果斯实现通关货运量800.95万吨（不含天然气），同比增长28.8%。其中铁路口岸738.10万吨，同比增长32.8%；公路口岸49.90万吨，同比下降3.6%；中哈国际边境合作中心中方区4.19万吨，同比增长127.7%；霍尔果斯综合保税区8.64万吨，同比下降32.4%。2022年1~7月，霍尔果斯综合保税区实现进出口货运量28.91万吨，同比增长765.57%，实现进出口贸易总额104.69亿元，位居全疆综保区首位。②

喀什经济开发区"抓招商、促产业、兴服务"，紧紧围绕纺织家纺、电

---

① 国家财政部、税务总局发文明确2021年1月1日~2030年12月31日，对在新疆霍尔果斯特殊经济开发区内新办的属于《新疆困难地区重点鼓励发展产业企业所得税优惠目录》范围内的企业，自取得第一笔生产经营收入所属纳税年度起，5年内免征企业所得税。在享受5年免征企业所得税后，第6年至第10年免征企业所得税地方分享部分。即原有引得广泛关注的"五免五减半"政策得以持续。
② 《霍尔果斯经济开发区（市）2021年国民经济和社会发展统计公报》，http://www.xjhegs.gov.cn/xjhegs/c114473/202208/97ba69d8b2a941f389dfd8f9d24e989d.shtml，最后检索时间：2022年9月9日。

子信息和装备制造等产业，加大招商引资力度，优化营商环境，产业集聚效应日显。喀什综合保税区持续在提升通关便利化和加大政策扶持力度上下功夫，继续提升"一站式"通关、"7×24"小时预约通关、货物查验"零延时"、通关"零延误"等举措实效，缩短货物通关时间，降低企业通关成本。实施"区港联动"，发挥综合保税区与周边口岸联动机制。加大外贸企业政策扶持，对符合条件出境车辆给予每车1000元运费补贴；对符合条件出境车辆免收仓储费、吊装费等相关费用。2022年1~8月，喀什综合保税区实现进出口贸易额123亿元，占喀什地区外贸总额的47.6%。其中，出口115.2亿元，占地区46%；进口7.8亿元，占地区98.7%。进出口贸易额位居全疆4个综合保税区第2位，增幅列全国148个综合保税区第3位。[1] 喀什综合保税区在跨境电商发展实现新突破，1~8月跨境电商货物货值达到3.9亿元。[2]

在交通枢纽中心、商贸物流中心、医疗服务中心、文化科教中心、区域金融中心等"五大中心"建设方面，其发展成效在核心区"五通"建设中详述。

在"口岸经济带"建设方面，新疆共有19个沿边开放口岸。2022年上半年，因防控政策的调整，多个沿边开放口岸或者是重开开放或者是改变"只进不出"的进出口状况，吉木乃、伊尔克什坦、都拉塔、阿拉山口、老爷庙等公路口岸于2022年上半年陆续结束长期封关状态恢复货运通关，呈现出良好开放态势。例如，吉木乃口岸2月15日开关，都拉塔口岸3月30日恢复货运通关，老爷庙口岸4月28日恢复通关过货等。但是，受新冠疫情的再次影响，特别是7~8月，乌鲁木齐市、伊犁州直属县市以及新疆多地生产要素流动受到非常大的限制，影响时间长、影响范围广且影响程度

---

[1] 《喀什综合保税区1~8月进出口贸易额123亿元同比增长10.1倍》，喀什经济开发区，http://www.kstq.gov.cn/kashi/tqdt/202209/418bdbe36fec4ee2ae9f358c7aa6e8fa.shtml，最后检索时间：2022年10月2日。

[2] 《1~8月喀什综合保税区跨境电商货值同比增长11倍》，喀什经济开发区，http://www.kstq.gov.cn/kashi/tqdt/202209/b151375bb939447eb3da816d4d3cb3bd.shtml，最后检索时间：2022年10月2日。

深。新疆口岸城市，特别是公路口岸人流、物流、货流规模受限严重。新疆为市场主体纾困，加大政策扶持力度，8月新疆发布加大对中小微企业和个体工商户纾困力度若干政策措施，提出降低用水用电用气等成本、减免房屋租金、留工培训补助、落实税收减免、减免车辆相关费用、小微企业融资担保费奖补等一系列举措促进市场主体复工复市。①

二 2021~2022年新疆丝绸之路经济带"五通"建设进展

2022年，新疆丝绸之路经济带核心区建设在统筹疫情防控和经济社会发展中积极推进，特别是投资力度加大、招商引资成效明显、进出口贸易逆势发展，成为亮点。

（一）"政策沟通"进展情况

2022年1月，习近平主席在中国同中亚五国建交30周年视频峰会上提出建立中国与中亚五国电子商务合作对话机制。9月，习近平主席出席上海合作组织成员国元首理事会第二十二次会议，并访问哈萨克斯坦共和国和乌兹别克斯坦共和国。习近平主席提出"要继续秉持互信、互利、平等、协商、尊重多样文明、谋求共同发展的上海精神，加大相互支持、拓展安全合作、深化务实合作、加强人文交流、坚持多边主义，维护亚欧大陆和平与发展"，这为新疆在上海合作组织框架内开展深层次交流与合作、更高层次推动新疆与周边国家交流交往奠定了坚实基础。

虽然受新冠疫情影响，使得新疆与周边国家各级政府交流交往较大幅度的减少，但互联网、云平台等技术提供的线上交流、线上与线下相结合的交流方式在各个领域日趋常态化。2021年11月，中国与哈萨克斯坦口岸和海

---

① 《新疆出台15条措施为中小微企业和个体工商户纾困解难》，新疆霍尔果斯市人民政府，http://www.xjhegs.gov.cn/xjhegs/c114514/202208/546bcb5402f341cf82caa446189eef68.shtml，最后检索时间：2022年10月2日。

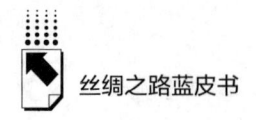

关合作分委会第十一次会议召开，海关总署副署长王令浚与哈萨克斯坦国家收入委员会主席阿腾巴耶夫分别致辞。双方就提升中哈口岸通关能力、加快推进通关便利化重点合作项目等7个方面交换意见并达成共识，共同签署了《中哈口岸和海关合作分委会第十一次会议纪要》。

2022年8~9月，举办"新疆是个好伙伴"系列"云端"活动，中国新疆与俄罗斯阿尔泰边疆区，哈萨克斯坦共和国的东哈萨克斯坦州、杰特苏州、阿拜州、阿拉木图州开展了系列线上友好合作对话会，对加强新疆与周边国家在科技、教育、旅游、生态农牧业、卫生医疗、机械装备、新型建材等领域的交流与合作，以及推动建立友好城市对口联络机制，取得了显著成效。截至2022年，新疆已经与25个国家和国际组织签署了21项合作协议，与176个国家和地区建立了经贸关系，缔结国际友好城市45对。①

在国际上，俄乌冲突加剧多边格局的复杂性，使得中国与俄罗斯合作深化前景值得期待，中国与欧盟成员国的经贸诉求亦可能深化，中国在周边国家的影响力和行动力有可能实现历史性突破。例如，2022年9月，中、吉、乌三国签署了《关于中吉乌铁路建设项目（吉境内段）合作的谅解备忘录》，值得期待的延宕25年的中吉乌铁路预计在2023年6月底前完成工程可研、实现动工开建。中吉乌铁路项目也已经列入欧亚经济联盟交通基础设施一体化优先项目清单。②

（二）"设施联通"进展情况

"硬联通"始终是新疆着力提升改善的领域。2022年，新疆综合运输大通道建设更上一层楼。在公路通道方面，公路通车总里程达到21.73万公里，所有地州市迈入高速公路时代；在铁路通道方面，铁路营业里程达到

---

① 《抢抓历史大机遇 谱写丝路新辉煌》，光明网，https://m.gmw.cn/baijia/2022-09/21/36037599.html，最后检索时间：2022年10月2日。
② 《中吉乌铁路项目被列入欧亚经济联盟成员国交通基础设施一体化优先项目清单》，http://uz.mofcom.gov.cn/article/jmxw/202207/20220703334764.shtml，最后检索时间：2022年10月2日。

8768公里，2022年6月，和若铁路顺利开通，标志着世界首个沙漠铁路环线贯通；在空中丝路建设方面，民用机场总数达到24个，数量居全国第1。新疆开通118条双边国际运输道路（占全国国际运输道路线路的1/3），新疆至欧洲高速公路全线贯通，新疆至哈萨克斯坦的第二条铁路建成运营，新疆实现跨境国际光缆共计26条，电信、联通、移动均开通乌鲁木齐区域性国际通信业务出入口局。新疆已形成公路、铁路、民航、管网、通信"五位一体"的互联互通网络体系。①

特别值得一提的是中吉乌铁路即将于2023年开工建设。中吉乌铁路全长约523公里，其中中国境内213公里、吉尔吉斯斯坦境内260公里、乌兹别克斯坦境内约50公里。根据规划，中吉乌铁路项目拟从中国新疆喀什向西出境，经吉尔吉斯斯坦卡拉苏，到达乌兹别克斯坦的安集延。中吉乌铁路建成后，从东亚到中东和南欧的铁路运距将较目前缩短约900公里，用时节省7~8天。

（三）"贸易畅通"进展情况

中欧班列是"一带一路"建设成果的标志性衡量指标之一。新疆在2022年又实现了许多个突破。2021年10月，中哈口岸签署《乌鲁木齐跨境电子商务综合试验区与匈牙利中欧商贸物流合作园区"双区联动"合作协议》，首列"乌鲁木齐—布达佩斯"跨境电商中欧班列成功发运。② 2022年1月，精河国际公铁联运综合物流园首列中欧班列开通运营、喀什—哈萨克斯坦阿拉木图开行首趟"点对点"班列。2月，中国（阿拉山口）跨境电商综合试验区、中国（喀什）跨境电子商务综合试验区分别实现首列跨境

---

① 《中共新疆维吾尔自治区委员会"中国这十年·新疆"主题新闻发布会举行》，新疆维吾尔自治区人民政府网，http://www.xinjiang.gov.cn/xinjiang/xjyw/202208/632678a7c9164697b70d18a9f6b08696.shtml，最后检索时间：2022年10月2日。

② 《"双区联动"带动乌鲁木齐跨境电商 迈向复合型快速发展之路——记乌鲁木齐跨境电商综合试验区与匈牙利中欧商贸物流合作园区"双区联动"合作协议在乌鲁木齐综合保税区签署》，中国日报网，https://baijiahao.baidu.com/s?id=1715103872578030514&wfr=spider&for=pc，最后检索时间：2022年10月2日。

电商班列发运。7月，中吉乌公铁联运国际货运班列自乌鲁木齐国际陆港报关、以集装箱铁路+公路的联运方式运抵喀什火车站，再通过公路运输从伊尔克什坦口岸出境，最终运抵乌兹别克斯坦。① 新疆各口岸（陆港）积极与内地省区开展多式联运合作，深穗喀—中亚/南亚、四川中吉乌公铁联运国际班列等联运项目开通运行。同时，航空口岸业务拓展密集，喀什—伊斯坦布尔—慕尼黑卡航线、喀什至伊斯兰堡国际货运包机航线、喀什至比利时列日货运航线等多条线路实现首行。

2021年，新疆实现外贸进出口总值1569.1亿元人民币，同比增长5.8%。其中，出口总值1272.8亿元，同比增长15.9%；进口总值296.3亿元，同比下降23.1%。进出口总值居全国第23位，位列西部十二省（区、市）第6名。② 2021年，新疆进出口货运量6221.2万吨，增长3.3%，占全国边境口岸通关货物总量的40%。

2022年，新疆外贸进出口规模逆势上扬，克服静默管理时间较长的不利因素，1~8月，新疆实现外贸进出口总值1455.8亿元人民币，同比增长49.6%，高于全国增速39.5个百分点，增速居全国第3位。其中，出口总值1209.4亿元，同比增长58.2%；进口总值246.4亿元，同比增长18%。外贸进出口总值居全国第22位，在西部十二省（区、市）排名第6。2022年，新疆进出口贸易特点主要有以下几点。第一，南疆进出口贸易呈现显著增长态势，占全疆比重达到25.6%，与北疆进出口贸易差距缩小。第二，新疆对中亚五国进出口总额达1111.6亿元，同比增长54.7%，占同期新疆外贸进出口总值的76.4%；新疆对共建"一带一路"国家进出口贸易总额1321.3亿元，同比增长54.7%，占新疆外贸进出口总值的90.8%；新疆对RCEP国家进出口73.2亿元，同比增长27.1%。第三，新疆贸易方式仍以

---

① 《中吉乌公铁联运国际货运班列正式发运》，新疆维吾尔自治区人民政府网，https：//www.xinjiang.gov.cn/xinjiang/bmdt/202207/f4e89a5defd04ca19dff42cce5c3e4b1.shtml，最后检索时间：2022年10月2日。

② 《2021年新疆外贸进出口同比增长5.8%》，中国新闻网，https：//baijiahao.baidu.com/s?id=1723268419787264999&wfr=spider&for=pc，最后检索时间：2022年10月2日。

边境小额贸易为主，进出口总额达850.7亿元，同比增长68.5%，占新疆外贸进出口总值的58.4%。第四，新疆综合保税区进出口贸易增长迅速，贸易总额达430.6亿元，同比增长406.1%，占新疆外贸进出口总值的29.6%。第五，民营企业进出口贸易额是新疆对外贸易绝对主力，贸易总额达1309.4亿元，同比增长59.8%，占新疆外贸进出口总值的89.9%。第六，新疆出口商品主要是机电产品和纺织服装、鞋靴等劳动密集型产品，两者出口总值占全疆外贸出口总值的82.6%；新疆进口商品以矿产品、能源产品、农产品等大宗商品为主，分别占全疆外贸进口总值的28.2%、26.5%和13.2%。[1]

（四）"资金融通"进展情况

资金融通是建立区域性金融中心的基础。新疆在大力优化营商环境、促进实体经济发展、推动电子商务发展、落实跨境人民币结算便利化等举措的推动下，实现2021年跨境人民币收付金额492.7亿元人民币，同比增长19.5%，创历史新高。其中，新疆与周边国家跨境人民币收付同比增长71.6%。[2] 截至2021年末，在新疆办理跨境人民币结算的企业总数达2222家。现新疆人民币跨境结算覆盖113个国家和地区，累计收付3293亿元。

（五）"民心相通"进展情况

"民心相通"是新疆丝绸之路经济带核心区建设的优势，但连续三年来的新冠疫情，严重影响了国际人员间的交流交往，进而"民心相通"迈入以新媒体、互联网为支撑下的"云端"世界。各领域云端会议成为重要的交流方式。

---

[1] 《1-8月新疆外贸进出口增长49.6%》，中华人民共和国乌鲁木齐海关，http://urumqi.customs.gov.cn/urumqi_customs/556675/556651/556655/556657/4595808/index.html。最后检索时间：2022年10月2日。

[2] 《资金融通赋能向西开放 新疆跨境人民币结算实现双增长》，天山网，http://news.ts.cn/system/2022/03/25/036802103.shtml，最后检索时间：2022年10月6日。

2022年9月，第七届中国—亚欧博览会在新疆乌鲁木齐召开，来自欧洲、亚洲、美洲、非洲和大洋洲的32个国家和地区以及国内知名的3600家企业参加线上博览会，展品达16980个，展览题材主要有能源产业、数字化及高新技术装备、农产品食品、文化旅游体育产业和纺织品服装及图书。①

在医疗服务中心建设上拓展国际医疗服务，新疆27所医院与3个周边国家24所大型医院搭建了跨境远程医疗服务平台，累计投资1.4亿元的中国乌兹别克斯坦医药城项目入选第二届"一带一路"国际合作高峰论坛成果清单，与塔吉克斯坦"DYOB"医院合作设立了"一带一路中医特色诊疗和康复中心"。"中国—乌兹别克斯坦新药'一带一路'联合实验室"中方项目执行团队荣获"全国科技系统抗击新冠肺炎疫情先进集体"荣誉称号。

三 2021~2022年新疆丝绸之路经济带核心区建设的困难与问题

百年未有之大变局加速演进，俄乌冲突的严重冲击涤荡世界，逆全球化冲击显著等，都是丝绸之路经济带核心区建设面临的巨大挑战。

（一）世界及周边国家的不稳定因素影响发展预期

新疆周边国家中具有重要地位的哈萨克斯坦，在2022年初发生的严重骚乱，映射出其国内动荡的不稳定因素严重影响其稳定发展。7月，乌兹别克斯坦突然陷入混乱，发生大规模抗议活动。9月，吉尔吉斯斯坦和塔吉克斯坦的边境交火。中亚国家进入2022年，不稳定因素凸显。加之俄乌冲突的跌宕起伏，欧洲能源危机持续发酵，世界和平稳定发展环境受到严重冲击，对"一带一路"倡议及丝绸之路经济带核心区建设都会产生难以预估的影响。

---

① 《第七届中国—亚欧博览会盛大幕开》，人民网精选资讯官方账号，https://baijiahao.baidu.com/s?id=1744770226235831546&wfr=spider&for=pc，最后检索时间：2022年10月2日。

（二）把握发展机遇亟须提升核心区发展实力

机遇和挑战并存，面对机遇，需要有相匹配的能力和实力去把握机遇。习近平总书记考察新疆时强调："新疆在建设丝绸之路经济带中具有不可替代的地位和作用，要抓住这个历史机遇，把自身的区域性对外开放战略融入国家丝绸之路经济带建设、向西开放的总体布局中去。"新疆丝绸之路经济带核心区建设，需要置于全国区域发展空间格局的宏观调整中。当前，《关于新时代推进西部大开发形成新格局的指导意见》《西部陆海新通道总体规划》等国家重大发展战略的部署，《国家综合立体交通网规划纲要》的实施，以及国内大循环为主体、国内国际双循环相互促进的新发展格局，特别是2022年4月出台《中共中央国务院关于加快建设全国统一大市场的意见》提出的新发展要求，都展现出国家未来发展更加便利、更加快捷、陆海空体系化覆盖、东西南北开放式的大格局。核心区的关键性地位，如何体现核心、如何显现优势，都需要更强大的生产要素聚集来支撑。新疆，亟须展现、发挥"虹吸效应"，才能把握发展机遇。

（三）产业支撑能力弱，市场主体信心不足

由于新冠疫情等因素的影响，2022年新疆多地企业开工、要素流动、产业发展均受到较大影响，国家在新疆建立的13类55个国家级重点开放开发平台，产业聚集较为迟缓，产业带动能力弱，整体开放水平不高，辐射带动作用不明显，治理思维、管理能力、协调机制等多方因素造成的各领域优惠、扶持政策发挥效用不足，表现在园区各类企业关停、减产现象仍普遍存在，企业开工率严重不足，产业招商难度大、产业园区运营效率不佳，企业落地发挥实效能力不足，人才引进、人才支撑和经济发展不足等桎梏性顽疾仍未根本性解决，借鉴先进经验、拓展发展思路能力不足。

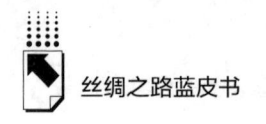

四 新疆丝绸之路经济带核心区建设的趋势分析与对策建议

"十四五"时期,新疆丝绸之路经济带核心区建设聚力8大重点举措,全力推进核心区高质量发展。

(一)趋势分析

国家高层推动意志强,中国与新疆周边国家高层互访释放信号明显,开放型经济发展重任给予新疆丝绸之路经济带核心区建设更足发展动力。

新疆地方政府多年来治理的显著成效、政府高层换届以及新时代治疆方略推动中的一系列举措,极大地赢得民心,民心凝聚、信心高涨,赢得更多关注、更多发展动力。

(二)对策建议

"十四五"时期是新疆丝绸之路经济带核心区建设的重大机遇期,高质量推进核心区建设是服务和融入国家新发展格局、构建全国统一大市场的必然选择。

1.打造要素集聚高地

高质量建设丝绸之路经济带核心区,意味着要把新疆建成区域发展的政策创新核心、交流交往核心、空间结构核心,因此亟须打造要素集聚高地。第一,加大政策研究力度,实现利用政策效益最大化,最大限度形成政府和企业把握政策机遇、创新发展的合力。第二,全面加强与对口援疆省市各领域合作,加大招商引资力度,打造以大宗商品贸易、商贸业态变革、边贸转型升级等为特征的商贸枢纽,打造陆港、空港、信息港协调联动发展的物流枢纽,打造现代综合运输网络完善的国际国内交通枢纽。第三,打造国内大循环的共建国家进口产品的生产加工基地和新疆品牌化产品的供给基地。打造输变电装备、新能源装备、农牧机械及农产品加工装备、能源及化工装备等先进制造业基地，形成资源转化产品规模化进入市场的供给基地，为增强内循环增添动力、实力和活力。

2. 优化体制机制环境

力争在"政府有为、企业有利、市场有效"上突破创新。第一，在"政府有为"方面，各级政府要发挥纵向指导、横向协调、向上沟通的主导和主动作用，统筹组织、强力协调推进、上下步调一致推进核心区建设，优化组织管理，创新政企对接范畴，加大政府与企业的对接力度，加大信息公布力度，增强有效沟通和无缝衔接，打造有为政府和高效政府。第二，在"企业有利"方面，优化整合吸引配置资源，加大吸引行业内高质量企业的引入，充分发挥央企、民企的优势，组建有市场话语权的优质企业。同时，全方位、大力度吸引商贸物流型企业、加工制造型企业、数字化智慧化企业落户，切实增强企业活力、繁荣枢纽经济。第三，在"市场有效"方面，打造市场化法治化国际化营商环境，强化各级政府市场意识、法治意识、服务意识，继续简政放权、加快政府职能转变，做实做细企业营商环境建设，服务好现有企业，加大以商招商力度，强化事前事中事后监管，健全企业家参与政策制定机制、企业困难诉求反应机制。

3. 夯实产业发展根基

瞄准"高效物流、激活企业、聚集产业"三大重点任务夯实产业发展实力根基。第一，加快建设现代物流体系。加快公路、铁路、航空、信息基础设施互联互通，推进丝绸之路经济带北、中、南通道建设，形成承东启西、连接欧亚的现代化综合立体交通网络体系。建设乌鲁木齐、哈密、霍尔果斯、阿拉山口、库尔勒、喀什等国家物流枢纽和克拉玛依、塔城、奎屯、准东、阿克苏、和田、若羌等区域物流枢纽，完善流通加工、包装、信息服务、物流金融等物流服务，构建"通道+枢纽+网络"的物流运行体系。第二，激发实体经济转型升级。坚持把发展经济着力点放在实体经济上，借助"互联网+"行动和大数据战略，大力推动实体企业多元化发展，积极构建"数字化、网络化、智能化"的平台生态，促进实体企业产业平台化，激发实体企业新活力，实现互联网平台生态对传统实体企业的新赋能和效益倍

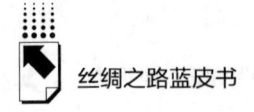

增。建立"实体企业—平台生态—金融机构—政府"联动机制，促进实体经济转型升级。完善支持推动高质量发展的财税政策，落实减税降费政策，实质性减轻企业负担。第三，聚集产业夯实发展根基。加强新疆经济发展特别是产业链供应链安全问题的预警研究，评估影响领域及波动程度，突出针对性、预防性和有效性；加强加快开展对新疆企业的行业调查与市场开拓研究，奠定科学决策坚实的理论基础和实践基础。高度重视新疆企业的市场开拓问题，突破重企业生产而轻企业销售的思想桎梏，利用援疆体制优势，加强政策、项目、资金的引导和支持，突出疏解企业市场开拓发展的实际效果，在构筑"双循环"新发展格局中有突破有作为。制定《关于促进新疆产品国际国内市场开拓的若干意见》并提请国务院批准颁布，鼓励全国企业支持新疆企业发展，引导新疆产品进一步拓宽国内国际市场，健全新疆构筑"双循环"新发展格局的政策保障体系、提高政策保障水平。争取国家支持，在涉及重要民生领域、关键行业发展等问题上，出台明细化的省域、行业等层面上的相互发展促进政策，再次形成省域间、区域间、行业间合作、协调发展的生动局面，确保诸如棉花、硅基等产品不出现严重波动，提振新疆经济发展信心指数。利用援疆体制优势，建立全国省域的免费企业数据信息库，增强产业链供应链信息透明度，加大产业链供应链信息指导，增强数字化、智能化服务企业发展的能力和水平。

B.11
2022年甘肃丝绸之路经济带建设发展报告

刘 博*

摘 要： 2022年以来，甘肃丝绸之路经济带建设总体进展稳步推进，甘肃省深度融入"一带一路"建设取得阶段性成就，全方位的对外开放平台建设正在加快形成。受新冠疫情影响，2022年甘肃在融入"一带一路"建设的过程中仍存在一定的制约和堵点。党的二十大报告指出，共建"一带一路"正在成为广受欢迎的国际公共产品和国际合作平台，参与共建并融入"一带一路"建设势必成为助推甘肃经济社会对外快速发展的重要支撑力量。未来甘肃要进一步深度融入丝绸之路经济带建设，构建全方位开放新格局，就需要加强市县层面的顶层治理及行动实施；加大承接中东部产业转移力度；探索创新甘肃对外开放的新模式；巩固已有合作的基础和成效；加快推动优势产业"走出去"的行动部署。

关键词： "一带一路" 丝绸之路经济带建设 甘肃

一 甘肃丝绸之路经济带建设总体进展

习近平总书记在视察甘肃时指出，甘肃最大的机遇在于"一带一路"。自共建"一带一路"倡议提出以来，过去9年来甘肃省委、省政府

---

* 刘博，经济学博士，兰州大学马克思主义学院博士后，兰州大学丝绸之路经济带建设研究中心研究员，研究方向为"一带一路"、能源合作、制度转型与产业成长。

强化最大机遇意识，积极主动融入"一带一路"国内段建设，连续出台了多个涉及如何融入共建"一带一路"的规划，认真研究部署并推出了一系列实施方案和举措，全省扎实推进丝绸之路经济带建设各项工作落实落细，推动甘肃参与"一带一路"建设从愿景理念向务实行动转化。过去9年里，甘肃在积极参与和主动服务"一带一路"建设上取得了丰硕成果，逐步构建起甘肃依托"一带一路"开放发展的新格局。

（一）总体战略选择

共建"一带一路"作为中国构建对外开放新格局的重要战略举措，为甘肃省向西开放发展提供了重大历史机遇。面向丝绸之路经济带建设，甘肃有建立在文化、通道和枢纽等基础上的多方面优势。近年来，甘肃按照"内外兼顾、陆海联动、向西为主、多向并进"的总体要求，紧紧围绕"三新一高"战略布局和甘肃在"一带一路"建设中的优势，高质量推进甘肃对外开放大平台建设。目前甘肃省依托参与"一带一路"建设，逐渐形成具有体系的对外开放平台，高质量对外开放的发展基础进一步夯实。从通道优势和走廊优势看，通过过去9年参与共建"一带一路"实践，甘肃的通道优势和走廊优势进一步凸显。甘肃先后参与开通4向5条国际线路，国际货运班列稳定运营。国际客货运航线航班覆盖22个国家和地区。与此同时，甘肃在口岸建设与运营、货运航线、保税物流中心和综合保税区建设等方面成绩显著，兰州、酒泉被确定为全国物流枢纽承载城市。兰州陆港型国家物流枢纽列入第一批国家物流枢纽建设名单。2021年1~10月，甘肃跨境电商交易额达到7.35亿元，是2020年同期的2.25倍，实现了翻番增长，成为甘肃稳外贸的新亮点。总体来看，共建"一带一路"倡议为甘肃对外开放提供了重要机遇，也成为甘肃新一轮经济增长的重要动能。截至2021年底，甘肃与共建"一带一路"国家累计贸易额达1074亿元，占贸易总额的比重达36.2%，高于全国平均水平①。

---

① 《甘肃前7个月外贸进出口总值296亿元　同比增长42.6%》，甘肃经济信息网，http://www.gsei.com.cn/html/1628/2021-08-19/content-337775.html，最后检索时间：2021年8月19日。

自"一带一路"倡议提出以来，抢抓共建"一带一路"的重大机遇，为准确认识甘肃发展的历史方位、时空背景和时代坐标指明了着力方向、提供了根本遵循。甘肃省全面积极贯彻习近平总书记关于"一带一路"是甘肃最大机遇的指示精神，省委、省政府准确把握向西开放重要门户这一定位，充分发挥甘肃省区位、资源、产业、文化、科研等优势，积极主动参与共建"一带一路"倡议。党的二十大报告指出，共建"一带一路"正在成为广受欢迎的国际公共产品和国际合作平台，参与共建并融入"一带一路"建设必将成为助推甘肃经济社会对外快速发展的重要支撑力量。立足新发展阶段，秉持新发展理念，着眼新发展格局，借助甘肃丝绸之路经济带黄金通道独特优势，抢抓文化、枢纽、技术、信息、生态五个"制高点"，积极构建新时期甘肃高质量全方位对外开放新格局，成为新时代甘肃参与"一带一路"建设的总体战略选择。

（二）总体建设成效

1. 顶层制度方面

近年来，围绕甘肃发展的最大机遇是"一带一路"，甘肃省委、省政府出台一系列政策文件和实施方案，引领甘肃积极主动融入"一带一路"建设，为甘肃全面融入"一带一路"建设提供了制度保障和顶层引领。为有力推进"一带一路"项目建设和实施，甘肃省专门成立推进"一带一路"建设工作领导小组，并由省委、省政府主要领导担任双组长，5 名省级领导干部担任副组长。2014 年甘肃省印发了《"丝绸之路经济带"甘肃段建设总体方案》，就甘肃参与"一带一路"的优势、立足点和长短期目标进行规划，成为首个引领甘肃参与共建"一带一路"行动的重要顶层治理文件。2015 年，按照中央赋予甘肃对外开放的战略定位，省委、省政府准确研判甘肃发展形势，把握机遇和挑战，制定了《甘肃省参与丝绸之路经济带和 21 世纪海上丝绸之路建设的实施方案》，进一步就甘肃参与"一带一路"建设的发展目标、战略布局等进行规划引领。在此基础上，2018 年为积极对接科技部等国家部委《推进"一带一路"建设科技创新合作专项规划》，全面推进与共建"一带一路"国家创新合作，甘肃省政府印发了《甘肃省建设丝绸之路"科技走廊"工作方案》。2019年《新时代甘肃融入"一带一路"建设打造文化制高点实施方案》《新时代甘肃融入"一带一路"建设打造枢纽制高点实施方案》《新时代甘肃融入"一带一路"建设打造技术制高点实施方案》《新时代甘肃融入"一带一路"建设打造信息制高点实施方案》《新时代甘肃融入"一带一路"建设打造生态制高点实施方案》经省政府印发实施，成为引领新时期甘肃融入"一带一路"的重要行动性纲领文件。

2. 对外经贸方面

过去9年来，随着甘肃紧紧围绕"一带一路"重大机遇科学谋划、积极作为，甘肃省在"一带一路"建设中向西开放平台的区域发展红利进一步得以释放。"十三五"期间，甘肃经济综合实力持续增强，GDP由2015年的6557亿元增加到2020年的9016.7亿元。① 其中，外贸增长迅速，2021年甘肃省国民经济和社会发展统计公报数据显示，甘肃省2021年全年外贸进出口总值490.9亿元，比上年增长28.4%。其中，对共建"一带一路"国家进出口224.4亿元，比上年增长30.5%，占全省外贸总值的45.7%。② 从贸易结构看，甘肃"平凉金果""花牛"等优质苹果出口市场持续拓展，遍及东南亚、西亚等共建"一带一路"国家和地区，甘肃省对外贸易农产品品牌影响力和竞争力进一步增强，为甘肃省外贸发展注入新动能。截至2022年，甘肃与共建"一带一路"多个国家和地区存在稳定的经贸合作关系，在共建国家和地区设立10个以上的商务代表处；全省有多个企业在俄罗斯、哈萨克斯坦、尼泊尔、泰国等共建国家设立商务代表处；包括金川公司、天水华天、酒钢公司在内的多个省属国有企业"走出去"，在共建"一带一路"国家和地区布局了一些重要项目。

---

① 《甘肃省人民政府关于印发甘肃省国民经济和社会发展第十四个五年规划和二〇三五年远景目标纲要的通知》。
② 《2021年甘肃省国民经济和社会发展统计公报》，中国甘肃网－甘肃日报，http：//gov.gscn.com.cn/system/2022/03/30/012735913.shtml，最后检索时间：2022年3月30日。

3. 对外平台方面

过去9年，甘肃省积极参与"一带一路"建设，铁路、公路、航空货运量快速增长，对外开放平台建设成效显著。自2014年以来，甘肃先后开通多个具有甘肃特色的国际货运班列。[①] 共开行中亚、中欧、南亚公铁联运、陆海新通道及"中吉乌"中亚新通道多向数条国际货运班列，累计实现货运145.6万吨，货值26.4亿美元。[②] 开通并运营14条国际货运航线、6条国内货运航线、5条国际客运腹舱载货航线。当前，甘肃在面向"一带一路"重大平台建设方面有显著性进展。一是一批国际陆港项目、国际空港、临空产业园区、国家级物流园区获得批准并投入建设。二是开辟了一批航空客运货运线路。截至2021年底，中川国际机场旅客吞吐量突破1500万人次。正式开通了由甘肃兰州至巴基斯坦拉合尔的"中巴经济走廊"全货运航线。三是个别城市面向"一带一路"对外开放平台建设进展顺利。天水、兰州分别获批建设跨境电子商务综合试验区。

4. 文化交流方面

立足于甘肃厚重的历史文化、多样的自然风光和浓郁的民族风情，借助"一会一节"，甘肃积极推进与共建丝路国家和地区的文化旅游交流。过去9年甘肃重点围绕历史文化、生态体验、民族风情、红色旅游、乡村旅游、工业科技"六张牌"，打响"交响丝路、如意甘肃"整体品牌。截至2021年底，甘肃已举办多届丝绸之路（敦煌）国际文化博览会与敦煌行·丝绸之路国际旅游节节会，在扩大甘肃文化影响力方面起到重要作用。丝绸之路信息港、丝绸之路国际知识产权港等知名企业积极参与开发甘肃省文化动漫艺术高端产品，各种影视出版物、创意产品设计、特色节庆会展等与旅游业深度融合。成立"一带一路"高校联盟，盟员单位总数达173所，涵盖27个共建国家和地区，并设立丝绸之路奖学金，每年

[①] 例如："金张掖号""天马号""兰州号""嘉峪关号"等。
[②] 《共建 共享 共赢——甘肃着力构建现代商贸物流新格局》，新甘肃·甘肃经济日报，http://www.gsjb.com/system/2021/10/14/030426043.shtml，最后检索时间：2022年3月30日。

安排专项资金500万元，招收共建国家学生来甘肃留学。加强友好城市合作，与40个国家建立了63对友好城市，其中与共建"一带一路"的18个国家建立了27对友好城市。与此同时，甘肃积极推动中医中药等优势特色产业走出去，加强中医药文化交流，成功举办第二届中国中医药产业博览会。在共建"一带一路"国家设立16家海外中医中心或岐黄中医学院，累计海外注册中药产品240多种。从国内省内看，为了搭建服务丝路沿线游客的快速通道，甘肃聚焦航空旅游，在省内一些城市布局建设了多个支线机场，并开通了面向共建"一带一路"城市的国际航线，为"丝绸之路旅游"插上飞翔的翅膀。

5. 其他方面

一是技术交流方面，甘肃以兰白自主创新示范区建设为依托，积极拓展并加强与共建"一带一路"国家的国际技术研究、转移、培训合作。截至2022年6月，已有省级国际科技合作基地88个，累计实施国家、省级国际科技合作项目150多项。[①] 丝绸之路国际知识产权港已实施9500多种知识产权服务。二是信息交流方面，甘肃以"丝绸之路经济带信息港"为抓手，建成投运国际互联网数据专用通道、大数据中心等项目，正在着力布局建设以甘肃为支点，立足西北，服务共建"一带一路"国家的信息通信枢纽。三是生态建设合作方面，一方面甘肃省着力于优化生态安全屏障功能布局，加大生态保护修复力度，推动并实施了一批重大项目和重点工程，为推动甘肃与共建国家在绿色发展、绿色投资以及绿色投融资方面的合作奠定了重要基础。另一方面，甘肃加快绿色生态产业发展，在清洁能源生产、环保产业、清洁生产产业、循环产业方面加大布局建设，推动形成了以中国—以色列（酒泉）绿色生态产业园为内容的绿色发展合作项目，为绿色发展提供重要动力。

---

① 《甘肃省深入推进"一带一路"建设综述》，每日甘肃网-甘肃日报，https://www.gs.chinanews.com.cn/news/2021/09-07/343075.shtml，最后检索时间：2022年3月30日。

二 2021~2022年甘肃丝绸之路经济带"五通"建设进展

(一)"政策沟通"建设进展

2022年是甘肃积极融入"一带一路"继进之年,也是贯彻落实《新时代甘肃融入"一带一路"抢占"五个制高点"规划》的关键之年。在此背景下,甘肃省在着力于继续完善相关政策的落实,推动对外开放平台和对外开放体制机制完善。主要通过政策沟通、落实与完善促进"一带一路"建设,一是推动一批基地建设的申报、建设落实和升级转型。二是扎实推动已有平台和体系建设,稳步推动一些重大工程建设。三是支持重点企业和项目的扩大出口。四是从政府层面组织开展各种政策辅导和业务落实,为进出口或者涉外企事业单位提供组织支撑。2021年8月首次实现甘、青、宁三省(区)跨境电商B2B直接出口货物。截至2021年10月底,天水综试区跨境电商交易额实现了从0到2.05亿元的快速增长,为全省跨境电商发展增加了新动能。兰州综试区深耕跨境电商主体培育,大力引进优势企业入区入园,提升综试区整体水平,联合高校、职业学院和阿里巴巴培训机构开展专题培训,成立孵化中心,积极在共建"一带一路"国家和地区布局建设,已在哈萨克斯坦、中哈合作中心、伊朗等国家和地区设立24个海外仓,并不断提升公共服务水平(见表1)。

表1 2021年甘肃省政策出台、落实、完善进展

序号	具体进展
1	兰州、天水跨境电商综试区"两平台六体系"建设,推进中川机场"三合一"分拨监管中心建设
2	支持兰州和敦煌申报国家文化出口基地,佛慈制药和省中医药大学附属医院申报"国家中医药服务出口基地"
3	推进兰州新材料和兰州新区石油装备国家外贸转型升级基地、静宁苹果国家级基地建设,推荐符合条件的省级外贸转型升级基地晋升为国家级

续表

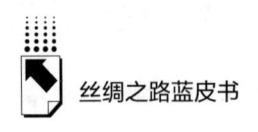

序号	具体进展
4	支持符合条件的市州申报加工贸易转型升级试点城市,组织参加加工贸易博览会
5	组织开展兰州、天水跨境电商综试区实地调研和政策培训,为综保区保税网购的运营企业提供一对一业务指导,帮助解决问题

资料来源：根据甘肃省相关网页资料整理。

(二)"设施联通"建设进展

2022年以来,甘肃省国际物流大通道建设不断取得新突破,"通道经济"发展迅速。截至2021年底,全省国际货运班列累计发运1785列、155.76万吨,货值27.79亿美元。[①] 2021年,甘肃省稳定运行各种国际货运班列304列9909车,货值1.68亿美元。兰州中川国际机场累计完成货邮吞吐量6.1万吨,同比增长12.68%。全省通道物流产业实现营业收入206.6亿元,同比增长13.3%。2021年3月,西部陆海新通道甘肃张掖首发班列出发3天可到达重庆,5天可运抵北部湾钦州港,搭乘班轮运往巴基斯坦卡拉奇港。2021年5月,从甘肃(兰州)国际陆港出发发往俄罗斯莫斯科的"义乌—兰州—莫斯科"开行,为甘肃物流大通道建设开辟了新的支撑班列。2021年8月,天水大洲跨境综合服务有限公司申报的1.3吨"秦安蜜桃"订单,通过空运货邮经深圳机场口岸至新加坡,实现了甘肃首单跨境电商模式的突破,在已有基础上增加了甘肃物流大通道的模式支撑。2021年12月,满载货物的中欧班列"天马号"从武威南站缓缓驶出。这是甘肃发往格鲁吉亚首都第比利斯的首趟班列,由新疆霍尔果斯出境后,经由哈萨克斯坦阿克套港、阿塞拜疆巴库港,最终到达第比利斯,叩开亚欧大陆门户格鲁吉亚。2022年初,兰州与江苏连云港首次对开铁海联运班列,火车驶出兰州陆港,轮渡停靠连云港港,1960吨铝棒等货物远销东南亚,3300吨铁矿石等原料运往甘肃。

---

① 《甘肃省深入推进"一带一路"建设取得丰硕成果》,https://new.qq.com/rain/a/20211120A024N400,最后检索时间：2022年3月30日。

（三）"贸易畅通"建设进展

2021年甘肃省外贸进出口总值490.9亿元，同比增长28.4%。其中，出口总值96.9亿元，同比增长13.2%；进口总值394亿元，同比增长32.7%。[1] 在与共建"一带一路"国家贸易合作方面，中国与共建国家进出口均实现增长。数据显示，2021年，甘肃省对共建"一带一路"国家进出口值224.4亿元，同比增长30.5%，占甘肃外贸总值的45.7%，占比提升0.7个百分点。[2] 就主要国家看，2021年甘肃省对哈萨克斯坦进出口值93亿元，同比增长24.2%；对蒙古进出口值将近40亿元，同比增长3.3%；对欧盟（不含英国）进出口值33.5亿元，同比增长4.5%；对俄罗斯进出口值41.3亿元，同比增长278.6%；对东盟进出口值31.8亿元，同比增长9.8%。[3] 从商品和货物贸易结构看，甘肃种子、苹果等特色农产品出口"朋友圈"持续拓展，贸易通道更加多元化。据兰州海关统计，2022年第一季度，品种包括蔬菜、草本花卉植物、脱荚干豆、葵花子等甘肃种子出口值1.9亿元，同比增长48.1%，出口市场拓展至40多个国家和地区甘肃特色农产品出口6.6亿元，同比增长39.6%，成为全省外贸进出口新的增长点。

（四）"资金融通"建设进展

资金融通是"一带一路"建设的核心内容之一。近年来，人民银行兰州中心支行、国家外汇管理局甘肃省分局深化金融领域合作，围绕甘肃推进"一带一路"建设重点领域和重要项目，构建多元化投融资体系。甘肃省围

---

[1] 《十四五开新局｜2021年甘肃外贸进出口490.9亿元，同比增长28.4%》，https://cn.chinadaily.com.cn/a/202201/27/WS61f20a47a3107be497a04283.html，最后检索时间：2022年3月30日。
[2] 《甘肃与"一带一路"沿线国家累计实现外贸进出口总值1797.7亿元》，http://fec.mofcom.gov.cn/article/fwydyl/zgzx/202209/20220903352969.shtml，最后检索时间：2022年3月30日。
[3] 《2021年甘肃外贸进出口490.9亿元》，http://www.lzbs.com.cn/zbxw/2022-01/29/content_4914061.htm，最后检索时间：2022年3月30日。

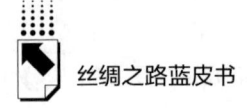

绕"一带一路""资金融通",推进外汇管理"放管服"改革,做好简化审批的"减法"、强化监管的"加法"和优化服务的"乘法",进一步优化资金支持的环境。在支持外汇企业发展方面,甘肃省将新注册企业贸易外汇名录登记时间由20个工作日缩短为当日办结,为特殊企业开辟绿色通道,取消了服务贸易收付汇业务审核。2020年5月,推动甘肃省成为全国首个开展贸易外汇收支便利化试点的西部省份,省内银行和企业得到了与发达省份同策同享的机会。2020年8月,指导中国银行与金川集团签订《个人外汇薪酬结汇服务协议书》,成功推动甘肃省成为全国第三个实施外汇薪酬结汇政策的省市。2022年人民银行兰州中心支行积极引导金融机构"一户一策"为外贸骨干企业制定融资方案,加大出口信贷支持力度,稳定货物与服务进出口贸易供应链,支持全省特色农产品、生物医药产品、化工产品出口,4月末,全省跨境人民币结算量18.8亿元,交易辐射至境外93个国家和地区,服务企业1037户。

(五)"民心相通"建设进展

2022年以来,甘肃省持续扩大和发挥文博会、兰洽会、药博会等节会品牌效应,着力推进丝绸之路经济带黄金通道建设,加快地方经济社会发展,有力服务国家开放和发展大局。借助文旅部"欢乐春节"文化品牌活动,以线上形式与日本、韩国、老挝、马来西亚、加拿大等驻外机构联合开展了交流展示活动。与老挝中国文化中心创新开展2021年"部省合作"项目,策划筹备"古代敦煌的佛教文化线上讲座"和"甘肃中医药文化知识线上讲座"。启动实施在华外国人入境游行动。与携程集团共同策划制定《在华外国人甘肃入境游行动计划》,拟定"在华商会甘肃推介会"及Trip.com线上宣传内容,启动推介会嘉宾邀请和活动策划等前期工作。联合新华社民族品牌工程办公室策划举办"2021年甘肃入境旅游线路产品网络征集大赛",在2021年6月启动了"如意甘肃"国际旅游精品线路全球线上征集工作。推动挖掘敦煌文化研究,以此服务甘肃深度融入共建"一带一路"。2021年甘肃认真筹备第五届丝绸之路(敦煌)国际文化博览会和第十届敦煌行·丝绸之路国际旅游节，制定《丝绸之路（敦煌）国际文化博览会和敦煌行·丝绸之路国际旅游节总体方案》。在2021中国特色旅游商品大赛、中国特色旅游商品展暨第八届四川国际旅游交易博览会上，甘肃"交响丝路·如意甘肃"特色旅游商品积极参与角逐，包揽多项殊荣，荣获1金8银15铜的好成绩，获奖数量取得新突破，创历史新高。

三 2021~2022年甘肃丝绸之路经济带建设的困难与问题

（一）重要产业"走出去"有待进一步提升

甘肃省长期以来在有色冶金、煤炭化工、石油化工、装备制造等传统工业领域具有显著优势。河西走廊腹地的金川集团，在镍钴生产、铂族金属提炼和铜生产方面具有区域影响力和全国性的产业优势。地处甘肃省嘉峪关市的酒泉钢铁（集团）有限责任公司（以下简称酒钢），是国家最早规划建设的第四家钢铁联合企业，在西北地区乃至全国钢铁炼化冶化生产方面具有重要影响力。地处甘肃中部的白银有色集团股份有限公司是中国重要的有色金属生产基地，在长期发展中积累了产品品牌、工艺配套、技术人才。这些主导优势产业以及企业是甘肃积极融入"一带一路"建设"走出去"的实体支撑，也是甘肃借助"一带一路"扩大对外开放的重要依托。截至2021年底，综观甘肃的"一带一路"建设成效，类似金川集团、酒钢集团、白银有色集团这样的大企业、大平台公司参与"一带一路"建设的项目较少，"走出去"的深度和广度不足，优势产业在"一带一路"框架下的合作拓展较少，借助重要产业促进甘肃向西扩大对外开放的进展相对缓慢，重要产业"走出去"有待进一步提升。

（二）优势产业潜力的挖掘需要进一步加强

甘肃作为中华文明重要的"生成地"和"宝库地"的文化优势正在

渐次转化为经济社会发展的产业优势、文化交流优势和跨境文化旅游发展优势。文化旅游业是甘肃近10年崛起的重要潜力产业，在甘肃融入"一带一路"建设中有重要支撑作用。参与共建"一带一路"倡议，为甘肃省文化旅游业的发展带来重要机遇。甘肃作为古丝绸之路的重要地带，境内有七彩丹霞、大漠戈壁、洁白冰川等特色自然旅游景点，还有厚重的历史文化底蕴和区位交通优势。其中天水始祖文化、石窟文化等人文资源富集，甘南独特的藏族民俗、宗教文化和高原生态等资源丰富，近年来已成为国内外游客的向往之地。但是，一方面甘肃的敦煌文化、石窟文化等古丝绸之路特色文明向旅游资源的转化尚未完成，另一方面由于没有较好的文化旅游业对外开放平台，同时受制于新冠疫情全球大流行断断续续的影响，甘肃省文化旅游业发展在最近几年的发展陷入停滞状态。总体来看，甘肃较好的国际国内文化旅游资源与文化旅游业产业"走出去"极不对称，因此，2022年包括文化旅游业在内的优势产业潜力的挖掘需要进一步加强。

（三）重大标志性项目推进需要进一步加大

对标《"丝绸之路经济带"甘肃段建设总体方案》《甘肃省参与丝绸之路经济带和21世纪海上丝绸之路建设的实施方案》，以及《新时代甘肃融入"一带一路"建设打造文化制高点实施方案》《新时代甘肃融入"一带一路"建设打造枢纽制高点实施方案》《新时代甘肃融入"一带一路"建设打造技术制高点实施方案》《新时代甘肃融入"一带一路"建设打造信息制高点实施方案》《新时代甘肃融入"一带一路"建设打造生态制高点实施方案》等内容，无论是重要枢纽、重要平台还是重大工程，最近几年推进建设进展缓慢，标志性工程、示范引领性项目较少。与此同时，相较于省级层面，市、县层面推动参与"一带一路"建设的力度和执行较弱。一方面，国家级、省级涉及"一带一路"建设的重大项目已基本建设到位，处于运营发挥作用期，相关重大标志项目建设潜力进入新的阶段有待进一步挖掘。另一方面，市、县层面由于缺乏资金支持，一些涉及

"一带一路"的重大项目处于概念状态或者初步谋划状态，缺乏具体落实与实施。因此2022年甘肃涉及"一带一路"的重大标志性项目推进有待进一步加大。

（四）受疫情影响经济对外开放活力需要进一步繁荣

2021年10月以来新冠疫情在甘肃多点持续暴发。在疫情影响下，甘肃省域经济在之后几个季度遭受到了不小的创伤，旅游、文娱、餐饮、交通行业都受到较大影响。疫情的蔓延和持续，使甘肃省旅游业、线下文娱行业受到严重冲击，尤其是演唱会、剧场演出、电影等长期停摆。甘肃省经济社会面临防控疫情和统筹经济社会发展双重任务，其中统筹省内经济稳定发展成为重心。在此背景下，政府财政更加吃紧，推动一系列"一带一路"建设项目的资金受到局限。一方面，甘肃长期作为税源和税基薄弱的地区，疫情在重要地区的反复发生影响经济活跃程度，导致税源和税基的拓展受到约束。另一方面，疫情在甘肃重要城市和地区反复发生，使经济增长的动能受到限制。由此形成的传导效应，使实体经济经营困难，基础设施建设滞后，固定资产等投资增长乏力，进而使甘肃经济内生增长的动力不足，内生性对外开放的活力也呈现不足。因此，2022年甘肃在融入"一带一路"建设，进一步拓展经济对外开放水平方面受疫情限制，经济对外开放活力需要进一步繁荣。

四 甘肃深度融入丝绸之路经济带建设的对策建议

（一）加强市县层面的顶层治理及行动实施

目前，甘肃省级层面的融入"一带一路"的纲领性文件和顶层治理基本为甘肃如何更好融入"一带一路"提供了方案和制度保障。综观全省各个市县，缺少一些主动融入"一带一路"建设的顶层设计，可能会影响各个地、市、县在参与"一带一路"建设的定位、优势以及未来部署的科学支撑。以贯彻落实《新时代甘肃融入"一带一路"建设打造"五个制高点"规划》为例，一些市、县已经出台相应具体实施方案，例如武威市、天水市等一些地级市相继印发了《贯彻落实新时代甘肃融入"一带一路"建设打造"五个制高点"规划的实施方案》，对这些市、县在甘肃融入"一带一路"建设中的定位、支撑以及路径都起到较好的顶层引领作用。未来，要着力于推动各个县区制定深度融入"一带一路"建设的实施方案，立足于县域优势特色产业和人文自然资源，瞄准优势，制定参与"一带一路"建设扩大县域经济、扩大对外开放的具体行动指南。

（二）加大承接中东部产业转移力度

甘肃作为"一带一路"沿线重要省份，要借助参与"一带一路"建设扩大对外开放水平，就要塑造自身的核心竞争性产业。当前，一些重要的产业已经通过长期积累的竞争优势实现了"走出去"的目的，已有产业对外开放的优势已经挖掘到底。未来，甘肃要在"一带一路"建设中有所作为，就要培养和树立新的"走出去"的优势，这也就意味着甘肃要进一步加大承接中东部产业的力度。这就要求甘肃要立足"一带一路"向西开放的重要门户平台，借助兰州新区和兰白创新试验区等一系列平台，重视招商引资对优化甘肃省产业结构的重要作用。要统筹做好产业"引进来"和"走出去"两方面工作。一方面，要围绕高质量承接中东部产业转移这个核心问题，加快体制、机制和法制创新的步伐，进一步完善甘肃省省属国有企业体制改革、提升政府服务质量、建设法治社会和良好的招商引资环境。另一方面，要有序推进基础设施互联互通、经贸产业合作、人文交流、生态建设、金融创新支持五项重大工程建设，选择一些适宜"走出去"的企业和项目在"一带一路"沿线进行投资布局，尤其是一些甘肃省的资源型企业。

（三）探索创新甘肃对外开放的新模式

要统筹新冠疫情防治和经济社会发展，特别是统筹疫情防护与"一带一路"建设，创新甘肃对外开放模式。一方面要通过布局和参与"数字丝路"建设，拓展甘肃采用线上线下相结合方式的应用场景。一是要进一步拓展在疫情背景下按照已有计划推动甘肃融入"一带一路"的项目模式创新。例如对开展疫情背景下包括文博会在内的各类涉及"一带一路"的会展的方案进行制定，保证各类会展交流通过各种线上线下形式开展。二是要加大对甘肃对外资源的数字化挖掘，为甘肃优势资源的"走出去"提供数据支撑。例如通过加强与国内一些通信公司的合作，对甘肃境内一批优势资源进行数字化集成和包装，借助"数字丝路"建设走出。另一方面，要想方设法改变对外招商引资环境，瞄准共建丝绸之路国家，逐个研究制定贸易和投资战略。一是针对新冠疫情在全国的形势和甘肃的特征，在统筹好疫情防控的同时，积极推动一些项目复工复产和投工投产。例如要在国家相应政策范围内加强税务、财政政策的落实，对一些有对外竞争力的企业、项目进行扶持和支撑，鼓励其按照产业链供应链优势"走出去"。二是要持续优化甘肃营商环境。核心是围绕当前甘肃省营商环境中的一些堵点和难点问题进行攻关行动，重点关注外贸企业的营商环境和相关政策的落实。聚焦外贸企业和单位的复工复市和培育扶持优势特色外向型产业有序发展，推动经济的可持续发展。

（四）巩固已有合作的基础和成效

一是要着眼于甘肃渐成体系开放平台，持续拓展功能。要立足甘肃已有的通道体系和对外开放平台，重点抓好"稳营拓容"工作。一方面，要着力于让当前已有的国际货运班列、客运航线、货运航线稳定运营。要注重通过这些通道体系和平台"走出去"，也要重视与欧洲、中东、中亚、南亚、东南亚地区开展货物贸易"引进来"，使通道经济发挥甘肃外向型经济动能的支撑作用。另一方面，要推动相关口岸、试验区、保税区等的有序建设，保证这些平台尽早尽快发挥相应的作用。二是要为甘肃相关通道体系和平台的建设争取相应政策的支持，同时加强各个通道和平台的机制创新和相关举措的落地实施，尤其是注重通道经济和平台经济的融合发展，为加快形成甘肃面向"一带一路"的全方位平台提供机制支撑。三是要重视甘肃的外贸

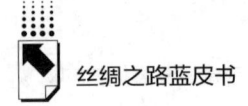

发展合作工作。要着眼于促进外贸新业态释放潜能，培育和支持相关外贸企业发展，优化跨境电商相关机制体制，发展外贸新业态，为甘肃省开放型经济高质量发展提供新的主体支撑。

（五）加快推动优势产业"走出去"的行动部署

首先，要立足甘肃农业发展的特色和优势，积极创建各类示范区和对外宣传平台，推动甘肃特色农产品出口不断增加，着力让甘肃特色农业深度融入"一带一路"建设。一是要鼓励和培育甘肃一些优势农产品"走出去"。当前甘肃农产品例如高原夏菜等在东南亚、东亚地区已经有一定的外贸基础，未来要立足于已有优势拓展更多品种的农产品走出去。二是要推动农业生产技术的合作。甘肃省在旱寒农业和节水农业方面具有一定的技术优势，而共建国家大多数地区与甘肃具有相似的农业环境，因此，未来要拓展甘肃与共建国家在旱寒农业和节水农业技术方面的合作，要让支持和引导甘肃的这些优势农业技术"走出去"。其次，要推动新能源高水平对外开放。立足甘肃省能源资源禀赋，持续完善国际合作交流机制和平台，充分把握国际能源合作的新变化和新趋势，深化与共建省区和国家的合作。核心是要加强与共建"一带一路"国家新能源对话及合作。要利用甘肃在新能源建设布局和规模上的优势和经验，与共建"一带一路"国家尤其是中亚地区国家加强在集中电站、分布式电站建设方面的交流合作，鼓励甘肃企业在新能源领域与共建国家加强国际技术创新交流。

B.12
2022年青海丝绸之路经济带建设发展报告

孙发平 杨军 刘畅*

摘　要： 2022年，青海省深入贯彻新发展理念，以"六个现代化"新青海建设为目标，积极克服新冠疫情影响，加快推进产业"四地"建设，强化政策支持力度，持续推动外向型经济发展。本报告通过梳理2022年"一带一路"建设进展，认为青海丝路建设还存在总体发展水平低、加工贸易占比低、进出口产品结构单一、外商投资规模小、基础设施建设滞后等问题，提出未来应通过加强对接机制建设、构建综合交通运输体系、提升产业发展水平、加强金融支持、强化国际生态及旅游业合作等对策，力求为青海丝路建设迈上新台阶提供有益参考。

关键词： 青海　丝绸之路经济带　国际陆海新通道

2022年，青海省全面贯彻落实习近平总书记考察青海和参加青海代表团审议时的重要讲话精神，立足青海在全国发展大局中"三个更加重要"的重要战略地位，在新发展阶段，深入贯彻新发展理念，加快构建新发展格局，积极融入国内国际"双循环"格局，通过强化政策支持，加快推进产

---

* 孙发平，青海省社会科学院研究员，研究方向为区域经济学；杨军，青海省社会科学院副研究员，研究方向为区域经济史；刘畅，青海省社会科学院助理研究员，研究方向为区域经济协调发展。

业"四地"建设①等途径，积极对冲新冠疫情对全省外向型经济发展带来的消极影响，丝绸之路经济带建设取得明显成效。但总体来看，由于发展基础薄弱、外向型企业规模小、特色产业体系不完善、科技创新支撑不足等因素制约，全省外向型经济发展总量仍然偏小，"青"字号商品在国际市场占有份额有限，还需要在政策支持保障、外向型产业培育壮大、国际通道建设和对外贸易平台建设等方面持续发力。

一 2022年青海省"一带一路"建设进展

2021~2022年，青海省面对新冠疫情对全省经济的冲击，持续强化税收等政策支持力度，坚持稳中有进的工作总基调，深化改革，着力推动产业"四地"建设，加强区域协作，积极开拓国际陆海新通道，丝绸之路经济带建设取得新突破。

（一）不断强化政策扶持力度

2021~2022年，青海省深入贯彻习近平总书记视察青海重要讲话和对青海工作重要指示批示精神，坚决贯彻"疫情要防住、经济要稳住、发展要安全"重大要求，全面落实国务院扎实稳住经济一揽子政策措施，通过落实退税减税降费、加快财政支出进度、加强政府性融资担保等举措，进一步强化政策扶持，加大助企纾困力度。尤其在外向型经济发展方面，为细化落实海关总署《关于促进外贸保稳提质的十条措施》，西宁海关结合青海省对外贸易特点、企业反映的突出问题以及工作实际，于2022年5月研究出台《西宁海关促进外贸保稳提质的十一条措施》，成立"西宁海关推进青海省促进外贸保稳提质调研工作组"，认真落实助企纾困降成本若干措施，努力实现企业"问题清零"，积极应对疫情对外贸进出口产生的不利影响，持续促进外贸保稳提

---

① 2021年6月，习近平总书记在青海视察时强调，青海要立足高原特有资源禀赋，积极培育新兴产业，加快建设世界级盐湖产业基地，打造国家清洁能源产业高地、国际生态旅游目的地、绿色有机农畜产品输出地。简称产业"四地"建设。

质。在强化政策引导的同时，西宁海关进一步强化统筹管理能力，以促进综保区产业朝向全面化、多元化发展为目标，助推包括跨境电商、生物科技、数字经济等在内的产业在区内落地。与西宁经济技术开发区管委会召开"1+1+4"外贸工作专题会，促进经开区、西宁综保区与西宁市内四个工业园区统筹协调，并通过对入区项目增强指导，实现区与区之间的互补延链发展。增强高附加值实体企业，特别是科技含量较高的保税加工与研发类型企业的引进力度，多措并举带动区内外产业和物流联动发展，使入区企业充分享受政策红利，促进外贸保稳提质工作成效明显。2022年上半年，青海有进出口实绩的外贸企业126家，其中，民营企业79家、国有企业43家、外商投资企业4家，所有企业类型进出口均增长，上半年新增外贸注册企业105家，增长69.4%[①]。

（二）对外贸易通道建设取得新突破

2022年，青海省围绕建设交通强国重大决策，充分发挥交通运输对区域协调发展重大战略及国土空间开发保护的支撑引领作用，助推青海融入"一带一路"、西部大开发形成新格局、长江经济带、黄河流域生态保护和高质量发展等国家重大战略，加快构建承东启西、沟通南北的综合立体交通网，加快东部都市圈交通一体化进程，提升都市圈交通承载能力，推动省道及农村公路快速提档升级与延伸联通，加快形成"都市圈互联互通、柴达木内畅外联、泛共和支撑辐射、三江源提质延伸"的公路网布局，加大与新疆、西藏、四川、甘肃的互通互联，支撑构建"两核一轴一高地"区域协调发展格局，助力建设产业"四地"及"一群两区多点"城镇化空间发展格局，推动区位优势向经贸优势转化，全面增强交通运输对重大战略的服务保障能力。2022年，全省交通建设项目共有31个，其中续建项目26个、新开工项目5个，年度投资保持适度规模。加西公路建设进程加快，计划2022年实现全线贯通。G0611张掖至汶川高速扁都口至门源公路工程（扁

---

① 《前8个月青海省进出口增速近6成，彰显外贸较强韧性》，中华人民共和国西宁海关网站，http://xining.customs.gov.cn/xining，最后检索时间：2022年9月25日。

门高速）二期路面水稳工程全线完成，标志着离项目建成通车目标又迈进了一步。扁门高速公路是国家高速公路网中张汶高速（甘肃张掖至四川汶川）中的一段，是青海省又一条重要的出省大通道，项目建设对完善国家和青海省高速公路网，促进沿线旅游资源开发利用，加强民族团结和维护社会稳定，推动区域经济社会发展具有重要意义。同时，为贯彻落实"疫情要防住、经济要稳住、发展要安全"重大要求，青海省交通厅在全省33个省界隘口积极履行交通运输部门物流保通保畅等工作职责，确保了疫情防控期间物流保通保畅工作稳定、高效运行。

2021年12月15日，从青海省海东市经西藏自治区日喀则市过中尼吉隆口岸到尼泊尔加德满都的公铁联运班列首发。中尼公铁联运班列共30车，运送货物1000余吨，主要为农副产品、日用百货、医疗物资等，货值约180万美元[1]。2021年12月，青海举办"西部五省（区）中尼贸易陆路通道合作建设推进会"，青海、陕西、宁夏、甘肃、西藏五省（区）签署了《推进中尼贸易陆路通道合作建设协议书》[2]。截至2022年5月，青海西部陆海新通道班列可抵达印度蒙德拉港、泰国曼谷等地。2022年6月，中越班列（重庆—安员）在海东完成900吨"青"字号货物装载后，在重庆集拼集运，到达越南安员[3]。2022年9月，青海又与新疆维吾尔自治区共同签署了《推进中尼贸易陆路通道经济合作意向书》，标志着新疆维吾尔自治区加入共建中尼通道合作工作机制，中尼通道合作省区范围得以进一步扩大，共建中尼通道西北省区支持格局已初步形成。

（三）对外贸易发展稳步回暖

2022年前8个月，青海省一般贸易进出口28.4亿元，增长59.4%，增

---

[1]《"青海海东—西藏日喀则—尼泊尔"公铁联运南亚班列从青海首发》，《青海日报》2021年12月16日，第1版。
[2]《西部五省（区）中尼贸易陆路通道合作建设推进会在青召开》，青海省商务厅网站，http://swt.qinghai.gov.cn，最后检索时间：2022年8月17日。
[3]《陆海新通道中越班列进入"铁路快通"时代》，中华人民共和国重庆海关网站，http://xining.customs.gov.cn/chongqing，最后检索时间：2022年8月17日。

速排名全国第2，占青海省进出口总值的98.6%。其中，出口18.1亿元，增长1倍；进口10.3亿元，增长15.5%。其中，金属矿及矿砂进口7.9亿元，增长33.3%，占全省进口总值的73.8%，镍矿砂及其精矿进口1.4亿元，增长2.5倍。同期，金属锂出口9360.9万元，增长15.1倍；碳酸钠出口6878.9万元，增长14.8倍；太阳能电池出口4111.9万元，增长42倍，制造业产品出口逐步成为拉动青海外贸增长的直接力量。从省内来看，西宁市、海东市依托开放型经济平台，外贸呈高速增长态势。2022年上半年，西宁市进出口18亿元，增长53.8%，占青海省进出口总值的82.9%；海东市进出口1.6亿元，增长83.4%。2022年前8个月，青海省共建"一带一路"国家合计进出口10.3亿元，增长达到140%，对RCEP成员国合计进出口11.2亿元，增长1.8倍；其中东盟、几内亚、日本、南非、新加坡为前5大贸易伙伴[1]。

（四）对外开放平台带动效应初步显现

西宁综合保税区自2022年1月16日正式封关运行以来，着力改革创新，提升服务水平，切实发挥职能优势，结合青海实际情况出台一系列急难问题解决措施，在落实好海关总署促进外贸保稳提质十条措施的基础上，进一步加强对西宁海关十一条措施的宣传落实，为西宁综合保税区高质量发展奠定良好的发展基础。2022年1~8月，西宁综合保税区实现进出口总值1.3亿元，占同期青海省进出口总值的4.5%，对外开放平台作用初步显现。西宁海关所属西海海关借助"中国国际贸易单一窗口"平台，充分发挥全国海关通关一体化、自报自缴、自助打印税单等政策优势，实现进出口通关流程线上办理。省会西宁市凭借国家跨境电子商务零售进口试点城市与跨境电子商务综合试验区的优势，保税物流、保税加工、跨境电商发展势头良好，随着外贸领域各项政策效应逐步显

---

[1] 《前8个月青海省进出口增速近6成，彰显外贸较强韧性》，中华人民共和国西宁海关网站，http://xining.customs.gov.cn/xining，最后检索时间：2022年9月25日。

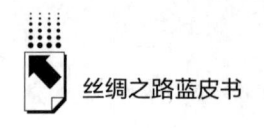

现，有效改善了外贸高质量发展的政策环境，外贸企业发展预期得到有效巩固。

（五）人文交流活动走深走实

2022年7月，青海省2022年"澜湄周暨澜湄区域生态旅游合作论坛"在西宁举办。论坛以"绿色澜湄，美好家园——更高水平打造国际生态旅游目的地典范城市"为主题，旨在落实澜湄合作第七次外长会议精神，积极构建澜湄国家命运共同体，搭建青海与流域国家之间沟通合作的桥梁，增进了解、深化友谊、共享发展成果、共商发展大计。澜湄合作在短短6年多时间里蓬勃发展，合作领域日益扩大，内生动力持续增强，有力促进了流域六国经济社会发展[1]。同月，以"加快建设世界级盐湖产业基地，打造国家清洁能源产业高地、国际生态旅游目的地、绿色有机农畜产品输出地，努力构建绿色低碳循环发展经济体系，奋力谱写全面建设社会主义现代化国家的青海篇章"为主题的第23届青洽会、第二届生态博览会产业"四地"建设高峰论坛在西宁举办。知名专家学者齐聚青海，围绕盐湖产业发展、清洁能源产业高地建设、打造国际生态旅游目的地策略探讨、农畜品牌建设等内容，为青海产业"四地"建设建言献策[2]。8月，由青海省政府主办，国家发展改革委、国家能源局为支持单位，青海省能源局、青海省绿电协会联合承办的2022年"一带一路"清洁能源发展论坛在青海西宁举办。来自国内新能源领域的权威专家、学者以及行业领军人物、企业代表相聚西宁，共商能源未来，共同为清洁能源发展擘画未来。同月，由青海省人力资源与社会保障厅主办、海西州人社局承办的"2022年度海外赤子高原行暨建设世界级盐湖产业基地高峰论坛"在海西举行。来自青海大学、华东理工大学、中科院青海盐湖研究所等单位的4名盐湖资源与化工、地质环境领域专家学者参加。活动聚焦盐湖资源等领域，依托专家人才智力帮扶平台，通过柔性

---

[1] 《青海省2022年"澜湄周"暨"澜湄区域生态旅游合作论坛"在西宁举办》，《青海日报》2022年7月23日，第3版。

[2] 《锚定"四地"建设 谱写青海篇章》，《青海日报》2022年7月25日，第11版。

引智的方式，为进一步促进盐湖资源高效循环利用献智献策。其间，专家学者与省内60余名从事盐湖化工领域的专业技术人员及管理人员进行交流研讨，围绕盐湖产业发展创新与高质量发展、盐湖镁资源应用、盐湖资源综合开发、盐湖多维度价值等问题开展了内容丰富的学术讲座及专题报告。

二 青海省扩大高水平开放发展存在的主要问题

受地理区位、基础设施、产业结构和层次、发展理念等影响，青海省对外开放的水平相对较低，"引进来""走出去"的步伐仍然较慢，统筹利用两种资源、两个市场的能力亟待提升，青海加快融入丝绸之路经济带建设，持续扩大高水平对外开放仍存在诸多问题和困难。

（一）总体发展水平低，外向型经济尤为薄弱

近年来，随着国际经济形势的变化和国内经济下行压力的增大，青海省经济进入中高速增长阶段。2021年，全省地区生产总值为3346.63亿元，按可比价格计算，比上年增长5.7%；全年货物贸易进出口总值31.3亿元，比上年增长36.4%，虽增速较快，但总量仍然较小，外贸依存度还不到0.1%，而全国平均水平为18.96%。2020年全省实际发生进出口业务的企业只有144家，仅占总数的21.7%，进出口总额达到千万美元的企业仅8家，大多数企业进出口额在百万美元以内，规模整体偏小。同时，以产业"四地"为新动能的高质量发展势头虽较好，但体量不大，占比较低，牵引力有待提升。

（二）对外贸易以一般贸易为主，加工贸易占比低

青海对外贸易以一般贸易为主，加工贸易和其他贸易占比较小。2021年，全省一般贸易进出口占进出口总额的97.1%，占比远高于全国60%的平均水平，对外贸易几乎全部为一般贸易，说明青海参与国际分工程度较低；近年来，随着"一带一路"建设的持续推进，青海加工贸易虽占比有

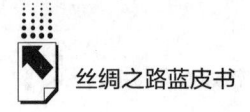

所上升，外向型经济水平有所提高，但发展仍比较缓慢。同时，青海贸易伙伴主要集中在亚洲国家，欧美国家占比较小，参与国际分工的广度和深度不够，贸易伙伴区域较为集中，存在一定的风险。

（三）进出口产品结构单一，外商投资规模小

近年来，青海省出口产品主要以硅铁、纺织品、农畜产品、民族用品等初级产品为主，种类单一，订单量小且出口市场分散，国际竞争优势尚在培育当中，制造业和高技术产业产品出口缺乏，全省出口初级产品占比较高，远高于全国5%左右的平均水平；而工业制成品出口占比低于全国平均水平，且多集中在劳动密集型及资源密集型产业；进口初级产品占比约为50%，高于工业制成品比重，主要集中在矿产品、机械设备等领域。青海外商投资规模小、企业少、稳定性不强，外资对地区经济发展的影响力非常有限。从吸引外资的手段来看，目前还停留在招商引资的较低发展阶段，尚未完成招商引资的第一次战略性转变。

（四）新冠疫情对对外贸易造成冲击

目前，疫情仍然在全球范围蔓延，对开放发展造成负面影响，国内多省份进出口降幅严重，青海也不例外。新冠疫情的冲击主要包括需求端和供给端。供给端冲击主要是针对原材料、技术等产品、服务以及其他中间产品的进口，由于出口国采取的各种限制出口、限制生产和人员隔离等措施，导致物流停滞，进口成本上升，难度加大，外贸企业进口受阻；需求端冲击主要发生在海外市场销售占比相对较大的外贸企业，疫情直接导致海外需求萎缩，订单减少或转移，客户流失，国内国际物流受阻，报关通关时间延长等。

（五）基础设施建设滞后，口岸建设亟待加快

受经济发展水平和财力影响，加之地处高原，基础设施建设和运营维护的成本较高，青海基础设施建设领域的欠账一直较多，虽然近些年建设力度

空前加大，但与新时期扩大开放、促进设施互联互通的要求以及建设战略通道、交通物流枢纽等需求之间的差距仍然较大，保障经济社会发展和推进"一带一路"建设的能力还较为有限。全省虽然已初步形成了承东启西、连南接北的交通体系，但便捷、快捷程度仍有待提高，铁路、公路、航空、信息等基础设施与周边地区的衔接依然不是很畅通，尤其是通往内陆地区的通道亟待快速推进。从基础设施建设投资看，青海作为内陆欠发达省区，在基础设施建设方面有很强的投资需求，但受财力及防范和化解地方政府债务风险等的影响，基础设施建设与地方财力之间的矛盾日益突出，投资建设的力度有所减弱。全省交通基础设施建设的开放性和区域合作不够，与相邻省份境内段建设进展缓慢，使青海与共建"一带一路"国家与地区无法早日实现"大贯通"。在口岸开放和海关特殊监管区建设方面，口岸数量少、级别低，总体规模偏小。航空口岸由原国内航班使用的场地改造而成，联检通道不足，设施陈旧，目前的货运场所、熏蒸库等基础设施与保障国际货运航班正常安全开行还有差距，在口岸查验和监管方面存有风险，支持"一带一路"的口岸体系尚未形成。

（六）政策支撑体系尚不完善

推进"一带一路"建设是一项复杂的系统性工程，需要有力的政策保障和要素支撑。从近年来青海的建设情况看，虽然陆续出台了一系列相应的政策，强化了资金、技术、人力等要素的投入，但仍存在支撑力度不足、政策体系不完善等问题，影响了青海融入的步伐，取得的实质性进展也要慢于兄弟省区。现阶段，虽然青海在融入"一带一路"建设中迈出了实质性步伐，相继出台了支持工业、文化产业、促进对外贸易等方面的政策，但是出台的相关政策对于特色优势产业的优惠倾斜并不明显。如从规划指导看，全省虽对特色优势产业发展等做出了具体的战略规划与布局，但相应的投资、金融、税收等配套政策无法及时协调跟进。青海各领域的欠账较多，自有财力极为有限且刚性支出较多，在安排设施建设、人文交流、对外合作等方面的资金较为有限。

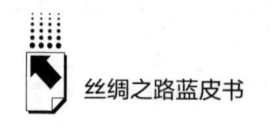

三 青海丝绸之路经济带建设的趋势分析与对策建议

党的二十大对"一带一路"建设、外向型经济发展作出新的部署，为青海进一步融入丝绸之路经济带、提升外向型经济发展质量指明了方向。党的二十大报告要求推进高水平对外开放，推动共建"一带一路"高质量发展，"把实施扩大内需战略同深化供给侧结构性改革有机结合起来，增强国内大循环内生动力和可靠性，提升国际循环质量和水平，加快建设现代化经济体系"。2023年，青海将持续推进开放型经济发展，以产业"四地"建设为依托，主动融入全国统一大市场和国内大循环，促进国内国际双循环，持续深化"放管服"和国资国企改革，优化营商环境，集聚要素招大引优，扶持特色优势企业做大做强，激励各类市场主体竞相发展，建设更高水平开放型经济新体制；深度参与"一带一路"建设，共建西部陆海新通道，推进面向南亚的商贸通道建设，持续拓展国际贸易通道，提升保税区、跨境电商综试区运营水平，充分发挥对外开放平台的带动作用，全面提高对外开放水平，扎实推进丝绸之路经济带建设。

（一）着力加强对接机制建设，大力推进经贸产业合作

一是加强合作机制建设，强化地方合作。加强与青海具有产能互补性和"青"字号产品需求国家和地区的沟通协调，鼓励全省各市州借助友城平台，全面落实友好省、友好城市关系建设，加强双多边友城合作机制建设，探索共同制订青海与相关国家地区产业合作的早期收获计划，以农业、旅游、能源、矿产、交通及跨境经济合作区建设等为重点，分批次、分阶段有序推进项目建设，并通过重点项目形成示范与带动效应。

二是推动差异化国际产能合作。鼓励青海盐湖化工、光伏光热、新材料、高原特色农牧、藏医药等优势产能走出去，支持交通、电力等领军企业积极参与国际工程承包，不断拓展海外发展空间。强化产业合作的针对性和精准性，有针对性地选择合作潜力巨大，前景良好的国家和地区就特色优势

产业合作展开建设性的对话，持续拓宽合作领域。支持青海企业联合周边省区企业在"一带一路"各类合作框架内围绕水利水电、盐湖化工、新能源、特色轻工、生物制品等领域开展对外投资合作，打造一批外贸转型升级专业型示范基地。

三是打造特色产业合作平台。从青海省产业"四地"建设和"五个示范省"建设战略需要出发，优先转移和承接适合在青海发展的产业，将各援青省市外贸龙头企业作为产业转移入青的重点对象，通过共建境内外产业园区，在青集群化布局。大力引进一批符合青海产业转型需要的资金、人才、技术，大力调整青海产业结构，科学布局区域产业发展格局，重点发展高新技术产品出口业和特色生态农牧业深加工业。做大做强青海循环经济和新能源、新材料产业。依托风电、光伏、锂、盐湖化工等重点项目，加强产业对接，联合新能源龙头企业，积极对接相关国家重大基础设施建设和产业发展战略。

（二）完善现代交通运输通道，构建综合交通运输体系

全面加强以铁路、公路、民航、城轨于一体的综合交通枢纽，加快推进数字信息走廊建设。

一是加快西成铁路建设进程，实现长江经济带与中巴经济走廊、新亚欧大陆桥的铁路联通；畅通城市内部交通网络，推进城乡道路客运一体化建设；对外密切连接外部交通运输，进一步推进西宁—海东交通一体化建设，强化与周围省、州、市的沟通连接。构建内畅外通，辐射西北，通达全国，逐步接通南亚、中亚、西亚的现代综合交通运输体系。

二是适时开辟航运网络新通道。争取西宁曹家堡国际机场充分利用第五、第六航权，开通西宁直飞中亚、南亚、东南亚等地客货运航线，构建进入中亚、南亚、东南亚的空中通道，努力建设青藏高原航空货运集散中心，进而拓展青海经中亚至西亚、东欧的航空市场，建设全新空中亚欧大陆桥，逐步将西宁、格尔木机场打造成为西部地区同中亚地区航空一体化网络建设的重要支点，形成辐射高原、通达全国、连接国际的航空驿站。先期加强与

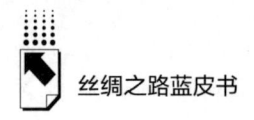

西藏航空有限公司的沟通协作，开通了西宁—格尔木—加德满都国际航线，为双方经贸人文往来人员和赴尼旅游游客提供直航服务。

三是构建全方位的对外开放大通道。强化与尼泊尔、巴基斯坦及中亚五国等毗邻国家的次区域合作支撑能力。加快区域联通建设，加快推进联通甘肃西北部、新疆中南部及长江经济带之间的铁路建设，强化青海与中国新疆喀什等地的铁路联通。加快中尼商贸走廊建设。与更多省区合作，共同打造和建设以青藏铁路为主线，以格尔木市为起点，以加德满都为终点的中尼商贸走廊。

四是大力发展跨境电子商务。加快推进跨境电子商务公共服务平台、跨境电子商务线下产业园区平台建设，构建科学完备的跨境电子商务信息共享体系、智能物流体系、商务信用体系、金融服务体系和风险防控体系。加快线下产业园区平台建设。结合全省各市州特色产业发展，建设一批跨境电子商务产业园区。全力构建"跨境电商+中欧班列"模式，着力推进快捷、廉价的跨境电商国际物流通道建设。

（三）着力提升产业发展水平，推进外向型经济高质量发展

加快推动传统特色产业提质增效和战略性新兴产业发展，深化实施"拓链、延链、补链、强链"行动，构建优势产业集群，精准对接国内国际市场需求，建立外贸、外资、外经与省内产业协同发展的联动机制，形成传统与新兴产业融合、开放水平更高的外向型经济高质量发展新局面。

一是全力促进对外贸易优化升级。优化外贸产业结构，加快推进产业"四地"建设，培育以技术、品牌、质量和服务为核心的竞争新优势，做强做优生态农牧、盐湖化工、中藏医药、节能环保、清洁能源等产业，提升附加价值与竞争力，大力发展新能源、新材料、电子信息、生物医药、高端装备等战略新兴产业，提升全产业链国际市场竞争力。

二是加快形成出口产业集群。依托西宁综合保税区、曹家堡保税物流中心（B型）及格尔木国际陆港等开放型经济发展平台，依托援青渠道，引进发展一批临港产业。持续承接适合在青海发展的产业，将各援青省市外贸龙

头企业作为产业转移入青的重点对象,通过共建境内外产业园区,在青集群化布局。重点发展高新技术产品出口业和特色生态农牧业深加工业。做大做强青海循环经济和新能源、新材料产业;依托风电、光伏、锂、盐湖化工等重点项目,加强产业对接,加快布局以出口加工业为核心的临港产业集群。

三是提升区域协调发展水平。充分发挥西宁在全省外贸格局中的重中之重地位,进一步优化外贸结构,稳住基本盘,实现对外贸易稳中有增;着力发挥海西外贸增长极的作用,深挖盐湖化工产品、农畜产品潜力,提高对外贸易的质量和效益,实现较大幅度增长;积极引导海东、海南等地区的重点外向型企业持续开拓国际市场,立足特色农畜产品等实现进出口平稳增长。

四是稳定和扩大进出口规模。积极开展省级出口基地认定工作,推进出口工业品、食品、农产品质量安全示范区建设。充分利用已搭建的外贸平台,深入了解外贸需求,聚焦特色优势产业做专做深做实。巩固和扩大藏毯、硅铁及枸杞等传统优势产品出口;扩大铝及镁合金、化成箔等新材料出口;培育锂电池、蓝宝石等高科技、高附加值产品出口;加快发展以民族文化、藏医药、旅游、运输等为主要内容的服务贸易,积极推动文化旅游经贸融合发展。

五是积极融入国内大市场。通过市场运作与政府引导,把融入国内大循环落实到产业、企业、产品的质量和品牌建设上来,以盐湖化工产品、高原绿色有机农畜产品、民族特色手工艺品等品牌带动产业和品牌联动发展。积极融入全国电力统一大市场,协调推动省际电力期货、现货与辅助调峰市场融合发展,打造西北电力调蓄中心;加强农牧业基础建设,建设农畜产品生产加工基地,打造区域农产品交易市场;大力发展跨境电商 B2B 业务,吸引商贸物流企业和工业企业集聚,形成区域性资源配置中心促进省内消费。从供给两端促进国内贸易,形成能源、农畜产品加工、现代制造、生态旅游、盐湖开发等产业全面融入国内大市场的新格局。

(四)着力加强金融支持,进一步推进资金融通合作

坚持金融供给侧结构性改革,根据金融业发展趋势,健全地方金融组织体系，完善金融支撑体系。

一是进一步完善出口信用保险、跨境电商支持政策及标准，支持出口企业投保出口信用保险，合理降低保险费率。鼓励银行机构同保险机构深化合作，发展保单融资业务。适当提高企业单独投保出口信用保险的支持比例和额度，对企业开展海外客户资信调查费用给予补贴。支持全省优质企业贸易外汇收支便利化试点提质扩面，探索中小微企业汇率避险成本分担机制，降低企业年期保值成本。

二是完善金融支撑体系，优化金融服务水平。提供精准金融服务，构建银行信贷、股权投资、债券融资等全方位、多层次金融支持服务体系。调整融资方向和结构，扩展融资渠道，使贸易融资向重点行业和企业倾斜，鼓励开展外贸企业知识产权质押贷款业务，支持利用多层次资本市场进行融资。鼓励各类金融机构按照先行先试原则，推动总部将新产品、新工具优先在青海省探索、应用和推广，将系统内的各项试点优先在青海实施，提供差异化产品，延伸服务领域，满足不同企业的金融需求。

（五）着力加强人文交流，进一步推动民心相通

深化与相关国家，特别是西亚、南亚国家的人文合作。加大城市交流互动力度，积极推动文化旅游宣传工作。

一是强化文化交流合作，加强文化保护合作。通过各种平台适时组织青海特色文化精品展示，扩大青海省文化的影响力和认同感，同时为省内文化企业提供展示、推介、寻找商机与合作伙伴的机会。推进与联合国教科文组织和丝路沿线文化保护组织合作，共同推动黄南热贡、果洛格萨尔、互助土族文化等传统优秀文化的保护工作，建立丝绸之路非物质文化遗产交流展示项目库，推进丝绸之路文化遗产申遗工作，设立专项保护基金。

二是强化宣传引导，讲好开放发展青海故事。与中国驻相关国家和地区的文化促进会、商会等民间组织加强联系，鼓励民间组织与新华社各海外分社合作，合办新闻专刊，在主要媒体刊发推送中国"一带一路"建设成就巡礼等系列新闻报道，宣传推介中国"一带一路"合作框架内中国与其他

国家合作的典型案例。与相关国家和地区的文化传播机构和民间组织合作，在主要媒体推送青海系列报道，有针对性地宣传青海民族文化、特色资源、产业发展及经济社会发展成就，同时，及时发布实时新闻和财经资讯，为海外的青海企业提供商业信息服务。

（六）筑牢国家生态安全屏障，强化国际生态及旅游业合作

坚定"三个最大"省情定位，牢筑国家生态安全屏障，加快生态环保国际交流合作，力争在生态环保及绿色发展领域打造青海品牌。加强国际生态旅游资源开发建设，加快建设国际生态旅游目的地。

一是加快生态环保国际交流合作。以三江源国家公园建设为契机，谋划在青海定期举办世界国家公园大会，打造青海最重要的生态品牌之一，积极探索共建区域环保合作机制。以绿色丝绸之路建设为引领，借助上海合作组织、中国—东盟、欧亚、中国—阿拉伯等现有多双边国际环保合作机制，构建青海环保合作国际网络。

二是搭建生态环保国际合作平台。推动建立国际高原生态环保交流中心，加强生态环保开放合作，推动与尼泊尔、印度、瑞士等国在高原生态环境、生物多样性、应对气候变化等领域合作，探索建立"一带一路"绿色高原环保信息共享平台，有效推进高原生物多样性保护、应对气候变化等领域的国际合作和信息共享。

三是建设青藏高原生态技术研发试验区。建设高原生态保护恢复、高原绿色农业、生态畜牧业等科技培训中心及研发实验中心，加强与以色列、德国、日本等国在生态环保领域技术交流合作。依托青海良好的高原生态环境优势，推动建立青藏高原生物多样性保护廊道，打造高原生态农业科技园区、牧草资源研究与开发园区、特有生物资源保护与利用园区、国际标准牛羊肉生产中心等示范项目，加快构建青藏高原"大生态保护"格局。

四是加快建设国际生态旅游目的地。坚守生态保护底线，在全面总结近十年来青海旅游业"井喷"式发展中积累的良好经验和存在的不足的基础上，依托西北游、甘青大环线等传统国内精品旅游线路，持续加强与周边省

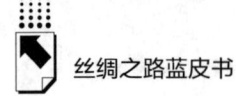

区的协调合作，完善生态旅游机制、彰显生态资源价值，推进生态旅游集约化、低碳化、绿色化发展，不断增强生态旅游的生态价值、经济价值和社会价值，实现传统观光旅游向生态旅游提档升级。同时，以国际生态旅游目的地建设为目标，以三江源国家公园为依托，扩展生态旅游发展国际视野，加强与南亚、中亚等国家的国际生态旅游合作。例如，尼泊尔已经在珠穆朗玛峰南坡建设萨加玛塔国家公园多年，培育了登山、徒步等高端生态旅游产品。巴基斯坦在帕米尔高原也创建国家公园，成为重要的边境教育和旅游基地，带动了社区经济发展[1]。因此，青海与西藏应顺应"一带一路"建设和稳疆固边需要，与周边相关国家和地区合作，在青藏高原超前谋划和探索试验青藏国际精品跨境旅游项目，打造以自驾游、铁路游、登山徒步游等全域旅游为内容的国际旅游带。

参考文献

韩素娟：《"一带一路"背景下青海省产业结构转型升级研究》，《青海民族研究》2021年第1期。

孙发平、胡芳：《"一带一路"背景下深化青海与尼泊尔人文交流的路径与对策研究》，《甘肃政协》2021年第5期。

孙发平：《双循环视角下青海高质量推进"一带一路"建设的思考》，《攀登》2021年第1期。

---

[1] 傅伯杰、欧阳志云等：《青藏高原生态安全屏障状况与保护对策》，《中国科学院院刊》2021年第11期。

B.13
2022年宁夏丝绸之路经济带建设发展报告

尚亚龙*

摘　要： 2021年以来，宁夏深入贯彻习近平总书记视察宁夏重要讲话精神，全面落实自治区扩大高水平开放决策部署，积极参与共建"一带一路"，内陆开放型经济试验区建设取得了显著成效。然而，从全国来看，发展不足仍是宁夏最大的实际问题，开放不足依然是制约宁夏发展的突出短板，宁夏仍属于欠发达地区。为摆脱发展困境，宁夏一定要拿出"把欠发达的'欠'字扔到黄河里去"的勇气和决心，敢想敢干、真抓实干，以更加积极的姿态参与共建"一带一路"，尽快融入"双循环"新发展格局。

关键词： "一带一路"　开放发展　高质量发展　宁夏

一　2021~2022年宁夏丝路经济带建设总体进展

（一）战略定位及实施方案

2021年9月，宁夏印发《宁夏回族自治区推进"一带一路"和内陆开放型经济试验区建设"十四五"规划》。为深入推进内陆开放型经济试验区

---

* 尚亚龙，宁夏社会科学院综合经济研究所（"一带一路"研究所）助理研究员，研究方向为区域经济、农村经济。

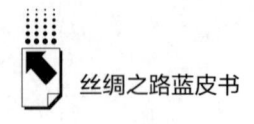

建设，该《规划》提出了两条实践路径：一是加快融入国内国际双循环，构建全方位全领域开放新格局；二是推动宁夏从内陆腹地走向开放前沿，打造黄河流域生态保护和高质量发展先行区开放新高地。

2022年1月，宁夏发布《2022年宁夏回族自治区政府工作报告》，围绕服务"一带一路"建设，强调要"以更高水平扩大开放合作，助推内陆开放型经济试验区大发展、快发展"。具体做法为，要在开放平台建设［打造中阿博览会，建设国家葡萄及葡萄酒产业开放发展综合试验区平台、中国（银川）跨境电子商务综合试验区］、口岸（含开发区）功能完善、营商环境优化、（受疫情影响而停航）航班航线复航、西部陆海新通道建设以及国际货运班列稳定运营等方面继续发力，持续放大"走出去"与"引进来"双轮驱动作用，再造宁夏开放发展新优势。

（二）建设现状与建设成效

2022年，宁夏深入推动内陆开放型经济试验区建设，拓展发散思维，创新开放举措，参与共建"一带一路"稳步推进。

1. 积极打造开放平台，产业特色愈加鲜明

迄今宁夏已经连续举办了五届中阿博览会，并成功将其打造成为推动内陆经济开放试验区建设的有力抓手。随着"银川跨境电商综合试验区"的顺利运营，以跨境电商为代表的新业态新模式已成为推动银川外贸经济转型升级的新动能。随着第五届枸杞产业博览会、首届中国（宁夏）国际葡萄酒文化旅游博览会、国家葡萄及葡萄酒产业开放发展综合试验区等一系列开放新平台的培育成型，以及清洁能源产业、中国奶业龙头企业的来宁投资，宁夏地方产业不仅规模有了起色，产业特征也愈加鲜明。

2. 稳步推进通道建设，务实推动区域合作

宁夏地处新欧亚大陆桥国内段中间位置，在构建全方位物流开放通道网络领域具有得天独厚的天然地理优势。航空方面，截至2022年上半年，银川河东国际机场新增至义乌、恩施、北海等7个通航城市的航班，加密至成都、深圳、南京等13个城市的航班。网络通道方面，宁夏大力吸引大型央企、数字经济头部企业来宁投资，正在推进全国一体化算力网络宁夏枢纽节点建设。随着各开放通道建设的稳步推进，宁夏与黄河流域省区协同发展合作日趋紧密，与东中部地区互补合作日趋强化，国际经贸已拓展至169个国家和地区。

3. 优化改进营商环境，外向经济局面良好

近年来，为优化营商环境，宁夏积极打造"数字政府"，研究制定优化环境"1+16"政策文件①，为企业提供了高效便捷的线上服务。2020年开通的"e外贸"宁夏数字贸易平台，助力企业足不出户开拓国际市场，为企业提供了外贸供应链上的全流程服务，使企业以最少的时间及成本完成贸易订单。对外投资方面，投资市场已由传统欧美市场拓展至中亚、西亚、非洲，投资风格日趋品牌化、多样化。随着本地企业大量"走出去"，以及各类优质资本、先进技术设备大量"引进来"，外向型经济呈现双向投资、贸易互利的良好发展局面。

二 2021~2022年宁夏丝路经济带"五通"建设进展

（一）"政策沟通"进展情况

1. 明确目标任务，全力打造先行区开放新高地

近一年来，宁夏正在着力推动黄河流域生态保护和高质量发展先行区（以下简称先行区）建设。2021年3月，自治区发布《宁夏回族自治区国民经济和社会发展第十四个五年规划和2035年远景目标纲要》，将先行区建设作为首要专章予以阐述。9月，立足新发展阶段的宁夏实际，自治区政府印发了《宁夏回族自治区推进"一带一路"和内陆开放型经济试验区建设"十四五"规划》，明确了今后5年宁夏参与推进"一带一路"和内陆开放

---

① 优化环境"1+16"政策文件，包括1个总体方案和简化企业开办手续、简化建筑工程施工许可办理手续、简化企业活动电力手续、强化知识产权创造保护和运用等16个专项行动计划。

型经济试验区建设的主要工作部署，并提出了在宁夏"构建全方位全领域开放新格局，打造黄河流域生态保护和高质量发展先行区开放新高地"的目标。2022年1月，自治区十二届人大五次会议表决通过了《宁夏建设黄河流域生态保护和高质量发展先行区促进条例》，为先行区建设设立了可靠的法律保障。4月，经国务院批复同意，国家发改委印发《支持宁夏建设黄河流域生态保护和高质量发展先行区实施方案》，明确了至2025年先行区建设的主要目标任务。

2. 推进"东数西算"，打造"数字丝绸之路"

近一年来，宁夏着力推进"东数西算"工程①建设，为构建"数字丝绸之路"奠定了坚实基础。2021年11月，宁夏印发《宁夏回族自治区数字经济发展"十四五"规划》，强调宁夏将重点依托中国（银川）跨境电子商务综合试验区、中国—阿拉伯国家技术转移中心等载体，发展数字经济国际合作新业态新模式，打造内陆地区数字经济开放合作样板，并明确将"全国一体化算力网络国家枢纽节点"纳入今后宁夏数字经济的发展布局之中。12月，国家发改委等多部门联合印发《关于同意宁夏回族自治区启动建设全国一体化算力网络国家枢纽节点的复函》，同意在宁夏启动建设全国一体化算力网络枢纽节点。2022年2月，宁夏发布《关于促进大数据产业发展应用的实施意见》，明确要科学规划产业布局，按照"因地制宜、错位发展、产业集聚"的原则，加快推进全国一体化算力网络国家枢纽节点在宁夏的建设。

（二）"设施联通"进展情况

1. 园区共建开创新局面

近年来银川经济技术开发区（以下简称银川经开区）在外经外贸外资

---

① "东数西算"，就是在西部地区发展数据中心，把东部地区经济活动产生的数据和需求放到西部地区来计算和处理。实施"东数西算"工程，推动算力资源有序向西转移，构建全国一体化算力网络国家枢纽节点，可以充分发挥区域比较优势和我国体制机制优势，优化资源配置，增强国家整体算力效能，促进绿色发展，扩大有效投资，推动区域协调发展，释放算力资源"乘数效应"和数据要素"倍增效应"。

工作方面力度空前加大，显著提升了园区整体的对外开放水平。2021年，在全国230个国家级经开区年度综合考评中，银川经开区综合排名升至第69位，位列西部第7，排名创历史新高①。2022年7月，银川经开区与广州开发区签署《园区共建深化合作协议》，双方就共同推动中国—沙特吉赞产业集聚区建设，促进中国与共建"一带一路"国家（地区）互利合作达成了一致。

2. 中欧货运开通新班列

2022年5月，银川至布达佩斯的中欧国际货运班列开通运行。这是宁夏2022年开行的首趟中欧国际货运班列，也是宁夏向欧洲内陆开通的首趟点对点班列。班列全程约8500公里，由银川始发，途经欧亚大陆（含哈萨克斯坦、俄罗斯、白俄罗斯、波兰等），耗时21天。相较海运途径，中欧班列（银川）的开通有效降低了外贸企业物流运输成本，为宁夏以及周边地区企业向西（至欧洲）出货提供了一条便捷高效的贸易通道。

3. "西电东送"又添新保障

2022年8月，宁夏青山750千伏输变电工程竣工投运，在提升宁夏电网安全稳定运行水平的同时，进一步保障了宁夏作为"西电东送"重要基地的保供能力。据悉，该工程可满足超500万千瓦的新能源接入，每年可汇集消纳新能源电量超75亿千瓦时，减少煤炭消耗近250万吨，减排二氧化碳近750万吨，极大提升了宁夏新能源储能投资、开发外送能力。②

4. 高铁建设取得新进展

作为国家"八纵八横"高铁网北京至兰州大通道的重要组成部分，包银铁路（包头至银川铁路段）已完成桥梁工程下部结构施工，预计2022年9月中旬完成路基工程，2023年3月转入全线铺轨工作。2022年8月，银兰高铁中卫至兰州段最后一座隧道——香山隧道贯通。上述高铁线路的开

---

① 许凌、拓兆兵：《银川经开区在国家经开区综合排名中前进21名》，网易新闻，http://c.m.163.com/news/a/GVSDQUBD0514R9L4.html，最后检索时间：2022年12月14日。
② 于瑶：《宁夏："西电东送"电力保供又添新保障》，新华网，http://www.xinhuanet.com/power/2022-08/08/c_1211674222.htm，最后检索时间：2022年8月14日。

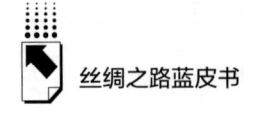

通，将极大提升我国西北至华北、东北地区的客运效率，对推动西部大开发、促进区域经济协调发展意义重大。

（三）"贸易畅通"进展情况[①]

1.共建"一带一路"国家（地区）已成宁夏重要外贸市场

2017年以来，宁夏对共建"一带一路"国家（地区）累计实现进出口331.3亿元，占全区进出口总额三成以上[②]。2022年上半年，宁夏外贸进出口总值122.5亿元，同比增长70.1%（同比，下同），增速排名全国第1。其中，对共建"一带一路"国家出口48.8亿元，增长56.5%，占比39.8%。出口总额100.4亿元，增长87.7%，增速排名全国第2。其中，对共建"一带一路"国家（地区）出口36.5亿元，增长73.1%，占比36.4%。进口总额22.1亿元，增长19.1%，增速排名全国第8。其中，对共建"一带一路"国家（地区）进口10.8亿元，增长24.1%，占比48.1%。

2.传统市场依然强势，对非贸易空间广阔

欧美、日本仍是宁夏主要贸易伙伴。2022年上半年，宁夏对欧盟进出口24.6亿元，增长108.2%，占全区外贸总额的20.1%；对美国进出口12.5亿元，增长101.8%，占比10.2%；对日本进出口11.4亿元，增长32.6%，占比9.3%。

出口方面，2022年上半年宁夏对印度、土耳其、马来西亚等新兴市场分别实现出口9.85亿元、3.87亿元、3.04亿元，分别增长66.29%、460.03%、12.74%。对欧盟、美国等传统市场分别实现出口21.2亿元、11亿元，分别增长113%、96.53%。从宁夏的前10大出口贸易对象分布情况来看，传统市场（主要是发达国家）仍占主导地位（见表1）。

[①] 资料来源：本报告进出口贸易相关统计数据，如无特殊说明，均来源于中华人民共和国银川海关。

[②] 杨娟：《宁夏深度融入"一带一路"持续扩大对外开放》，《宁夏日报》2022年5月12日，第1版。

表1　2022年上半年宁夏前10大出口贸易对象

单位：万元，%

贸易对象	金额	占比	增幅
美国	110078	10.96	96.53
印度	98538	9.81	66.29
德国	62132	6.19	207.78
韩国	61885	6.16	52.55
日本	60217	6.00	36.07
荷兰	58100	5.79	117.07
巴西	48119	4.79	204.70
土耳其	38715	3.86	460.03
英国	37472	3.73	481.05
马来西亚	30438	3.03	12.74

资料来源：银川海关统计数据。

进口方面，2022年上半年宁夏进口主要依赖日本、德国、美国、韩国、中国台湾等发达经济体（见表2）。近年来，随着宁夏金属矿及矿砂进口需求的增大，加纳、南非、刚果（金）等非洲国家迅速崛起，已成长为宁夏前10大进口贸易对象。2022年上半年，加纳成为宁夏第二大进口贸易对象国，宁夏与非洲国家贸易呈现巨大的发展潜力。

表2　2022年上半年宁夏前10大进口贸易对象

单位：万元，%

贸易对象	金额	增长	占比
日本	53930.82	29.20	24.44
加纳	45884.22	16.33	20.79
德国	21208.04	130.76	9.61
美国	14757.18	120.63	6.69
韩国	14380.52	158.89	6.52
南非	12131.07	-5.79	5.50
刚果（金）	6570.67	-18.13	2.98
中国台湾	6425.59	49.35	2.91
俄罗斯联邦	5823.41	619.16	2.64
瑞典	5108.07	4.10	2.31

资料来源：银川海关统计数据。

3. 各市外贸增幅落差显著，综保区开放平台作用突出

2022年上半年，宁夏五市（含银川综合综保区，以下简称综保区）贸易增长情况良好，但增长差异十分显著（见表3）。银川市进出口总值占全区外贸总值的50%以上，占有绝对优势。吴忠市、固原市占比较低，分别仅为3.35%、0.36%。综保区作为宁夏近年来发挥先行先试政策优势倾力打造的外贸新平台，在全区外贸经济发展中的地位日趋重要。2021年以来，随着国际卡车班列的常态化运行以及跨境电商贸易的崛起，综保区进出口业务发展迅猛。2022年上半年，其进出口总额在全区占比已达21.15%，遥遥领先区内大部分地级市。

表3 宁夏五市（含综保区）进出口情况

单位：万元，%

城市	2021年1~6月 金额	2022年1~6月 金额	占比	增幅
银川市	407357	679464	55.48	74.09
综保区	27617	259106	21.15	2157.87
石嘴山市	197755	321864	26.28	62.55
吴忠市	15208	41057	3.35	169.43
固原市	1021	4462	0.36	336.86
中卫市	113261	177958	14.53	53.95

资料来源：银川海关统计数据。

4. 银川海关力促外贸保稳增质，中蒙合作启动直通交易平台

2022年5月，银川海关发布15条政策措施[①]，聚焦企业急难愁盼，力促外贸保稳提质。一是通过引导企业选择运用"提前申报""两步申报""两段准入"等多元化通关模式，降低通关成本、提升通关效率。二是通过对新型材料、枸杞、葡萄酒、绿色食品等宁夏重点产业以及优势特色产品出口提供知识产权保护专项行动等服务，提升企业品牌保护意识与产品核心竞

---

① 银川海关：《银川海关出台15条措施助企纾困促进宁夏外贸保稳提质》，2022年5月25日。

争力。基于宁夏与蒙古国在煤炭、木材、牛羊肉、服装、鞋帽、食品等贸易往来方面的良好合作基础，双方于2022年7月启动了中国（宁夏）—蒙古国大宗商品跨境交易直通平台。

（四）"资金融通"进展情况

1. 跨境收支结算总额、人民币结算占比基本保持同步增长

2021年，宁夏与共建"一带一路"国家（地区）经贸往来结算使用了包含美元、人民币、欧元在内的12种货币。从结算占比看，美元、人民币占比较多，分别为72.4%、23.9%。其中，以人民币结算的跨境收支总额达13.57亿元，同比增长63.5%。2022年上半年，跨境收支总额同比增长20.9%，跨境资金呈净流入状态。其中，与共建"一带一路"国家货物贸易跨境收支额占全区跨境收支总额的77%，较上年同期增长7.1%。上半年共有244家企业与共建"一带一路"国家（地区）保持经贸往来，较去年同期增加了13家。[①]

2. 对共建"一带一路"国家（地区）进出口收支占主导地位

从出口看，2022年上半年宁夏对共建"一带一路"国家出口收入同比增长17.3%，占出口收入总额的75.2%，较上年同期增长3.7%。主要出口行业为食品制造业、医药制造业、化学原料和化学制品制造业、批发业。共建"一带一路"国家对食品添加剂、双氰胺、枸杞制品的需求较为旺盛，出口收入同比增长分别达20.8%、39.1%和51.1%。从进口看，2022年上半年宁夏从共建"一带一路"国家进口支出同比增长149.7%，占进口支出总额的83.8%。主要进口行业为零售业、化学纤维制造业、批发业、有色金属冶炼和压延加工业、农副食品加工业、专用设备制造业。奶牛、亚麻籽等产品成为进口贸易新增长点，两项合计占进口支出总额的32.1%。

3. 东西合作交出满意"答卷"，跨境电商步入发展快轨

2022年上半年，全区共实施招商引资合同项目1163个，实际到位资金

[①] 陈伟忠：《上半年宁夏与"一带一路"沿线国家跨境收支总额同比增两成》，金融时报-中国金融新闻网，2022年8月1日。

855.48亿元。源于京津冀、长三角、粤港澳大湾区等东部地区的612个实施项目的实际到位资金已占投资总额的57.31%，为全区招商引资交出了一份满意的期中"答卷"[1]。2022年上半年，银川市累计实现跨境电商交易额5.4亿元，占银川市进出口总额的7.95%。自中国（银川）跨境电子商务综合试验区[2]成立以来，已累计培育394家跨境电商企业，并成功地将不少企业的品牌商标注册至美国、欧洲、日本、韩国等发达经济体市场。[3]

（五）"民心相通"进展情况

1. 以酒为媒，广泛传播国际友谊

众所周知，葡萄酒是宁夏的一张"紫色名片"。2022年3月，为进一步促进葡萄酒产业高质量开放发展，深化宁夏与国际葡萄酒产区交流合作，宁夏"以酒为媒"，与阿根廷门多萨省举行了线上工作对接会，双方就尽快启动两地缔结友好关系备忘录签署达成了一致。5月，宁夏组织36家精品酒庄集中参展2022德国杜塞尔多夫葡萄酒与烈酒展览会[4]，谱写了宁夏葡萄酒产业进军国际发展新篇章。9月，宁夏举办首届中国（宁夏）国际葡萄酒文化旅游博览会。盛情接待了来自22个国家的跨国公司高管、亚非拉国家在华青年领袖，以及媒体人士的考察，与此同时，乌拉圭牧农渔业部部长费尔南多·马托斯、日本岛根县知事丸山达，以及东北亚地区地方政府联合会秘书长金玉彩等多国地区、国际组织领导人也发来了诚恳的视频致辞。

2. 以诚相待，密切增进友城情谊

近1年来，在自治区党委、政府的坚强领导下，宁夏外办坚定加强与南

---

[1] 杨娟：《招商引资：一个重点项目的"成长时光"》，《宁夏日报》2022年7月19日，第6版。
[2] 2019年中国（银川）跨境电子商务综合试验区成立。现今，银川跨境电商综试区已经成为产品特色鲜明、配套服务完善、其周边区域具有一定影响力的跨境电子商务聚集区。2021年，在商务部组织的2021年度全国跨境电商综试区考核中，银川跨境电商综试区位列第二档，属于"成绩较好"档次，总体表现处于全国中上游水平。
[3] 孙楠：《银川：跨境电商发展驶入快车道》，《银川日报》2022年8月11日，第5版。
[4] 杜塞尔多夫葡萄酒展/杜塞尔多夫烈酒贸易展（ProWein Trade Fair）是以葡萄酒、烈酒、酿酒师、生产、储存为主的国际贸易博览会。2001年以来每年举办一次，是当今世界上专业葡萄酒展之一，展会每年3月份在杜塞尔多夫国际展览中心举办。

非开普酒乡市、日本岛根县、巴基斯坦旁遮普省、蒙古国巴彦洪格尔省等国际友城之间的工作联系。顺利启动与韩国庆尚北道之间的友城关系，成功实现了与阿根廷门多萨省的线上工作对接，进一步扩大了宁夏在世界的"朋友圈"。值得一提的是，庆尚北道是"十四五"开局之年宁夏缔结的首个国际友城，也是宁夏与韩国建立的第一对省级友城关系。2021~2022年恰逢"中韩文化交流年"，为庆祝两地友城关系缔结成功，深化两国友谊，2021年11月，宁夏与庆尚北道同步举办友好交流图片展。翌年8月，银川再次举办中国（宁夏）韩国友好周活动，展现了宁夏人民促进国际友好交流的至臻诚意。

3. 以"合"为贵，切实推进务实合作

深化共建"一带一路"，既要以和为贵，更要以"合"为贵。2022年3月，宁夏文化和旅游厅、相关企业与马来西亚"一带一路"委员会举行线上对接会，双方洽谈了跨境电商、文化旅游、健康产业、高等教育、国际友城建设等方面的合作事宜。4月，自治区外事办公室、农业农村厅组织相关人员线上参加了在韩国庆尚北道浦项市举办的2022东北亚地区地方政府联合会（NEAR）国际论坛[1]，进一步了解了东北亚地区现代农业发展的趋势与现状。6月，自治区外办联合自治区商务厅与日本贸易振兴机构北京代表处共同举办了中国（宁夏）—日本线上经贸对接会，围绕促进中国（宁夏）—日本务实经贸合作展开了深入探讨。7月，中卫举办2022"丝绸之路城市文化和旅游发展国际论坛"，论坛诚邀国内外诸多知名文化旅游专家，就开创"一带一路"文旅务实合作新局面进行了深入交流与切磋。

三 2021~2022年宁夏丝路经济带建设的困难与问题

2022年以来，为抢抓共建"一带一路"重大机遇，宁夏坚持对内开放

---

[1] 本次论坛以线上线下相结合方式召开，以"通过六次产业化模式，推动东北亚地区农业及农村产品融合发展的战略"为主题成功吸引了来自中国、日本、韩国、蒙古、俄罗斯、越南6个国家59个地方政府、相关国际组织的300余人参会。

和对外开放相结合,大力培育开放主体,积极营造开放环境。然而,受内部发展不均衡、贸易不确定性因素增多、外资利用水平较低等综合因素影响,内陆开放型经济试验区建设依然面临严峻考验。

(一)内部发展不均衡矛盾突出,山区发展脚步亟须加快

作为全国唯一一个全境处于黄河流域的省份,宁夏发展面临水资源短缺、生态环境脆弱等因素制约。北部宁东能源化工基地、引黄灌区由于产业基础良好、水资源相对充沛,县域经济发达,服务"一带一路"建设能力相对较强。中南部山区由于生态环境更为脆弱,产业基础较为薄弱,加之巩固脱贫攻坚成果任务艰巨,参与共建"一带一路"能力略显不足。近年来,全区产业转型升级速度的加快,在北部县域经济不断壮大的趋势下,中南部山区如何跟上步伐,更好地融入和参与共建"一带一路",成为了一项新的课题。总体上,受区域内部发展不均衡矛盾影响,宁夏中南部山区融入"一带一路"建设进度较慢,亟须强化统筹意识,精准决策部署。

(二)贸易不确定性因素增多,粮食安全隐患需及早应对

2021年以来,受新冠疫情、俄乌冲突影响,宁夏外贸发展面临的不确定性因素增多。首先,因疫情影响,部分境外港口拥堵严重,国际物流供应链不畅,船舶航运效率下降影响,2022年全球航运市场物流成本持续增加导致低附加值产品出口严重受挫。2022年上半年,宁夏农产品、纺织原料、皮革(含毛皮)制品出口分别下滑20.92%、16.65%、23.4%。其次,俄乌冲突对粮食供应造成的消极影响可能波及我国。2022年2月以来爆发的俄乌冲突对全球经济发展格局产生了深远影响。长远来看,其影响将通过贸易渠道、金融渠道与供应链渠道传导波及我国[1]。虽然目前俄乌冲突对我国外贸影响不大,但由于我国在部分能源产品、农产品以及矿产品方面对俄乌

---

[1] 魏浩、马茂清、王超男:《俄乌冲突对中国经济的影响与对策》,《中国对外贸易》2022年第7期。

依赖较强,若两国因形势所迫减少相关产品供应可能导致我国粮食供应体系遭受冲击。基于此,作为粮食产销平衡省区,同时也是塞上"鱼米之乡",宁夏应竭力挖掘农业潜力,为保障国家粮食安全贡献力量。

(三)外贸对经济增长贡献过小,外向型经济发展困局难破

从外贸依存度测算来看,2004~2017年,宁夏外贸依存度由13.99%降为9.91%[①]。至2021年,已降至4.73%,而同一时期全国对外贸易依存度为34.18%[②]。较低的外贸依存度意味着外贸对区域经济发展的贡献率较小。宁夏外贸依存度持续十几年螺旋式下降,表明宁夏外向型经济发展陷入了困境。此外,宁夏一般贸易比重过大的问题也不容小觑。多年来,宁夏一般贸易比重始终保持在75%以上,加工贸易与其他贸易方式占比过小。为此,宁夏应继续加大力度,承接东部产业转移,以东西部产业协作带动加工贸易提质增效,以加工贸易的高质量发展促进外向型经济高水平发展。

(四)产业基础依然较弱,外资利用水平有待提升

外向型产业发展层次较低、企业创新能力不高,出口产品附加值低是宁夏外向型产业发展的实际情况。近年来,宁夏外贸企业虽有所增多,但企业实力依然较弱,参与国际竞争能力总体不强。跨境电商产业虽有所发展,但市场主体较少、产业发展水平不高、人才缺乏问题突出。跨境电商进出口货物外汇结算仍需通过外地第三方支付系统完成,未能完全实现本地外汇结算。跨境电商物流服务费用占销售费用的30%~50%,与沿海城市相比物流成本过高。外商投资储备项目不足,招商引资重内资轻外资现象严重,利用外资可持续发展动力不足。各县(市)区利用外资水平参差不齐,对引进外资工作缺乏重视。

[①] 高兰芳:《"一带一路"建设背景下宁夏对外贸易高质量发展研究》,《现代商贸工业》2021年第6期。

[②] 资料来源:根据国家统计局、宁夏统计局公布数据测算所得。

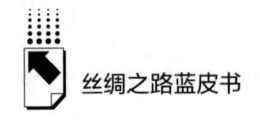

（五）数字经济基础薄弱，政策牵引效果不强

数字化赋能是提升参与共建"一带一路"水平的关键。作为数字经济欠发达地区，宁夏更应认清短板，蓄势待发。相关统计显示，2019年宁夏数字经济发展指数仅为17.1，位列全国倒数第3，远低于全国平均值（29.6）。2020年宁夏数字产业化规模在地区GDP中不足3%。[①] 数字化服务业刚刚起步，产值过亿元企业寥寥无几，农业数字化程度偏低。山东、浙江、福建、重庆等省市均已成立了针对大数据（或数字经济）进行管理研究的职能部门，针对区域内部数字经济发展予以重点研究和推动。然而迄今为止，宁夏在数字经济的系统性管理和研究方面仍未设立相应机构，相关工作推动滞后。此外，各行业对数字化服务的内涵需求研磨不透，找不准努力的方向。总体上，宁夏尚处于全国数字经济发展的低梯度区，本地企业辐射作用有限，产业聚集尚未形成，政策牵引效果不明显，数字经济对"一带一路"建设水平的提升作用不太明显。

四 宁夏丝路经济带建设的趋势分析与对策建议

（一）趋势分析

1. 全球形势依然严峻，相关风险开始显现

2022年7月IMF发布的《世界经济展望报告》指出，俄乌冲突造成的影响将导致2022年全球经济增速显著放缓，通胀压力显著增大。基线预测显示，全球经济增速将从2021年的6.1%放缓至2022年的3.2%。发达经济体的通胀将达到6.6%，新兴市场和发展中国家将达9.5%，而降低通胀的货币政策将会使得2023年全球产出将仅增长2.9%。除此以外，新冠疫情再度暴发以及防疫封锁措施的实施，房地产部门危机的进一步加剧，都有可能

[①] 罗力：《奋力推动宁夏数字经济实现新突破》，《宁夏日报》2021年8月16日，第6版。

成为抑制中国经济增长的重要因素,而地缘政治分裂将进一步阻碍全球贸易与合作从而制约某国经济增长[①]。为防止经济进一步割裂,当前推动各方共同开展有关维持全球流动性、管控债务危机、应对气候变化、结束新冠疫情等方面的工作十分必要。

2. 主动融入多边体制,充分展现大国担当

2021年4月,中国向东盟秘书长正式交存《区域全面经济伙伴关系协定》(RCEP)核准书,向推动亚太地区经济一体化迈出了关键一步。9月,宣布正式申请加入《全面与进步跨太平洋伙伴关系协定》(CPTPP)。适逢贸易保护主义横行,逆全球化思潮抬头,全球经济复苏放缓且分化趋势加紧,作为全球第二大经济体,中国采取如是举措,充分体现了我国对推进全球贸易治理体系建设、完善多边贸易规则工作的重视,体现了当代中国的大国担当,也展露出了我国持续深化改革开放、谋求人类共同进步的伟大决心。

3. 筹措布局抓"大发展",奋力绘就美好蓝图

2022年4月20日自治区党委常委会研究部署了下一步的工作,明确了"要在常态化疫情防控条件下,继续大抓发展、抓大发展、抓高质量发展"发展思路。下一步,宁夏将在推进"一带一路"建设与内陆开放型经济试验区建设工作方面,沿着这一发展思路,稳扎稳打,真抓实干。一是主动应对疫情和国际关系造成的消极影响,对标高标准国际规则,建设更高水平的内陆开放型经济体制。二是聚焦重点产业招商引资,精心筹备第六届中阿博览会,全面释放开放载体潜能。三是完善外资外贸服务保障机制,健全开放发展政策体系,提升全链条服务外贸进出口企业、外商投资企业的能力,持续优化营商环境。四是继续推动对外开放通道建设工作,支持多式联运发展,推动西部陆海新通道和中欧班列效能叠加,推动现代物流业与优势特色产业融合发展。

---

① 国际货币基金组织:《2022年7月〈世界经济展望〉更新"前景趋于暗淡,不确定性上升"》,https://www.imf.org/zh/Publications/WEO/Issues/2022/07/26/world-economic-outlook-update-july-2022,最后检索时间:2022年8月15日。

（二）对策建议

"十四五"期间是我国全面建设社会主义现代化伟大新征程、向第二个百年奋斗目标进军的第一个五年，也是宁夏立足新发展阶段，融入新发展格局的关键时期。为使宁夏全面参与共建"一带一路"，尽快融入"双循环"发展新格局，提出以下建议。

1. 织密交通网络，贯通发展要道

宁夏要谋求"大发展"，就不能只盯着两头（东向与西向），而应当"眼观六路，多点开花"，重点是要构建全方位开放发展格局。向东，加快推进宁夏至太原、包头、济南等黄河中下游中心城市的通道建设，稳定运营至天津港、青岛港、威海港等东部沿海港口的"点对点"班列。争取于2024年贯通京兰通道银川至北京段，将首都优势资源辐射内陆，助推内陆开放型经济试验区发展。向南，要紧密衔接西部陆海新通道建设，推动宁夏连接重庆、成都、昆明等地城市高速公路、高速铁路，打通衔接长江经济带、南向出海大通道的交通要道，提升宁夏以及周边地区货物的出海效率。向西，加快建设宁夏经甘肃联通新疆的高速通道，常态化运营宁夏至中亚、西亚的国际货运班列，提升向陇海线以北、京包线以南的货物出口集散能力。向北，推进途经俄罗斯、蒙古，经由二连浩特口岸入境的木材班列持续运营，持续推动蒙煤进宁新通道——"鄂上线控制性工程"建设实施。

2. 调整产业结构，促进产业融合

加快形成分工合理、特色鲜明、功能互补的"六新六特六优"产业[①]发展格局，是宁夏谋求高质量发展的关键。建议做好产业布局优化引导。综合研判相关区域产业布局的比较优势、市场前景等，对符合布局的产业给予市场准入、土地金融等方面的政策支持。注重产业布局特色化。采取严格的市

[①] 2022年，自治区第十三次党代会报告提出要构建具有宁夏特色的"六新六特六优"现代产业体系。"六新"，指新型材料、清洁能源、装备制造、数字信息、现代化工、轻工纺织；"六特"，指葡萄酒、枸杞、牛奶、肉牛、滩羊、冷凉蔬菜；"六优"，指文化旅游、现代物流、现代金融、健康养老、电子商务、会展博览。

场准入管控办法，坚决遏制同质化竞争发展，为地方特色优势产业腾出足够发展空间。强化产业融合，完善大中小企业融通发展、一二三产业融合发展的政策机制。要依托区域特色产业，引导绿色食品、肉牛、滩羊产业融合主体向优势产区、综合性加工园区集中。促进葡萄酒、枸杞、牛奶等产业同工业、农业、文化旅游等产业深度融合，满足日益多样化的市场需求。

3. 发展外向经济，培育竞争优势

引导企业加强品牌建设，充分利用境内境外、线上线下展览展示活动，巩固海外市场。支持企业建设海外营销网络，全力扭转外贸企业订单流失、业务萎缩不利局面。动员组织企业参加厦洽会、广交会、进口博览会等国际性展会，拓展海外订单市场，扩大先进技术、关键设备、零部件、资源型产品和一般消费品进口。持续推动园区产业转型升级，培育壮大园区外向型产业。支持银川经开区（新材料）、银川高新技术产业开发区（羊绒制品）外贸转型升级基地完善产业链配套体系，增强产业创新能力及市场竞争力，放大产业集聚优势，优化产业发展环境，着力将宁东能源化工基地（现代煤化工）国家外贸转型升级基地培育为宁夏外贸新增长点。融合文旅资源要素，打造旅游经济亮点。发挥政策优势，将黄河文化、沙漠文化、星空文化、葡萄酒文化与中卫旅游资源充分融合，提高中卫在全国文化旅游城市中的品牌知名度，将中卫打造成丝绸之路旅游文化名城。

4. 优化营商环境，促动双向投资

切实维护外商合法权益，保护知识产权，营造公平、稳定、透明的营商环境。重点支持银川经开区提升引资质量和水平，支持外资企业从事国家鼓励类项目。围绕"一带一路"重点市场、重点产业实施精准招商，实现招商引资质、量双提升，继续推进与共建"一带一路"国家（地区）在贸易投资、产能合作、技术合作、绿色发展等宽领域的共同发展。支持有实力的企业在共建"一带一路"国家（地区）开展投资，布局生产基地，提升国际产能合作水平。继续推动中国沙特（吉赞）产业园、中国阿曼（杜库姆）产业园等境外园区建设，带动宁夏商品、技术以及服务出口。推进银川跨境电商综试区建设，大力培育外贸新业态，加强与跨境电商产业园区沟通联

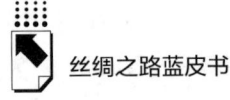

系，加快重点项目落实进度，发挥跨境电商协会作用，兑现跨境电商政策，提升服务企业水平。

5.拓展合作新领域，加快数字丝绸之路建设

认清发展中的不足是宁夏实现数字经济与全国同步发展，更好融入数字丝绸之路建设的前提条件。可以肯定的是，中国数字经济发展的红利必然会对"一带一路"数字化联通带来积极影响。鉴于当前宁夏与发达地区之间在数字经济发展水平方面还存在显著差距，建议宁夏不仅要强化数字经济发展的"硬件"（如人才、资金等），也要在"软件"（如数据开放共享、降低中小微企业数字化转型门槛等）方面予以改善。积极借鉴东部经验，出台宁夏版的《数字经济实施促进条例》，针对数字经济发展过程中出现的数字基础设施不匹配、数据要素流通不顺畅等关键问题提出改善方案，大力提升区域治理现代化水平。此外，由于西部地区在数字经济发展领域的盲点趋同，为实现区域协调发展，避免同质化竞争，宁夏还应积极携手陕西、甘肃等毗邻省份，积极拓展区域间数字经济发展新的合作领域，推动丝绸之路经济带腹地地带数字经济发展水平的整体提升。对于行业相关部门而言，要在尊重科学规律的基础上不断强化对数字经济知识要点的理解，找准行业数字化转型发展的突破口。

B.14
2022年陕西丝绸之路经济带建设发展报告

关鸿亮 孙晶 王鹏*

摘 要： 加快"一带一路"建设，既能满足中国扩大开放和深化改革的需要，也能促进经济要素有序自由流动、加强共建各国经济合作和人文交流，增进人民福祉，是一项造福世界各国人民的伟大事业。一年以来，陕西省积极贯彻落实习近平总书记重要指示精神和国家总体工作部署，各政府部门围绕省委、省政府工作安排，立足职能、通力协作、攻坚克难，积极推动《陕西省推进"一带一路"建设2022年工作要点》中涉及的8大类共28项任务有序开展，一批重大工程的实施更加凸显了陕西在"一带一路"建设中的重要节点作用。

关键词： 丝绸之路经济带 中欧班列 文化旅游

一 2021~2022年陕西丝路经济带建设总体进展

当今世界正经历复杂深刻的变化，国际经济与地缘政治问题交织，投资贸易规则和格局不断调整，各个国家和地区经济复苏情况不尽相同，世界经济面临的挑战依然严峻。加快共建丝绸之路经济带建设，打造开放、包容、

---

* 关鸿亮，陕西省信息中心副研究员，研究方向为金融与区域经济；孙晶，陕西省公共资源交易中心副研究员，研究方向为区域经济与产业经济；王鹏，陕西省发展和改革委员会区域开放与对外合作处（省推进"一带一路"建设办公室）副处长，研究方向为区域经济与公共政策。

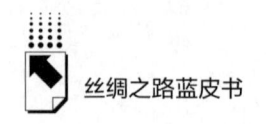

均衡、普惠的区域经济合作架构，增进资源和技术在世界范围内高效配置，既能满足中国扩大开放和深化改革的需要，也能促进经济要素有序自由流动、加强共建各国各地区经济合作和人文交流，增进人民福祉，是一项造福世界各国人民的伟大事业。

2020年4月，习近平总书记在陕西考察时作出重要指示，陕西"要深度融入共建'一带一路'大格局，加快形成面向中亚南亚西亚国家的通道、商贸物流枢纽、重要产业和人文交流基地，构筑内陆地区效率高、成本低、服务优的国际贸易通道"。一年以来，陕西省积极贯彻落实习近平总书记重要指示精神和国家总体工作部署，各政府部门围绕省委、省政府工作安排，立足职能、通力协作、攻坚克难，积极推动《陕西省推进"一带一路"建设2022年工作要点》中涉及的8大类共28项任务有序开展。

（一）战略定位及实施方案

陕西省2021年11月3日印发《陕西省"十四五"深度融入共建"一带一路"大格局、建设内陆开放高地规划》（以下简称《规划》），《规划》围绕共建"一带一路"总体要求，充分发挥陕西比较优势，以大通道、大产业、大物流为主要抓手，以大项目、大平台为核心载体，以数字化和科技创新为主要驱动力全面提升交通商贸物流、国际产能合作、科技教育、国际文化旅游、丝绸之路金融五大中心能级，加快形成面向中亚南亚西亚国家的通道、商贸物流枢纽、重要产业和人文交流基地，建设"一带一路"核心枢纽，打造内陆改革开放高地，助力构建陆海内外联动、东西双向互济的开放新格局。到2025年，内陆改革开放高地建设取得新突破，建成内陆地区效率高成本低服务优的国际贸易通道。

《规划》同时还要求在空间和功能上形成以西安都市圈为核心，陕北、陕南为两翼，新亚欧大陆桥"亚欧干线"、蒙俄—东盟"南北干线"、亚欧干线中巴"南亚支线"和亚欧干线地中海"西亚支线"为通道，交通商贸物流、国际产能合作、科技教育、国际文化旅游、丝绸之路金融为中心的"一核两翼四通道五中心多平台"全方位联动开放布局。实施探索建设西安

"一带一路"综合试验区、推动构筑亚欧陆海贸易大通道、高质量建设中欧班列西安集结中心、创新建设自由贸易试验区、高标准建设上海合作组织农业技术交流培训示范基地、加快建设西安临空经济示范区、打造"一带一路"大宗商品交易中心、着力建设西安丝路科创中心、推动建设"一带一路"文化贸易展示中心的开放合作九大工程。

（二）建设现状与建设成效

陕西贯彻第三次"一带一路"建设座谈会总体部署，落实国家"1+7"系列政策文件要求，积极承接国家试点，连续7年制定出台推进"一带一路"建设年度行动计划，印发实施《〈陕西省"十四五"深度融入共建"一带一路"大格局、建设内陆开放高地规划〉任务分工方案》，召开陕西省推进"一带一路"建设工作领导小组和中国（陕西）自贸试验区工作领导小组暨对外开放工作座谈会。陕西充分利用共建"一带一路"释放的战略红利，建机制、搭平台、抓落实，中欧班列（西安）、西安国际航空枢纽、"一带一路"国际商事法律服务示范区、上合农业技术交流培训示范基地、丝绸之路大学联盟、丝绸之路考古和文物保护交流合作等已成为新时代陕西全方位对外开放的新名片，五大中心建设取得显著成效，"一带一路"重要节点作用持续增强，极大提高了区域开放水平，有效拓展了对外开放领域，积极推动了制度型开放，构建了广泛的朋友圈，探索了促进共同发展的新路子，实现了与共建国家和地区的互利共赢。

二 2021~2022年陕西丝路经济带"五通"建设进展[①]

（一）交通商贸物流中心率先突破

亚欧陆海贸易大通道建设持续推进，开通了日韩过境货物测试专列，美

---

① 如无特殊说明，本报告数据均来自陕西省发展和改革委员会区域开放与对外合作处。

东线首创全球"大陆桥"海铁联运解决方案。高质量建设中欧班列西安集结中心，设立西安国际港站，融入全球铁路网络；推动省内各市融入中欧班列西安集结中心建设，布局集结型二级业务网点。成功在全国复制推广了自贸试验区8项创新经验，举办了农高会、丝博会、欧亚经济论坛等重大经贸活动平台。2021年全省对共建"一带一路"国家进出口810.2亿元，同比增长28.2%。

一是推动中欧班列（西安）高质量发展。积极应对国际形势变化，成立工作专班，设立专家智库，构建了省市协同、部门联动、企业主体的高效推进机制。密切跟踪俄乌局势演变，建立周调度机制，加强预研预判，形成研究报告和应对预案。及时采取购买战争险、开行跨两海（里海、黑海）等替代线路、加大俄罗斯线路组织力度等有效举措稳市场、稳预期，"一企一策"为比亚迪、冠捷等企业提供综合物流解决方案。全国首个陆路启运港退税试点落地见效，试点运行车边"抵港直装"监管模式，启用中欧班列长安号集拼中心。2021年全年中欧班列（西安）开行3841列，2022年上半年共开行1791列，运送货物151.9万吨，累计开行过万列，核心指标稳居全国前列。

二是持续提升中欧班列西安集结中心辐射能级。《中欧班列西安集结中心建设方案》中明确了集结中心建设目标和重点任务，梳理谋划重点项目45个，总投资2241.57亿元，中欧班列西安集结中心加快建设。"铁路进出境快速通关"模式正式启动，首发西部陆海新通道+中欧班列（西安）集结中心互联互通班列，开行中老铁路国际班列，国际干线和国内"+西欧"集结线路均增至16条。研究启动数字金融综合服务平台二期建设，截至2022年6月底，累计为43家企业提供资金47.2亿元。中远海运西安国际港丝路总部、山东港铁海国际物流园、中林木材产业区等项目加快建设。2022年1~6月，成功吸引20家外贸企业落户园区。

三是全速建设国际航空枢纽。持续稳步推进西安咸阳国际机场三期扩建工程，目前工程形象进度完成30.18%。稳妥推进国际客运航线恢复，截至2022年6月，已恢复首尔包机、里斯本直飞，以及塔什干、伊斯兰堡、布鲁塞尔、斯德哥尔摩分流国际客运航线。货运航线网络越织越密，新开通3条全货运航线，累计开通全货运航线41条，其中国际航线22条。多措并举提升货量，灵活开展西安至乌兰巴托、第比利斯、北京、深圳等国内外城市包机业务，有力保证空中物流通道畅通。2022年1~6月，累计完成货邮吞吐量9.1万吨，其中国际及地区累计完成货量2.5万吨。

（二）国际产能合作中心稳步推进

印发实施《陕西省外商投资项目核准和备案管理办法》《全面对接RCEP经贸新规则扎实推进高水平对外开放行动方案》。隆基股份马来西亚光伏产业合作区等重点园区加快建设，爱菊集团哈萨克斯坦农业合作园提质升级。西安市入选第三轮中欧区域政策合作中方案例地区。陕建安装集团参建的巴基斯坦卡拉奇K2/K3核电站工程两台机组全面建成投产，该项目是我国核电"走出去"的标志性项目。陕西化建承建的尼日利亚丹格特炼油及石化项目进入收尾阶段，该项目为世界最大的单体炼油项目。陕西路桥集团与乌兹别克斯坦企业组成的联合体中标撒马尔罕市政基础设施提升改造项目，合同金额8420万美元（折合人民币5.71亿元），该项目也是陕西交控集团成立以来的第一个海外市政项目。西安三星12英寸闪存芯片二期项目建成投产，半导体闪存芯片产能占全世界芯片产能的比重超过10%。2021年全省实际利用外资102.46亿美元，同比增长21.35%。2022年上半年我省对共建"一带一路"国家和地区进出口459.9亿元，同比增长26.9%，高于全国9.1个百分点。

（三）科技教育中心深化拓展

在线成功举办"第十一届APEC中小企业技术交流暨展览会"、组织举办发展中国家水土保持与旱作农业研修班。西北大学"中国—中亚人类与环境'一带一路'联合实验室"正式获批建设。向科技部推荐适宜在"一带一路"国家转移的可持续发展技术15项。举办了8期面向上合组织国家的援外培训，建成启用上合组织现代农业交流中心，上合组织

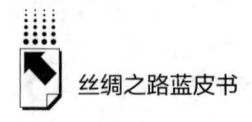

农业技术交流培训示范基地进入实质运行阶段，启动中乌现代农业科技示范园建设。

（四）国际文化旅游中心全面彰显

积极服务总体外交大局，配合外交部圆满完成"中国+中亚五国"外长第二次会晤活动保障工作，承办中国共产党与世界政党领导人峰会延安分会场、22国驻华使节团陕西行等重大外交活动。成功举办2021西安丝绸之路国际旅游博览会、第七届丝绸之路国际艺术节，支持和指导西安市打造"一带一路"中华优秀文化传承示范区、组建"丝绸之路国际旅游城市联盟"。在线成功举办世界城地组织亚太区旅游委员会文化旅游发展研讨会等重要会议，组织举办发展中国家水土保持与旱作农业研修班。线下推出《兵马俑与古代中国—秦汉文明的遗产》赴日本巡展、"丝路丹心——黄文弼与丝绸之路"特展，举办"搭上长安号感受西引力"国际友人走进国际港务区、孔子学院联盟成立大会等交流活动。持续扩大国际"朋友圈"，国际友城数量突破百对，遍布五大洲41个国家。

（五）丝绸之路金融中心加快建设

创新推出"中欧班列贷"、自贸港商票"运单融资"等产品，创新设立跨境人民币优质企业"白名单"。中欧班列长安号数字金融综合服务平台上线运营。"通丝路"成功接入CIPS标准收发器，成为西北地区首家部署CIPS标准收发器的电商平台。

三 2021~2022年陕西丝路经济带建设的困难与问题

我国当前正处于加速推进中华民族伟大复兴与百年未有之大变局相互影响的关键时期，内外环境都在发生深刻变化，同时受到国际经济与政治形势复杂变化和疫情蔓延影响，陕西推进"一带一路"建设也面临一些困难和问题。

（一）疫情与复杂国际形势迟滞丝路经贸人文交流

一是民族主义、孤立主义和贸易投资保护主义抬头，全球化和区域经济一体化遭遇挑战，对"一带一路"经济带建设造成了一定冲击。二是国际市场原材料价格上涨、运力不足、运费高位徘徊，部分国家政局动荡，安全风险上升，企业"走出去"不确定因素增多，海外经营风险加大，降低了企业投资意愿。三是人文交流活动受限。疫情致使国际交流活动大多由线下改为线上，甚至导致丝博会等重大交流平台延期举办，部分活动被迫取消。文物外展等人文交流领域部分项目暂时停滞，赴境外考古发掘和文物保护领域交流合作等工作暂时无法执行。

（二）传统与非传统风险叠加降低企业"走出去"意愿

共建"一带一路"国家和地区在国家制度、政治态势、政党类型等方面都不甚相同，其中大多属于发展中国家，经济发展基础薄弱，历史、文化存在巨大差异，国家冲突、党派冲突、民族冲突、宗教冲突不断，地区地缘博弈、零和竞争思维根深蒂固，经济问题政治化色彩较浓，肇始于2022年2月的俄乌冲突进一步放大了共建国家面临的传统风险，并将长期影响"一带一路"倡议的实施。同时共建国家大多存在社会治理体系不健全的问题，导致政权更迭时有发生，极端宗教势力、极端恐怖主义、民族分离主义、跨国犯罪等非传统安全风险不容忽视。两种风险叠加引起的风险共振效应进一步推高了基础设施建设与经贸合作成本，降低了项目商业营利性。随着陕西省"一带一路"合作项目大规模展开，如何规避两种风险已经成为政府和企业面临的紧迫问题。

（三）对外开放不足难以满足不断增大的对外交往需求

2020年4月，习近平总书记来陕视察时指出，"开放不足是制约陕西发展的突出短板"。"一带一路"建设推动了资源、产品、技术在共建丝绸之路国家和地区间的加速流动，也带来了政府、企业和人民之间的广泛接触和

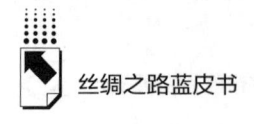

沟通交流，越来越多的陕西企业和人员等走出国门。陕西地处祖国内陆，与沿边沿海省市相比，外向型经济整体发展水平不高，企业国际化经营能力不足，省内企业国际化经营水平整体较低，缺乏境外投资经验和风险防控能力，对外承包工程模式仍以传统的分包项目和施工项目为主，总包项目、投建营项目少。虽然在省级层面已经建立了"一带一路"境外安全保障机制，省政府外事办公室也成立了领事处专门负责陕西海外人员和利益保护工作，但目前既没有成立专门的地方对外交往协会，也没有专门研究陕西地方对外交往的智库，在地方对外交往研究方面尚处于起步阶段，在推动企业国际化方面仍有欠缺。

（四）不断加大的环境保护力度威胁项目持续发展

中西亚区域处于欧亚板块交汇处，是气候及地质变化的敏感地带，既有高原山地，又有森林草原、荒漠沙漠等复杂地形，自然环境复杂。不少共建国家土壤贫瘠，土壤、大气及重金属污染、水资源短缺、土地沙化、生物多样性锐减等各类生态环境问题不断显现，严重影响地区可持续发展。从发展模式看，共建"一带一路"大部分地区经济水平比较落后，经济发展较为依赖水、油气、矿产资源的开采利用，进一步加大了生态环境脆弱性。因此，目前已有部分共建国家推行可持续发展战略，制定相关环保法律，加大资源环境保护力度。目前陕西省缺乏对相关共建国家环保现状、环保立法的研究，加上企业自身对环保重视不足，导致项目投资前期对环境风险评估不足，存在项目停工甚至取消风险，必须对此加以重视。

四 陕西丝路经济带建设的趋势分析及发展重点

（一）趋势分析

丝绸之路经济带建设9年以来，陕西不断抢抓发展机遇，发展新模式、新业态、新技术、新产品，创造新业绩，迈上新台阶，推动经济高质量发展,"十四五"时期国内外环境又为陕西丝绸之路经济带建设提供了新的发展机遇。

一是国际上各类贸易合作协定的签订有望促使"一带一路"成为区域经济和世界经济新的增长极。金融危机后各国为了摆脱经济复苏乏力的局面,都在不断谋求新的经济增长点,《区域全面经济伙伴关系协定》(RCEP)的成功签署与中欧投资协定的达成,对推动欧亚大陆自由贸易网络的互通和多边贸易规则的发展都将产生深远的影响,有望促使"一带一路"成为区域经济和世界经济新的增长极。

二是党的二十大的召开为推动共建"一带一路"高质量发展指明了方向。"推进高水平对外开放,稳步扩大规则、规制、管理、标准等制度型开放,加快建设贸易强国,推动共建'一带一路'高质量发展,维护多元稳定的国际经济格局和经贸关系。"经过多年的发展积淀,我国已取得一系列标志性成果,实行更加积极主动的开放战略,构建面向全球的高标准自由贸易区网络,共建"一带一路"已成为深受各国欢迎的国际公共产品和国际合作平台,我国已形成更大范围、更宽领域、更深层次的对外开放格局。目前,国家一系列重大战略、一整套调控政策、一揽子工作举措正在发力见效。"十四五"期间,我国将加快构建以国内大循环为主体、国内国际双循环相互促进的新发展格局,共建"一带一路"将与推动西部大开发形成新格局、黄河流域生态保护和高质量发展等重大战略互为支撑,西部地区与其他地区之间的流通循环将更加顺畅。

三是陕西的发展积累为深度融入共建"一带一路"筑牢了坚实的基础。陕西作为"一带一路"建设的重要节点,肩负着建设内陆改革开放高地和丝绸之路经济带重要通道、开发开放枢纽等重要任务。通过9年的发展积累,陕西外贸外资量质齐升,对外开放迈上新台阶,这一切都为深度融入共建"一带一路"筑牢了坚实的基础。而中国(陕西)自由贸易试验区、上海合作组织农业技术交流培训示范基地、中欧班列西安集结中心等一批重大工程的实施更加凸显了陕西在"一带一路"建设中的重要地位,陕西有能力、有条件成为国内大循环的重要支点,成为参与国际循环的关键节点。

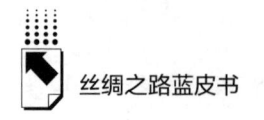

（二）陕西丝路经济带建设发展重点

1.提升交通商贸物流中心枢纽功能

加快建设综合交通枢纽。完善"米"字形高铁网，加快西安至安康、西安至十堰高铁建设进度，尽早开工建设安康至重庆高铁，对连霍、福银、京昆、包茂等高速公路进行扩能改造。持续推进西安国际航空枢纽建设，完成西安咸阳国际机场三期扩建工程，申请新增第五航权航线，提高与共建"一带一路"国家（地区）之间全面直航的比例，稳妥推进国际客货航班有序恢复，完善国内国际航线网络布局，将西安临空经济示范区打造成具有国际影响力的国家级临空经济示范区，增强汉中、延安、安康等支线机场的区域性枢纽功能，提高榆林航空口岸开放水平。建设数字丝绸之路，推动大数据、云计算、智慧城市建设，探索国家数字信息港建设。

高标准建设中欧班列西安集结中心。围绕"巩固稳定提升"，完善落实"1+N+X"政策体系，统筹港产港贸港城融合发展，加快建设西安陆港型国家物流枢纽。用好启运港退税试点政策，通过提升国际服务水平和作业效率，打造有示范效应的中欧班列西安集结中心。支持宝鸡等有条件的市（区）建设省内集结型二级业务网点，促进班列与省内各开发区、产业园区之间有效连接。加快多式联运基地项目建设，推动陆港空港协同联动，打造全国性公铁联运基地。优化海外仓等境外网点布局，加密跨境电商专列开行频次。支持西安国际港务区建设电商直播产业聚集区。

积极创建高水平开放平台。推动自贸区与国内外自贸区的交流与合作，加强多方协同开放。探索开展内陆地区自由贸易港试点。做实做强国际港务区、临空经济示范区、上合组织农业技术交流培训示范基地等特色平台，不断提高综合保税区、经济开发区、跨境电商综合试验区等园区平台能级，全面增强对外开放平台功能。争取丝绸之路经济带相关总部、分支机构落户西安。提升欧亚经济论坛、丝博会等平台影响力，办好"一带一路"陕西特色商品展览会等活动。发挥好杨凌综合保税区的作用，努力培育经济发展新动能，勇做农业领域改革开放"排头兵"。

2. 提升国际产能合作中心发展水平

推动国际间产业合作。以中欧国际合作产业园、中俄丝路创新园、中韩（陕西）产业园等国际合作园区为抓手，打造国际产能合作示范项目和优势产业集群。做好哈萨克斯坦爱菊粮油工业园、隆基马来西亚光伏产业合作区园区等境外重点项目跟踪管理工作，推进中国中亚农业合作中心、杨凌"一带一路"现代农业国际合作中心、西咸新区空港中日生命科技园、榆林陕煤集团中日国际合作材料产业园、汉中中日现代中医药产业园等园区建设。

推动优势产能高水平"走出去"。构建开放型现代产业体系，支持高端装备制造、输变电设备、汽车制造、电子信息、新材料等优势行业的龙头企业"走出去"，在共建"一带一路"国家和地区建设产业合作和基础设施项目，积极参与全球产业链供应链竞争合作。复制推广"陕鼓模式"，依托核心技术产品和系统解决方案扩展海外业务，以服务型制造赋能高质量发展。引导省内重点能源企业和哈萨克斯坦、蒙古等周边国家和地区开展油气、煤炭和能源化工产业合作。引导企业加强对国际贸易准则和行业规则研究，深入了解并有效运用零关税、原产地累积等规则，开拓自身发展空间。

3. 增强科技教育中心辐射带动作用

加强科技创新合作。加快建设秦创原创新驱动平台和西安高新区丝路科学城、西部科技创新港、杨凌农科城、榆林科创新城、宝鸡科技新城、汉中航空智慧新城等区域创新基地。完善"大科学装置+科研机构+服务平台"创新链，加快国家分子医学转化科学中心、国家超算（西安）中心、西北大学"中国—中亚人类与环境'一带一路'联合实验室"、阿秒光源等重大项目建设。聚焦装备制造、新材料等重点产业和关键领域重大技术需求，整合高校、科研院所和企业资源，搭建产业共性技术研发平台，联合开展技术攻关与人才培养。办好全球硬科技创新暨"一带一路"创新合作大会，切实推动"一带一路"科技创新行动计划落地。

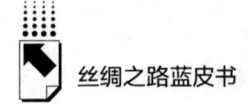

推动教育国际化发展。完善国际高层次人才"一站式"服务平台功能，为海内外高层次人才提供更加完备的出入境、海关、社保、医疗等服务。搭建"一带一路"语言服务和大数据平台，建立多语言呼叫中心，加强涉外服务人员培训。深化"一带一路"国家（地区）之间的教育交流与合作，办好丝绸之路教育合作交流会、丝绸之路国际产学研用合作会议等重大国际会议，支持丝绸之路大学联盟、"一带一路"职教联盟、丝绸之路农业教育科技创新联盟开展各种交流活动，探索实施"一带一路"招才引智计划，构建"一带一路"科技教育共同体。

4.提升国际文化旅游中心建设能级

精心打造文化旅游品牌。整合陕西传统文化和现代元素，传承创新具有悠久历史的老字号，完善"文化陕西"方阵。建设西安对外文化贸易基地、曲江新区文化出口基地，争取国家数字服务出口基地落地西安，支持西安打造"一带一路"中华优秀文化传承示范区。依托秦陵、黄帝陵等文化标志，黄河、秦岭等地理标志以及大熊猫、朱鹮等生物标志，谋划一批精品文化旅游线路，建立"丝绸之路国际旅游城市联盟"，打造世界级旅游目的地。

加强人文交流与合作。提升陕西省丝绸之路考古中心影响力，积极参加亚洲文化遗产保护行动，共建中亚丝绸之路考古合作研究中心。拓展媒体传播途径，构建全媒体传播体系，宣传推介非物质文化遗产项目和优秀艺术剧目，办好"一带一路"媒体合作论坛、丝绸之路国际电影节、丝绸之路国际艺术节、西安丝绸之路国际旅游博览会等重大活动。加强国际抗疫合作，提升中医药参与共建"一带一路"质量和水平。加快建设"一带一路"国际商事法律服务示范区，为"走出去"企业提供多元化商事法律服务。

5.加快丝绸之路金融中心创新发展

深化金融产品服务创新。完善陕西省金融服务云平台、"通丝路"平台和中欧班列（西安）数字金融综合服务平台功能。加快跨境人民币结算功能建设，建设陕西资本市场服务中心，指导金融机构为外贸企业提供高质量的金融产品和服务，支持企业在境外上市、发债、贷款，建立科技企业全生命周期金融生态链。全面推进西咸新区能源金融贸易区建设，加快建设丝路（西安）前海园、西安科创金融改革创新试验区、铜川丝路金融科技产业园等项目，争取国家金融外汇改革试点落地。办好中国金融四十人曲江论坛等活动。

加大金融要素集聚力度。吸引国际性金融机构在陕西设立区域总部、功能性总部和数据备份中心，鼓励地方金融机构与共建"一带一路"国家和地区金融机构开展合作，支持有实力的大型企业运用产业资本组建国际化民营银行。

国际合作篇
International Cooperation Reports

B.15
2022年中巴经济走廊发展报告[*]

李景峰[**]

摘　要： 在中巴两国领导人的战略擘画下，2021~2022年，中巴经济走廊不断进步，内涵不断丰富，进入充实、拓展新阶段。经济方面，瓜达尔东湾快速路建成通车、卡洛特水电项目全面投入商业运营、"华龙一号"巴基斯坦两台机组全面建成投产等一系列重大基础设施项目和能源项目的投入使用，极大地改善了巴基斯坦电力供应短缺的状况，为巴基斯坦下一阶段的工业化发展提供动力。民生方面，尽管遭遇新冠疫情，但中巴经济走廊项目坚持"不撤中方人员、不裁巴方人员"，为巴基斯坦提供了大量就业岗位，帮助巴基斯坦从疫情和洪灾中恢复。当得知巴基斯坦遭遇严重洪灾时，中国社会各界积极为巴基斯坦提供援助，显示中巴

---

[*] 本报告为国家社科基金规划一般项目"中巴经济走廊第二阶段的战略风险识别及应对策略研究"（项目批准号：21BGJ058）的阶段性成果。

[**] 李景峰，副研究员，四川省社会科学院四川与南亚合作发展创新团队负责人，研究方向为中巴关系、中巴经济走廊建设。

是同甘共苦的好兄弟、患难与共的真朋友。

关键词： 中巴经济走廊　海外投资　CPEC

巴基斯坦是中国推进"一带一路"建设，落实中国国家主席习近平提出的全球发展倡议的重要合作伙伴。2021~2022年，中巴经济走廊的各项工作不断推进，已经成为中巴开展互利共赢合作的重要平台，巴基斯坦总理夏巴兹·谢里夫2022年11月访华期间也再次强调，中巴经济走廊作为"一带一路"倡议的旗舰项目，为巴基斯坦经济社会发展做出重大贡献。①

一　2021~2022年中巴经济走廊建设总体进展

2021~2022年，在中巴两国领导人的关系下，中巴经济走廊为巴基斯坦经济发展和民生改善发挥了重要作用。

（一）中巴经济走廊的战略定位

中巴全天候战略伙伴关系独一无二，不会因为一时一事而动摇或改变。中巴经济走廊在早期收获阶段通过大量的能源项目、基础设施项目，帮助巴基斯坦基本解决了能源短缺问题，实现了巴基斯坦基础设施现代化，并将巴基斯坦的港口、市场和生产中心联系了起来。在中巴经济走廊建设即将迈入10周年之际，中国国家主席习近平在会见来访的巴基斯坦总理夏巴兹时表示中方愿同巴方深化发展战略对接，以更高效率推进中巴经济走廊建设，将其打造成"一带一路"高质量发展示范性工程。②

---

① 中华人民共和国外交部：《中华人民共和国和巴基斯坦伊斯兰共和国联合声明》，https：//www.fmprc.gov.cn/web/wjb_673085/zzjg_673183/yzs_673193/xwlb_673195/202211/t20221102_10799301.shtml，最后检索时间：2022年11月2日。

② 新华社：《习近平会见巴基斯坦总理夏巴兹》，《光明日报》2022年11月3日，第1版。

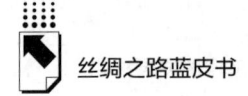

巴基斯坦高度重视中巴经济走廊建设，为更好地协调项目进展，巴基斯坦成立"中巴关系指导委员会"。并为中巴经济走廊建设出台了新的签证政策，方便潜在的投资者赴巴基斯坦。巴基斯坦还任命了总理经济走廊事务特别助理，通过了中巴经济走廊事务局法案。此外，巴基斯坦总理还经常到中巴经济走廊项目进行视察，听取中国企业家关于走廊建设的建议，召开高级别会议研究中巴产业园区建设。① 在中巴建交71周年之际，巴基斯坦总理夏巴兹在贺信中指出，巴基斯坦致力于加快中巴经济走廊在建项目的建设，希望开启更多的新合作项目，为中巴经济走廊注入更多力量。② 根据巴基斯坦《黎明报》报道，2022年11月巴基斯坦总理夏巴兹访问中国，加快中巴经济走廊建设成为行程重点。③

（二）建设现状与建设成效

中巴经济走廊是"一带一路"倡议的重要先行先试项目，在中巴双方共同努力下，中巴经济走廊不断进步，内涵不断丰富，进入充实、拓展新阶段。目前在中巴经济走廊框架下有5个风电项目已经完成，总发电能力达30万千瓦，1个光伏发电项目已经完成，发电能力为30万千瓦。④ 中巴经济走廊进入第二阶段后，绿色能源项目的比重不断上升，卡洛特水电项目已经投入商业运营，帕坦水电项目、苏基克纳里水电项目等总体进展顺利，并努力将绿色能源打造成为中巴经济走廊建设的新动力。中巴双方确定的中巴经济走廊70个早期收获项目中，截至2022年5月已经完成46个，总投资

---

① Asad Umar, "CPEC 2.0", The News, December 21, 2021, https://e.thenews.com.pk/karachi/21-12-2021/page19.
② 中华人民共和国驻巴基斯坦伊斯兰共和国大使馆：《巴基斯坦总理夏巴兹致贺中巴建交71周年》，http://pk.china-embassy.gov.cn/chn/zbgx/202205/t20220522_10690813.htm，最后检索时间：2022年5月21日。
③ Dawn, "'CPEC Revitalisation' in Focus as PM Shehbaz Reaches China on Maiden Visit", November 1, 2022, https://www.dawn.com/news/1718751.
④ 中华人民共和国驻巴基斯坦伊斯兰共和国大使馆：《驻巴基斯坦大使农融出席中巴经济走廊绿色发展高层对话会》，http://pk.china-embassy.gov.cn/zbgx/202208/t20220820_10747181.htm，最后检索时间：2022年8月20日。

额达 254 亿美元，中巴双方正在以"巴基斯坦速度"高质量建设中巴经济走廊。①

在中巴经济走廊建设的带动下，中巴合作呈现全方位发展态势。

一是瓜达尔港区运营良好。中巴经济走廊框架下中国援建的瓜达尔东湾快速路建成通车、瓜达尔职业技术培训中心已经移交巴基斯坦，瓜达尔新机场、瓜达尔医院等项目正在加紧推进。来自中国的建设者，不仅注重对于瓜达尔地区的商业开发，也注重民生工程、民心工程，支持当地教育、医疗、饮水、环保等方面的建设。截至 2022 年 6 月，瓜达尔已经建成了 3 个两万吨级泊位的多用途码头，后方堆场面积达 14 万平方米，瓜达尔自由区第一阶段也已有 46 家企业入驻，投资额超 30 亿元人民币，为当地民众提供了近 5000 个就业机会。②

二是农业合作稳步推进。农业合作是第二阶段中巴经济走廊建设的重点合作领域，在两国政府的共同推动下，中巴在农业育种、农业机械、农业技术等方面合作成果丰硕③，中方也鼓励中国相关企业赴巴基斯坦投资，尽快完成樱桃、马铃薯、辣椒等检验检疫进程。在巴基斯坦木尔坦附近坐落着中巴辣椒产业合作示范基地，这也是中巴首个农业产业合作项目，他们的目标是在巴基斯坦开发 30 万亩辣椒基地，并实现在巴基斯坦的辣椒深加工，以及向中国等国际市场出售，给巴基斯坦带来更多的经济和社会效益。④

三是高等教育合作深入。中巴经济走廊大学联盟丰富了两国高等教育合作机制，推动了中巴高等教育交流合作的深入，在此背景下，2022 年 3 月

---

① Nong Rong, "China and Pakistan Iron-clad Friendship is Rock-Solid", *Daily Times*, May 21, 2022, p. 4.
② 程是颉：《为瓜达尔港探索出一条可持续发展之路》，《人民日报》2022 年 6 月 12 日，第 3 版。
③ 程是颉：《中国技术帮助巴基斯坦农民增收》，《人民日报》2022 年 7 月 27 日，第 3 版。
④ 中华人民共和国驻巴基斯坦伊斯兰共和国大使馆：《总台记者探访中巴合作辣椒产业示范基地 农业产业合作正初见成效》，http://pk.china-embassy.gov.cn/chn/zbgx/202204/t20220419_ 10669527. htm，最后检索时间：2022 年 4 月 19 日。

21日中巴签署了《中华人民共和国教育部与巴基斯坦伊斯兰共和国高等教育委员会关于相互承认高等教育学历学位的协定》，协议也将进一步促进中巴两国在学术交流、人才培养、联合攻关等领域的互动。① 2021年10月1日，瓜达尔地区首个中巴经济走廊框架下的民生项目——瓜达尔职业技术学校竣工，预计每年培养超过1000名技术人才。②

四是协调机制更加健全。2021年10月11日，巴基斯坦时任总理伊姆兰召集内阁开会成立中巴产业合作协调机制，促进赴巴投资便利化，增强中国投资者对巴基斯坦的合作信心，解决中国投资者所面临的问题，确保中巴经济走廊框架下的产业合作早见实效。③

二 2021~2022年中巴经济走廊"五通"建设进展

2021~2022年，中国—巴基斯坦"五通"建设稳步推进，成效显著。双方政策沟通坦诚深入，确保了中巴经济走廊项目建设顺利平稳开展；设施联通硕果累累，大型项目相继建成并投入商业运营；中巴贸易也不受国际局势和巴基斯坦国内洪灾等因素的影响，逆势上涨，表现出极强的韧性；中国继续保持对巴基斯坦最大投资国的地位，并在巴基斯坦需要之时及时为巴基斯坦提供融资支持；当得知巴基斯坦遭遇严重洪灾，中国社会各界积极为巴基斯坦提供援助，显示了中巴是同甘共苦的好兄弟、患难与共的真朋友。

---

① 中华人民共和国驻巴基斯坦伊斯兰共和国大使馆：《中国与巴基斯坦签署高等教育学历学位互认协定》，http://pk.china-embassy.gov.cn/chn/zbgx/202203/t20220329_10657088.htm。
② 中华人民共和国驻巴基斯坦伊斯兰共和国大使馆：《驻巴基斯坦大使农融在援巴基斯坦瓜达尔职业技术学校竣工仪式发表视频致辞》，http://pk.china-embassy.gov.cn/chn/zbgx/202110/t20211002_9558455.htm，最后检索时间：2021年10月1日。
③ 中华人民共和国驻巴基斯坦伊斯兰共和国大使馆：《农融大使出席巴基斯坦总理伊姆兰召集的中巴产业合作协调机制会议》，http://pk.china-embassy.gov.cn/chn/zbgx/202110/t20211012_9543554.htm，最后检索时间：2021年10月11日。

（一）"政策沟通"进展情况

2021~2022 年，中巴双方高层沟通频繁深入、政策对话务实推进，双方围绕中巴关系、中巴经济走廊建设、阿富汗局势等双方关心的问题进行了密切沟通，进一步夯实了中巴关系，也为巴基斯坦经济现代化进程奠定了基础。

1. 高层沟通频繁深入

中巴两国、两军始终保持高层沟通密切的势头，共同引领中巴关系的发展。2021 年 10 月 26 日，中国国家主席习近平同巴基斯坦时任总理伊姆兰·汗通电话。2022 年 2 月，巴基斯坦时任总理伊姆兰·汗率领大批内阁成员访华，表达对中国举办北京冬奥会的坚定支持。其间，习近平主席会见伊姆兰·汗总理，李克强总理同伊姆兰·汗总理举行会晤。[1] 2022 年 9 月 16 日，中国国家主席习近平在乌兹别克斯坦会见巴基斯坦总理夏巴兹。夏巴兹感谢中方为巴基斯坦遭受洪灾地区提供的帮助，并表示巴方将坚定奉行一个中国政策，巴方也将全力保护好在巴基斯坦的中国公民和机构的安全，把中巴经济走廊打造成互利共赢合作典范。[2] 2022 年 11 月 1~2 日，巴基斯坦总理夏巴兹应邀访华，这也是夏巴兹总理就任后首次访华。访问期间，习近平主席会见夏巴兹总理。李克强总理同夏巴兹总理举行会谈，全国人大常委会委员长栗战书同夏巴兹总理举行会见。[3]

2022 年 5 月 16 日，中国国务院总理李克强应约与巴基斯坦总理夏巴兹通电话，就中巴关系和中方在巴人员安全问题与巴方进行了深入沟通。2022

---

[1] 中华人民共和国外交部：《中华人民共和国和巴基斯坦伊斯兰共和国联合声明》，https://www.mfa.gov.cn/web/zyxw/202202/t20220206_10639500.shtml，最后检索时间：2022 年 2 月 6 日。

[2] 中华人民共和国驻巴基斯坦伊斯兰共和国大使馆：《习近平会见巴基斯坦总理夏巴兹》，http://pk.china-embassy.gov.cn/zbgx/202209/t20220916_10767225.htm，最后检索时间：2022 年 9 月 16 日。

[3] 中华人民共和国外交部：《中华人民共和国和巴基斯坦伊斯兰共和国联合声明》，https://www.fmprc.gov.cn/web/wjb_673085/zzjg_673183/yzs_673193/xwlb_673195/202211/t20221102_10799301.shtml，最后检索时间：2022 年 11 月 2 日。

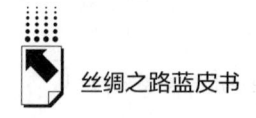

年中国国务委员兼外长王毅还与巴基斯坦外长分别在安徽屯溪、伊斯兰堡、广州、纽约、北京举行了会谈,双方认为,中巴经济走廊有力提升了巴基斯坦基础设施建设水平,双方将继续坚定推动中巴经济走廊安全、顺利、高质量建设。① 此外,2022年3月11日,首批6架歼10-C战机正式入列巴基斯坦空军,推动了巴基斯坦实现军事装备的跨越式发展。②

巴基斯坦领导人对中巴经济走廊项目均高度重视。2022年4月17日,刚刚上任的巴基斯坦总理夏巴兹就到中国企业承建的巴沙大坝现场进行视察,这也是夏巴兹就任巴基斯坦总理后视察的首个大型基建项目。5月25日和6月3日,夏巴兹又分别视察了卡洛特水电项目、瓜达尔东湾快速路项目,并对中方的援助和中国建设者的辛勤付出表示感谢。③ 此外,夏巴兹还在6月15日视察了中巴经济走廊框架下首个产业园区项目——拉沙卡伊特别经济区,表示中国企业的投资将为包括巴基斯坦在内的地区发展带来新篇章。④

得知巴基斯坦发生严重洪涝灾害,中国国家主席习近平2022年8月29日向巴基斯坦总统阿尔维致慰问电,李克强总理也向巴基斯坦夏巴兹总理发去慰问电,根据中国领导人的安排,中方第一时间作出援助承诺,宣布向巴基斯坦提供2.5万顶帐篷在内的1亿元人民币紧急人道主义援助,后追加援助至4亿元人民币;第一时间与巴方商讨落实,使中方救援物资在一周内就运抵巴基斯坦灾区投入使用;第一时间出动军机运-20运送巴基斯坦急需物资。⑤ 事实上,中国驻巴基斯坦大使馆自2022年7月就开始为巴基斯坦受

---

① 中华人民共和国外交部:《中国和巴基斯坦联合声明》,https://www.mfa.gov.cn/web/ziliao_674904/1179_674909/202205/t20220522_10690891.shtml,最后检索时间:2022年5月22日。
② Nong Rong, "China and Pakistan Iron-clad Friendship is Rock-solid", *Daily Times*, May 21, 2022, p. 4.
③ 程是颉:《为瓜达尔港探索出一条可持续发展之路》,《人民日报》2022年6月12日,第3版。
④ 中华人民共和国驻巴基斯坦伊斯兰共和国大使馆:《巴基斯坦总理夏巴兹·谢里夫视察拉沙卡伊特别经济区》,http://pk.china-embassy.gov.cn/chn/zbgx/202206/t20220616_10704509.htm,最后检索时间:2022年6月16日。
⑤ 农融:《风雨考验,方显情义本色(大使随笔)》,《人民日报》2022年9月13日,第13版。

季风影响的民众提供救灾物资，例如7月20日受中国驻巴基斯坦大使馆委托，中国之友论坛为俾路支省吉拉赛义富拉地区受灾民众发放中国援助的救灾物资。① 此外，为协助巴基斯坦抗击洪水，中国驻巴基斯坦大使农融于2022年9月11日亲赴巴基斯坦俾路支省布格蒂部落区向当地受灾群众发放中方援助的救灾物资，并带去了中国企业考察团，希望能从农业、矿产开发等产业层面帮助灾区恢复重建。

2. 政策对话务实推进

中巴经济走廊框架下的工作组有条不紊地对接。2021年12月8日，中巴经济走廊联委会经贸科技委员会召开第15次会议，并签署了《关于在中国—巴基斯坦经贸科技联委会框架内建立新疆与巴基斯坦经贸合作工作组的谅解备忘录》和《商务领域扶贫合作谅解备忘录》。② 2021年12月16日，以"深化中巴科技创新合作，服务中巴经济走廊建设"为主题的第二届中国—巴基斯坦技术转移对接会开幕，来自中巴双方60余家机构的150余名代表参加了会议。③ 科技创新是中巴经济走廊高质量发展的支撑，2022年4月20日，中巴经济走廊联委会科技工作组第二次会议召开，中方表示愿意与巴方一起开展务实合作，将中巴经济走廊打造成"一带一路"高质量发展的示范工程。④ 2022年6月1日，中巴经济走廊交通基础设施工作组召开第9次会议，双方就中巴"两大"公路和"橙线"轨道等已建成项目遗留

---

① 中华人民共和国驻巴基斯坦伊斯兰共和国大使馆：《新华社报道：中国向巴基斯坦西南部受灾民众捐赠救灾物资》，http：//pk.china-embassy.gov.cn/chn/zbgx/202207/t20220726_10728365.htm，最后检索时间：2022年7月26日。
② 中华人民共和国商务部：《中国—巴基斯坦经贸科技联委会第15次会议成功召开》，http：//www.mofcom.gov.cn/article/zwjg/zwxw/zwxwyz/202112/20211203226279.shtml，最后检索时间：2021年12月8日。
③ 中华人民共和国科学技术部：《第二届中国—巴基斯坦技术转移对接会成功举办》，https：//www.most.gov.cn/kjbgz/202112/t20211222_178688.html，最后检索时间：2021年12月22日。
④ 中华人民共和国科学技术部：《中巴经济走廊联委会科技联合工作组第二次会议成功举办》，https：//www.most.gov.cn/kjbgz/202204/t20220426_180345.html，最后检索时间：2022年4月26日。

问题坦诚交换了意见。①

中巴双方均组织了多场大学、政府机构、智库、民间组织参加的研讨座谈会,就中巴经济走廊所取得的成就,面临的机遇与挑战等前沿问题,进行了深入探讨(见表1)。

表1 2021年10月~2022年9月中巴经济走廊相关研讨座谈

时间	会议名称	主办单位
2022年9月8日	第二届"中巴智库论坛"	中国现代国际关系研究院、巴基斯坦伊斯兰堡战略研究所
2022年8月29日	喜迎中国二十大研讨会	巴基斯坦"丝路之友俱乐部"
2022年8月18日	"中巴经济走廊绿色发展高层对话会"	巴基斯坦可持续发展政策研究所
2022年8月2日	"全球发展与治理"中国—巴基斯坦智库对话会	当代中国与世界研究院、巴基斯坦巴中学会、中国互联网新闻中心
2022年6月15日	"瓜达尔港—最新进展和共同繁荣愿景"研讨会	巴基斯坦和平外交研究所
2022年6月2日	第七届中巴经济走廊媒体论坛	中国驻巴基斯坦大使馆主办、中国经济网和巴中学会承办
2022年1月5日	《2021全巴中资企业协会可持续发展报告》发布仪式	全巴中资企业协会
2022年1月3日	中巴商业投资论坛	全巴中资企业协会、巴联邦投资委员会
2021年12月14日	"马格拉对话论坛"外交官分论坛	巴基斯坦政府发起、伊斯兰堡政策研究所承办
2021年12月9日	中国巴基斯坦友好省市合作论坛	中国人民对外友好协会、巴基斯坦驻华使馆
2021年12月8日	"经济对话"研讨会	巴基斯坦商业协会
2021年11月19日	中国企业家投资促进反馈会	时任巴基斯坦总理伊姆兰·汗组织召开
2021年11月18日	中巴经济走廊:互联互通和经济发展的枢纽	巴基斯坦亚洲生态文明与发展研究所

① 中华人民共和国交通运输部:《中巴经济走廊交通基础设施工作组召开视频会议 推动走廊交通互联互通高质量发展》,https://www.mot.gov.cn/buzhangwangye/fengcaijijin/202206/t20220602_3658034.html,最后检索时间:2022年6月1日。

续表

时间	会议名称	主办单位
2021年11月15日	中巴经济走廊的机遇，对中国投资者的便利和中国企业家的经验	中巴经济走廊事务局
2021年10月26日	中华人民共和国恢复联合国合法席位50周年研讨会	中国驻巴基斯坦使馆、巴基斯坦全球战略研究中心
2021年10月23日	南亚论坛·2021中巴合作国际会议	四川大学

资料来源：根据中国驻巴基斯坦大使馆资料整理。

（二）"设施联通"进展情况

巴基斯坦一直面临能源短缺的挑战，尽管其北部地区水资源丰富，但由于复杂的自然环境，水电资源开发一直进展缓慢。随着中巴经济走廊项目的深入实施，2021~2022年，中巴经济走廊框架下的清洁能源基础设施合作也在继续深入推进，这对于改善巴基斯坦电力结构、缓解巴基斯坦能源短缺发挥着重要作用。首先，中巴经济走廊优先实施的重点项目之一——苏吉吉纳里水电站项目于2022年9月10日实现了引水渠顺利贯通，为电站投产奠定了基础，据悉该项目建成后，可为巴基斯坦每年提供32.12亿千瓦时的清洁电能。[1] 其次，经过中巴两国建设者7年的建设，2022年6月29日，总装机容量达72万千瓦的巴基斯坦卡洛特水电项目全面投入商业运营，该项目是中巴经济走廊首个水电投资项目，每年可为巴基斯坦提供32亿千瓦时的清洁电能，满足当地约500万人的用电需求。[2]

中巴经济走廊框架下的核电合作迎来硕果。2022年4月18日，全球第四台、海外第二台"华龙一号"在巴基斯坦卡拉奇投入商业运营。据悉，项目施工的高峰期，有3万名建设者奋战在工地。施工期间，巴基斯坦派遣

---

[1] 姜江、蒋超：《中国在上合组织多个合作领域发挥了重要作用——访巴基斯坦总理夏巴兹·谢里夫》，《光明日报》2022年9月17日，第8版。

[2] 程是颉：《中巴经济走廊首个水电投资项目全面投入商运》，《人民日报》2022年7月3日，第3版。

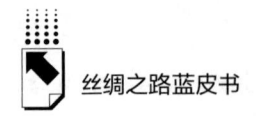

了7批人员赴中国学习核电技术，该项目为巴基斯坦培养了一大批核电产业工人。①

电力联通方面，2021年9月，中巴经济走廊"优先实施"项目清单下的输电项目——默拉直流输电项目投入商业运营。1年来，默拉直流输电项目运行平稳，解决了巴基斯坦930万户家庭的用电问题，降低了沿线公司使用柴油发电的频率，不断助力巴基斯坦电力系统骨干电网升级。②

道路基础设施联通方面，根据《中巴公路技术合作五年行动计划（2018—2022年）》安排，在中巴双方相关部门的指导和支持下，2021年度巴基斯坦公路技术培训班于2021年12月7日开班，通过培训，提升了巴基斯坦公路领域高级管理人员和技术人员、中国建筑集团等机构的巴基斯坦工程师整体水平，促进了中巴经济走廊项目框架下中巴在基础设施建设标准、流程的融合，提升了中巴两国交通领域的高质量发展。③ 2022年6月28日，中国交通运输部部长李小鹏就推动中巴交通运输合作与巴基斯坦驻华大使哈克举行了会谈，会后哈克代表巴基斯坦总统授予李小鹏"巴基斯坦卓越新月勋章"。④

（三）"贸易畅通"进展情况

尽管遭遇一系列挑战，但中巴贸易稳步提升，显示了中巴经贸关系的韧性。巴基斯坦国家银行2022年8月发布的统计数据显示，2021~2022

---

① 中华人民共和国驻巴基斯坦伊斯兰共和国大使馆：《"华龙一号"海外首个工程两台机组全面建成投产》，http://pk.china‑embassy.gov.cn/chn/zbgx/202204/t20220419_10669542.htm，最后检索时间：2022年4月19日。

② 姜江、王欢、唐斌辉：《中国助力巴基斯坦高效稳定供电》，新华社，http://www.news.cn/power/2022‑06/06/c_1211653967.htm，最后检索时间：2022年6月6日。

③ 中华人民共和国交通运输部：《2021年度巴基斯坦公路技术培训班线上开班 携手推动中巴两国公路交通发展和进步》，https://www.mot.gov.cn/jiaoton gyaowen/202112/t20211207_3630121.html，最后检索时间：2021年12月7日。

④ 中华人民共和国交通运输部：《李小鹏会见巴基斯坦驻华大使哈克》，https://www.mot.gov.cn/buzhangwangye/lixiaopeng/zhongyaohuodonghejianghua/202206/t2022 0629_3660229.html，最后检索时间：2022年6月29日。

财年（2021年7月~2022年6月）中国超越英国成为巴基斯坦第二大出口国，出口额为27.8148亿美元，与2020~2021财年20.43887亿美元相比，同比增长36.08%。以单月数据看，2022年7月，巴基斯坦出口前3位的国家分别是美国、中国和英国，出口额分别为4.99亿美元、1.74亿美元和1.60亿美元，与2021年7月相比分别增长-0.8%、5.5%和-11.12%，① 也就是说中国是2022年7月巴基斯坦出口额前3国家中唯一同比正增长的国家。

首先，中巴贸易框架更加完善。2021年11月，中巴两国签署《中华人民共和国文化和旅游部与巴基斯坦伊斯兰共和国省际协调部关于促进旅游交流与合作的谅解备忘录》，并决定在2023年庆祝"中巴旅游年"，推动两国旅游机构和企业之间的合作。2021年11月23日，中巴两国在巴基斯坦签署《巴基斯坦洋葱输华检验检疫要求议定书》，标志着巴基斯坦洋葱已经获得中国的市场准入。中国驻巴基斯坦大使农融表示，洋葱议定书的签署为中巴两国农业合作开了好头，未来中国愿与巴基斯坦共同推动樱桃、土豆、辣椒等巴基斯坦农产品检验检疫程序，促进中巴农业稳步推进。② 此外，中巴农业对口部门也及时沟通，如2022年8月16日中国食品土畜进出口商会和巴基斯坦食品安全与研究部共同主办中巴农业合作交流会，会上中方介绍了中国农机发展现状及和巴基斯坦农机合作思路，共有80多家贸易和实体企业参加。③

其次，中巴农产品贸易初见成效。从中巴农业贸易额看，双边农产品贸易额由2019年的8.23亿美元增长至2021年的13.1亿美元，增长了

---

① Core Statistics Department, "Export Receipts by Selectes Countries/Regions", *State Bank of Pakistan*, Aug 23, 2022.

② 中华人民共和国驻巴基斯坦伊斯兰共和国大使馆：《农融大使与巴粮食安全与研究部长伊玛姆在伊斯兰堡签署〈巴基斯坦洋葱输华检验检疫要求议定书〉》，http://pk.china-embassy.gov.cn/chn/zbgx/202111/t20211124_10452498.htm，最后检索时间：2021年11月23日。

③ 中华人民共和国商务部：《谢国祥经商公参出席中国—巴基斯坦农业合作交流会》，http://www.mofcom.gov.cn/article/zwjg/zwxw/zwxwyz/202208/20220803342080.shtml，最后检索时间：2022年8月18日。

59.17%。2022年上半年,中巴农产品贸易额就达到创纪录的7.66亿美元,其中巴基斯坦对中国出口达6.1亿美元、同比增长30.85%。① 从具体业务看,中巴双方农牧产业合作势头迅猛,如2022年9月4日,在中国国际服务贸易交易会期间,中国皇氏集团和巴基斯坦JW控股本着加强两国水牛业务合作的精神,签署了谅解备忘录(MoU)。根据谅解备忘录,两家公司将共同投资1亿美元,推动巴基斯坦水牛养殖产业、水牛奶制品及肉制品加工产业发展,建设一批现代化的大型水牛无病牧场、乳品加工厂和屠宰场,共同推动将巴基斯坦生产的水牛奶和肉制品销往东盟国家和中东地区。同时,皇氏集团还计划将巴基斯坦优质种质引进中国,促进中国乳业的发展和升级。② 9月20日,中巴举行中巴经济走廊农业联合工作组第三次会议,经审议,会议最终将皇氏集团中巴无疫牧场及育种项目和四川丽通食品公司项目列入首批中巴经济走廊的农业项目。9月21日,中国海关总署发布公告,明确根据《中华人民共和国海关总署与巴基斯坦伊斯兰共和国国家粮食安全与研究部关于中华人民共和国从巴基斯坦伊斯兰共和国输入水牛胚胎的检疫和卫生条件议定书》规定,允许进口符合相关要求的巴基斯坦水牛胚胎,③ 这也标志着中巴已经打通了奶水牛胚胎交易的进口通道。

最后,汽车类贸易逐步成势。从乘用车市场看,2021年10月,中国长城汽车以巴基斯坦汽车新政为契机,以整车出口的模式将第三代哈弗H6、哈弗Jolion推向巴基斯坦,并在巴基斯坦用户中留下了良好口碑。2022年9月1日,长城汽车巴基斯坦KD工厂正式投产,其生产的第三代哈弗H6也

---

① 中华人民共和国商务部:《谢国祥经商公参出席中国—巴基斯坦农业合作交流会》,http://www.mofcom.gov.cn/article/zwjg/zwxw/zwxwyz/202208/20220803342080.shtml,最后检索时间:2022年8月18日。

② Associated Press of Pakistan, "CIFTIS: MoU Signed to Enhance Pak-China Cooperation in Buffalo Business", 4 Sep 2022, https://www.app.com.pk/global/ciftis-mou-signed-to-enhance-pak-china-cooperation-in-buffalo-business/.

③ 中华人民共和国海关总署:《海关总署公告2022年第89号(关于进口巴基斯坦水牛胚胎检疫卫生要求的公告)》(公告〔2022〕89号),2022年9月21日。

正式下线，这也是长城汽车进入南亚的一个重要里程碑。① 从新能源汽车领域看，由于巴基斯坦许多城市的公交线路短而且固定，非常适合新能源交通基础设施的部署，中国企业生产的新能源汽车、摩托车也成为近年来中巴贸易的一个新亮点。2022年1月，卡拉奇绿线公交开通运营，全部采用中国中通新能源汽车装备有限公司提供的客车。2022年5月，100多辆中国金龙联合汽车工业（苏州）有限公司生产的客车在巴基斯坦交付。2022年6月，中国嘉陵集团与巴基斯坦古曼集团签订协议，推动新能源摩托车项目在巴基斯坦落地。②

（四）"资金融通"进展情况

2021~2022年中巴经济走廊建设在资金融通领域取得了突破性进展，2022年11月2日，中国人民银行与巴基斯坦国家银行共同签署了在巴基斯坦建立人民币清算安排的合作备忘录③。这不仅有助于中巴两国企业和金融机构使用人民币进行跨境交易，也有助于促进双边贸易、投资等领域的合作便利化。

作为巴基斯坦的铁哥们，中国在巴基斯坦遭遇国际收支危机时及时为巴基斯坦提供了帮助，④ 但与IMF为巴基斯坦提供的支持不同，中国为巴基斯坦提供的融资支持不仅利率低，最重要的是不附加任何条件。2022年初，受俄乌冲突导致国际原油价格、食品价格高企，巴基斯坦进口费用飙升至不可持续的状态，而出口也因经济衰退的原因一直无法有效的支撑巴基斯坦的外汇储备（截至2022年6月10日，巴基斯坦外汇储备仅剩89

---

① GWM News, "GWM Pakistan KD Plant Officially Put into Production", Sep 5, 2022, https://www.gwm-global.com/news/3402279.html.
② 程是颉：《中企助力巴基斯坦新能源交通》，《人民日报》2022年8月11日，第3版。
③ 中国人民银行：《中国人民银行与巴基斯坦国家银行签署在巴基斯坦建立人民币清算安排的合作备忘录》，http://www.pbc.gov.cn/goutongjiaoliu/113456/113469/4700189/index.html，最后检索时间：2022年11月2日。
④ The Friday Times, "Pakistani Debt To China Is Greater Than Debt To IMF", September 3, 2022, https://www.thefridaytimes.com/2022/09/03/pakistani-debt-to-china-is-greater-than-debt-to-imf/.

亿美元)①，这不仅导致巴基斯坦外汇储备减少，也导致巴基斯坦卢比大幅贬值。2022年5月，外交关系委员会（CFR）的统计数据显示巴基斯坦外债占GDP的42%，短期债务和经常账户占巴基斯坦总收入的107%，政府债务占GDP的68%，政治不稳定指数为-1.9，信用违约掉期利差为824个基点。困难时刻，巴基斯坦说"紧急时刻，中国会伸出援手"②。文章发表22天后，巴基斯坦与中国银团签署了一项150亿元人民币的商业贷款协议，巴基斯坦时任财政部部长伊斯梅尔在推特上再次对中国表示感谢。受此消息影响，巴基斯坦卢比兑美元上涨2.7%，一度达到206∶1，为11个月以来的最大涨幅。③

为了促进中巴之间的资金融通，中巴双方还及时进行坦诚深入沟通。2021年12月21日，巴基斯坦投资委员会举办中巴经济走廊产业合作投资会议，中国驻巴基斯坦大使农融、巴基斯坦投资委员会主席阿桑、巴基斯坦总理走廊事务特别助理曼苏尔、巴基斯坦驻华大使哈克等出席了会议。④2022年1月3日，全巴中资协会和巴基斯坦联邦投资委员会共同主办了中巴商业投资论坛，巴基斯坦时任总理伊姆兰·汗、中国驻巴基斯坦大使农融出席并致辞。

（五）"民心相通"进展情况

2022年巴基斯坦洪灾暴发后，中国对巴基斯坦的援助不仅是两国中央政府间的，也是全社会和全方位的，体现了中国和巴基斯坦长期以来的守望

---

① Editorial, "Debt deferment", *Dawn*, September 26, 2022, https://www.dawn.com/news/1711927/debt-deferment.
② Afshan Subohi, "Hoping for a Chinese rescue", *Dawn*, May 30, 2022, https://www.dawn.com/news/1692100/hoping-for-a-chinese-rescue.
③ Khaleeq Kiani, "＄2.3bn Chinese loan expected 'within couple of days', says Miftah", *Dawn*, June 23, 2022, https://www.dawn.com/news/1696252/23bn-chinese-loan-expected-within-couple-of-days-says-miftah.
④ 中华人民共和国驻巴基斯坦伊斯兰共和国大使馆：《农融大使出席中巴经济走廊-产业合作B2B投资会议开幕式》，http://pk.china-embassy.gov.cn/chn/zbgx/202112/t20211222_10474412.htm，最后检索时间：2021年12月22日。

相助、患难与共的精神，是中巴民心相通的基础和缩影，也是"一带一路"高质量建设、促进民心相通的最佳实践之一。

中国有超过12个省市向巴基斯坦提供援助。2022年8月30日中国红十字会向巴基斯坦红新月会提供了30万美元的紧急现汇援助。① 作为巴基斯坦的近邻，中国新疆维吾尔自治区克服疫情，通过红旗拉甫口岸向巴基斯坦吉尔吉特—巴尔蒂斯坦地区捐赠棉衣、棉被、帐篷等越冬物资，向巴基斯坦当地民众送去洋葱、番茄等生活必需品。中国天津则在最短的时间内筹集到巴基斯坦急需的帐篷、照明灯、食品等大量物资和现汇，支援巴基斯坦。②

在巴基斯坦的中资企业和个人也积极捐款捐物，全巴中资企业协会向巴总理赈灾基金捐献了1500万卢比，③ 中国土木工程集团、中国建筑巴基斯坦PKM项目部等中国在巴工程公司积极帮助巴基斯坦修复被洪水损坏的桥梁，中国在巴开展杂交水稻合作的公司计划为巴基斯坦灾民捐赠水稻种子……这些感人的故事举不胜举。④

为了让更多的巴基斯坦年轻人了解中巴友谊、了解中国历史文化，2021~2022年，中巴举办了"庆祝中巴建交70周年中巴学生美术作品展"，中国在巴基斯坦拉瓦尔品第农业大学设立"了解中国"奖学金培训项目，尤其是巴基斯坦千禧孔子课堂和佩特罗中学孔子课堂的苏哈和谢锐两位同学还荣获了2021年宋庆龄基金会颁发的"文化小大使"称号。这些活动和项目拉近了中巴年轻一代的友好感情，增进了两国青少年的人文交流。

---

① 中华人民共和国驻巴基斯坦伊斯兰共和国大使馆：《我馆举行援巴基斯坦红新月会30万美元交接仪式》，http://pk.china-embassy.gov.cn/zbgx/202209/t20220901_10758896.htm，最后检索时间：2022年9月1日。
② 中华人民共和国驻巴基斯坦伊斯兰共和国大使馆：《央地协同，雪中送炭——外交部亚洲司司长刘劲松在天津市援助巴基斯坦友好省市救灾物资启运仪式上的讲话》，http://pk.china-embassy.gov.cn/zbgx/202209/t20220916_10766762.htm，最后检索时间：2022年9月16日。
③ 中华人民共和国驻巴基斯坦伊斯兰共和国大使馆：《农融大使出席援巴基斯坦洪灾紧急人道主义物资——3000顶帐篷交接仪式》，http://pk.china-embassy.gov.cn/zbgx/202209/t20220901_10758889.htm，最后检索时间：2022年9月1日。
④ 农融：《风雨考验，方显情义本色（大使随笔）》，《人民日报》2022年9月13日，第13版。

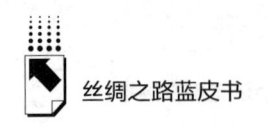

三 2021~2022年中巴经济走廊建设的困难与问题

2021~2022年,中巴经济走廊建设尽管顺利开展,但中国在巴基斯坦人员和资产安全问题仍然是中巴双方领导人重点关注的问题之一,而且由于巴基斯坦政府和巴基斯坦塔利班和平谈判并不顺利,巴基斯坦的安全问题仍然是一个需要高度关注的风险点。此外,受2022年6月以来罕见洪灾影响,巴基斯坦出口乏力、卢比汇率贬值,债务问题成为影响巴基斯坦宏观经济问题的一大挑战,对此中方也需保持关注。

(一)中方人员安全问题

2022年4月26日巴基斯坦卡拉奇大学孔子学院班车在校内遭遇自杀式恐怖袭击,造成3名中方教师遇难。事情发生后,巴基斯坦总统、总理、议长,以及各党派领导人和社会各界人士一致谴责此次恐袭。巴基斯坦总理夏巴兹第一时间到中国驻巴基斯坦大使馆吊唁,并致信中国领导人表示慰问。

尽管巴基斯坦已经多次表态将把在巴基斯坦的中方人员的安保程度提升至前所未有的程度,但由于巴基斯坦国内恐袭事件仍时有发生,中方在巴基斯坦的人员仍需高度警惕相关的风险,尤其是需要关注在阿富汗的巴基斯坦塔利班正在回流巴基斯坦及其对中国人员的威胁。2022年9月13日,巴基斯坦斯瓦特发生遥控炸弹爆炸事件,造成包括1名当地和平委员会成员在内的5人丧生,巴基斯坦塔利班声称对此次袭击事件负责。[1] 由于2022年1~9月巴基斯坦部落地区已经发生了254起定点杀戮的行为,[2] 因此该事件也成

---

[1] Sirajuddin, "Swat Blast Claims Five lives, Including Peace Committee Member: Police", *Dawn*, September 13, 2022, https://www.dawn.com/news/1709915/swat-blast-claims-five-lives-including-peace-committee-member-police.

[2] Bureau Report, "Opposition Flays KP Govt's 'Poor' Response to Rising Militancy, Extortion Cases", *Dawn*, September 13, 2022, https://www.dawn.com/news/1709787/opposition-flays-kp-govts-poor-response-to-rising-militancy-extortion-cases.

为巴基斯坦开普省、吉尔吉特—巴尔蒂斯坦等地区出现民众抗议活动的导火索,部落民担心巴基斯坦塔利班卷土重来。[1]

(二)洪灾对巴基斯坦的冲击

2022年6月以来,巴基斯坦遭遇严重洪涝灾害,洪水规模之大,造成损失之重,影响范围之远,均为近年罕见。洪灾共造成巴基斯坦154个地区中有116个遭受洪灾[2],超过1500人死亡,3300万人受洪灾影响,其中640万人急需人道主义援助,这些人中42.1万人已经被迫离开了家园。[3]

2020年发生的新冠疫情提醒人们非传统安全问题的突然性。新冠疫情限制了流动性,扰乱了巴基斯坦的经济,使巴基斯坦每个人都面临更高的风险和不确定性。2022年6月以来巴基斯坦爆发的洪灾与之类似,洪水加剧了巴基斯坦现有的结构性缺陷,尤其是对于穷人和弱势群体的影响更大。对于大的土地拥有者而言,他们尽管在此次洪灾中损失惨重"回到了50年前",但他们可以等待洪水退去重新恢复生产,而对于巴基斯坦成千上万的农产雇工来说生活会更加艰辛。[4] 根据联合国2022年9月8日发布的《人类发展指数》,巴基斯坦在191个国家中排名已经下降至第161位。[5]

洪灾造成巴基斯坦医疗系统承压。根据世界卫生组织发布的报告,2022年的洪水已经造成巴基斯坦888个健康医疗点被损毁,在水和卫生设施遭到破坏的救灾营地,急性水样腹泻、登革热、疟疾、脊髓灰质炎和Covid-19

---

[1] Editorial, "Militancy Fears", *Dawn*, September 6, 2022, https://www.dawn.com/news/1708702/militancy-fears.
[2] Ali Tauqeer Sheikh, "Victims of Climate Change rr Bad Governance?", *Dawn*, September 4, 2022, https://www.dawn.com/news/1708344/victims-of-climate-change-or-bad-governance.
[3] Ahmad Ali Gul, "A Flawed Approach", *Dawn*, September 17, 2022, https://www.dawn.com/news/1710546/a-flawed-approach.
[4] AFP, "'We've Gone Back 50 Years': Farmers Count Damage from Devastating Floods", *Dawn*, September 3, 2022, https://www.dawn.com/news/1708207/weve-gone-back-50-years-farmers-count-damage-from-devastating-floods.
[5] Pedro Conceicao, "UNDP Human Development Report 2021/2022", p. 274, p. 279.

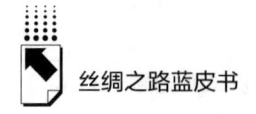

呈现暴发态势。① 例如，巴基斯坦卡拉奇仅在9月前两周就报告了1066例登革热病例，② 其中巴基斯坦著名社会活动家、Iqra大学的创始校长Hunaid Lakhani在参加救灾活动中不幸感染登革热在卡拉奇去世。③

洪灾造成巴基斯坦经济形势严峻。首先，外债压力增加。截至2022年9月21日，巴基斯坦外汇储备约为86亿美元，尽管国际货币基金已经在8月底为巴基斯坦注资11.2亿美元，但目前巴基斯坦的外汇储备仍然仅能维持巴基斯坦几周的进口。④ 其次，通货膨胀严重。根据巴基斯坦政府9月1日发布的数据，2022年8月巴基斯坦消费者物价指数同比上涨27.3%，为巴基斯坦近40年来的最高通胀率。⑤ 根据巴基斯坦统计局9月9日发布的数据，9月2~8日的一周以敏感价格指数⑥（SPI）衡量的通胀同比上涨42.7%，而在8月26日~9月1日的一周，由于洪水造成蔬菜价格飙升，该通胀指数同比上涨45.5%，为历史新高。随着食物尤其是洋葱和番茄价格的下降，9月8日这一周的通胀与9月1日这一周相比下降了0.58%。⑦ 最后，巴基斯坦卢比持续贬值受多重因素影响，但最大的因素就是巴基斯坦遭遇近年来罕见的洪涝灾害。洪灾发生后，为了解决粮食、药品短缺问题，巴基斯坦政府取消了进口食品、救灾物资、药品的关税，导致巴基斯坦进口费

---

① WHO, "Pakistan Floods Situation Report", Issue 1, 30 August 2022, p.1.
② Editorial, "Dengue Emergency", *Dawn*, September 14, 2022, https：//www.dawn.com/news/1710040/dengue-emergency.
③ Imtiaz Ali, "Renowned Educationist Hunaid Lakhani Passes Away at 49 in Karachi", *Dawn*, September 8, 2022, https：//www.dawn.com/news/1709060/renowned-educationist-hunaid-lakhani-passes-away-at-49-in-karachi.
④ Dawn, "Pakistan Won't Default on Debts Despite Floods, Says Miftah", September 19, 2022, https：//www.dawn.com/news/1710836/pakistan-wont-default-on-debts-despite-floods-says-miftah.
⑤ Staff Report, "Annual CPI Inflation for August Soars to 27.3%", *Pakistan Standard*, September 2, 2022, https：//www.pakistanstandard.com/annual-cpi-inflation-for-august-soars-to-27-3/.
⑥ 敏感价格指数（Sensitive Price Index），该指数的数据来源于监测巴基斯坦国内17个城市中的50个市场上的51种基本商品价格变化。
⑦ Tahir Sherani, "Weekly Inflation Eases Slightly to 42.7pc from Record High", *Dawn*, September 9, 2022, https：//www.dawn.com/news/1709226/weekly-inflation-eases-slightly-to-427pc-from-record-high.

用大幅上涨。此外，巴基斯坦部分进口商利用免税契机，囤积相关物资，希望能够在重新开始征税后出售这些物品，以赚取差价。对此，巴基斯坦外汇协会主席马利克（Malik Bostan）认为：只要允许免税进口，银行同业拆借市场上卢比贬值的压力就会一直存在。[1]

四 中巴经济走廊建设的对策建议

随着中巴经济走廊框架下的基础设施项目和能源项目的逐渐完工，巴基斯坦"硬件"投资环境已经基本具备，中国民营企业跃跃欲试，希望能够通过开拓巴基斯坦市场为其国际化提供支撑，从制度层面为这些企业参与中巴经济走廊提供信息支持、安全保护、融资平台等服务。这也是下一阶段中巴经济走廊建设需要着重规划研究的内容。

（一）促进民营企业深度参与中巴经济走廊建设

在中巴经济走廊迈入高质量发展阶段，应该充分利用国际国内两种资源、两个市场，促进非公有制经济健康发展，补齐民营企业参与中巴经济走廊的短板，增强中国民营企业在国际上的竞争力。首先，搭建完善的中介服务体系和中间组织，方便民营企业、地方企业及时获取巴基斯坦的经济、法律、会计、风险评估等各方面信息，为其参与中巴经济走廊建设提供信息支撑。其次，完善安保配套。尽管巴基斯坦政府许诺为在巴基斯坦的中国人员和资产提供充足的安全保障，但巴基斯坦毕竟还存在安全威胁。因此，建议鼓励中方安保公司与巴基斯坦安保及相关部门成立合资公司，为民营企业赴巴基斯坦投资贸易提供更为充足的安全保障。最后，增强金融支持力度。由于巴基斯坦国内经济存在较大风险，赴巴基斯坦投资的民营企业很难在巴基斯坦融资，即使在国内融资也面临融资渠道窄、融资成本高等难题，加之融

---

[1] Talqeen Zubairi, "PKR Falls by Rs2.4 in Interbank as Dollar Climbs Globally", *Dawn*, September 14, 2022, https://www.dawn.com/news/1710065/pkr-falls-by-rs208-in-interbank-as-dollar-climbs-globally.

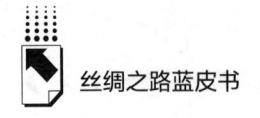

资程序复杂、担保严苛等条件,中国民营资本赴巴投资的金融产品支持明显不足。因此,建议由行业领头的投资公司,为参与中巴经济走廊的民营企业提供国际项目融资、资产证券化等专项金融支持。

(二)提供力所能及的救灾支持

随着2022年9月下旬巴基斯坦洪灾逐步消退,重大健康问题正在显现。根据信德省综合卫生服务总局的最新报告显示,在9月23日的24小时内,就有79556名患者向救灾医疗营地求助。这些人当中14653人患有腹泻病,14364人患有皮肤相关疾病,796人患有疟疾,53人患有登革热。[1] 首先,确立帮助巴基斯坦就是帮助我们自己的思想,确保巴基斯坦经济不因洪灾而发生系统性风险。因此,建议中方与巴基斯坦进行沟通,减免或延期巴基斯坦部分债务,使巴基斯坦资金能够优先用于救灾和灾后重建,稳定巴基斯坦经济。其次,建议中巴经济走廊框架下的民生工作组与巴基斯坦受灾地区的农业部门合作,通过补贴化肥、种子等方式,支持受洪灾影响的农民恢复生产。

(三)加密中巴直航航班

加密中巴直航航班,是中巴两国领导人关注的重点之一:2022年5月,中国国务委员兼外长王毅在广州会见巴基斯坦外交部长比拉瓦尔时双方同意"根据疫情发展增加两国间直航航班";[2] 2022年11月巴基斯坦总理夏巴兹访华,中巴双方再次声明"双方注意到两国航班运营逐步恢复,同意适时进一步增加包括伊斯兰堡—北京在内的直航班次"。[3] 为进一步推动中巴航

---

[1] Naveed Siddiqui, Imtiaz Ali, "Top Flood Response Body Insists No Shortage of Food in Pakistan", Dawn, September 23, 2022, https://www.dawn.com/news/1711554/top-flood-response-body-insists-no-shortage-of-food-in-pakistan.

[2] 中华人民共和国中央人民政府:《中国和巴基斯坦联合声明》,http://www.gov.cn/xinwen/2022-05/23/content_5691804.htm,最后检索时间:2022年5月23日。

[3] 中华人民共和国外交部:《中华人民共和国和巴基斯坦伊斯兰共和国联合声明》,http://newyork.fmprc.gov.cn/web/zyxw/202211/t20221102_10799301.shtml,最后检索时间:2022年11月2日。

空互联互通水平，一方面，以打造"一带一路"旗舰项目为统领，充分发挥航空在中巴互联互通中的比较优势和交通基础设施地位，在满足疫情防控的基础上，率先恢复、加密中巴直航航班，完善和健全加密中巴直航的配套服务设施，推动中巴两国民用机场网络化、航线网络化建设，构建覆盖中巴两国主要城市的航空网络，推进中巴经济走廊临空经济区建设。另一方面，在保持当前中国北京、成都、乌鲁木齐等大城市作为国内始发航点选择的基础上，也可以恢复或新增昆明、西安等开放程度高、发展活力强的城市作为中巴直航航线的始发航点，为中巴人员往来提供更加便捷的选择，同时也能给这些城市的机场带来新的客流，促进这些地区航空枢纽的建设。

B.16
2022年新亚欧大陆桥经济走廊发展报告

谢 晋*

摘　要： 新亚欧大陆桥经济走廊作为连接丝绸之路国家重要的经济主干道，经过29年的发展，在货物贸易、产业合作、文化交流、人才交流方面扎土生根、枝繁叶茂。国内各地区积极通过中欧班列为新亚欧大陆桥的发展织密了道路网，加强了与欧洲和中亚各国的联动发展。本报告梳理了2022年陕西、江苏、河南等五个新亚欧大陆桥经济走廊国内重点区域在对外贸易、中欧班列等方面的发展成果，并根据发展现状提出贸易规则建设滞后和基础设施建设制约这两个不足，在此基础上提出：加强国内重点区域合作，形成协同发展模式；深化重点领域改革，不断优化营商环境；增强各领域开放，促进互利共赢。

关键词： 新亚欧大陆桥　中欧班列　自贸试验区

2022年新亚欧大陆桥沿线国家和地区经贸往来有了更进一步的发展。截至2022年7月，"一带一路"倡议响应的国家已经达到了150个，32个国际组织也积极参与到合作共建之中，签署的合作文件总计超过200份，内容涵盖了基础设施互联互通、贸易投资、科技合作、人文交流等领域。2021年虽然全球经济发展受到新冠疫情的严重影响，但"一带一路"倡议建设成绩斐然，中国与共建国家的贸易总额达到了1.8万亿美元，同比增长约

---

* 谢晋，陕西省社会科学院金融研究所助理研究员，研究方向为绿色金融、农村金融。

为32.6%。

2022年，中欧班列保持持续高效稳定运行，已经两年多保持单月开行超千列，通达中亚、中东和欧洲200多个城市。尤其是2022年7月，中欧班列单月开行数量达到了1517列，运输货物近15万标箱，开行数量、往返数量均创历史最好成绩。

一 新亚欧大陆桥经济走廊国内重点区域发展现状

近年来，新亚欧大陆桥经济走廊国内重点区域高度重视高质量共建走廊，促进沿线国家和地区合作发展，在绿色、健康、防疫和创新等方面成果丰硕。我国与沿线国家和地区的经贸往来日益密切，2022年上半年，中国成为哈萨克斯坦第一大出口目的国、第二大进口国。国内各重点区域依靠自贸区，积极参与新亚欧大陆桥经济走廊建设发展。

（一）陕西自贸试验区

2022年前8个月，陕西自贸试验区在优化营商环境、加强改革创新等方面进一步取得成绩，吸引到近13000家企业，注册资本近1100亿元，其中120家外资企业注册资本就超3.2亿元。[①] 2022年前8个月，陕西自贸试验区与共建"一带一路"国家贸易总额超660亿元，同比增长29%，占到全省进出口总值的1/5以上。"长安号"已经基本覆盖中亚、中东和欧洲主要货源地，2022年1~8月累计开行超过2630列，运送货物总重达221.7万吨。班列开行数量、往返重箱率等核心指标高居全国第一梯队，尤其是7月实现了开行426列的全国纪录，成为全国首个单月开行数量突破400的城市。[②]

[①] 《陕西省政府新闻办举办新闻发布会介绍陕西自由贸易试验区五年建设情况》，陕西省人民政府网，http：//www.shaanxi.gov.cn/szf/xwfbh/202204/t20220408_2216628.html，最后检索时间：2022年10月2日。

[②] 《创历史新高！"长安号"不断跑出速度》，人民政协网，https：//baijiahao.baidu.com/s?id=1744226148629514645&wfr=spider&for=pc，最后检索时间：2022年10月2日。

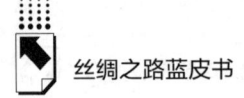

西安港和咸阳国际机场构成的"陆港+空港"发展模式同样交出了一份亮眼的成绩单。西安咸阳国际机场2022年陆续开通了日本大阪、哈萨克斯坦阿拉木图、俄罗斯圣彼得堡三条全货运航线，累计开通全货运航线超过40条、国际货运航线22条，覆盖东南亚、欧洲、北美等13个国家，已经初步构建起面向新亚欧大陆桥经济走廊沿线国家、辐射全球的货运航线网络。为了进一步发展，咸阳国际机场三期扩建工程正在有条不紊地进行。

杨凌示范区片区以农业为主要发力点，积极推进外向型农业产业发展。依靠上海合作组织农业技术交流培训示范基地，以农业技术交流培训、农业技术示范推广、农合贸易和产业发展为主要功能，为丝路国家农业合作提供了平台。同时杨凌示范区同加拿大、日本、巴基斯坦等国共同创建了"丝绸之路农业教育科技创新联盟"，为高校、企业和科研机构搭建了开放性的多边合作平台。

1．"长安号"在"双集中心"菜鸟首单启运

2022年4月30日，"长安号"首单在"双集中心"正式发货的菜鸟跨境电商集装箱正式启运。该模式是西安国际陆港集团充分发挥平台资源优势，联合菜鸟网络打造的标准化、便捷化的跨境电商货物物流解决方案。具体来说，创新性的采用"先报关、后装箱"模式，出口货物先在中欧班列（长安号）集拼中心和跨境电商全国集结中心完成作业后，再由"长安号"提供国际物流运输。由于"双集中心"均在综合保税区口岸作业区内，地理位置相邻促使两者可以形成货源集合优势，业务相互补充、相互赋能，在仓储、物流等方面形成"强强联合"。

"双集中心"+"长安号"创新模式，彻底解决了散装货物通关周期长的痛点，改"散"为"整"，采取先在海关报关之后再进行货物集拼，大大降低了电商的物流成本、提高了物流效率。近年来，"长安号"一直致力于打造全链条的服务，充分发挥各种平台的支撑作用，形成套餐式服务，为更多贸易企业提供一站式物流解决方案。

2022年6月21日，满载着从越南海防市经海路、铁路运至西安集结的家具、布匹、食用白糖和医疗物资等搭载"长安号"班列从西安国际港站

出发，经过新疆按拉山口口岸出境，开行两周后即可到达目的地。这是陕西首次将西部陆海新通道集散而来的越南海防出口货物，通过"长安号"运送到中亚、中东国家，是为进一步加强与新亚欧大陆桥沿线国家贸易往来而探索出来的一种全新的模式。

这是中欧班列（西安）集结中心和"长安号"加强与西部陆海新通道、长江经济带的经济协调发展主要抓手，6月底在蚌埠、厦门、贵阳、安康等地区已经成功开行了16条"+西欧"班列。中欧班列（西安）集结中心对外连接网络初步建成，不仅对周边地区供应链、产业链的发展起到重要的支撑作用，也有助于促进区域经济协同发展，实现更高水平的对外开放。而且还将吸引了东南亚国家的货物在西安集结分拨，推进陆海新通道与新亚欧大陆桥沿线国家的高效联通。"长安号"也已经成为横跨欧亚的智能化程度最高、运行效率最高、运行范围最广、综合服务最好的精品中欧班列。

2. 协同发展更为高效

2022年8月23日，黄河流域自贸试验区联盟正式启动，陕西自贸试验区推出七项创新成果来赋能黄河流域高质量发展。联盟区域包括陕西、山东、河南和四川四个自贸试验区的12个片区，旨在将自贸区红利辐射至山西、甘肃、内蒙古等5省共计15个经济功能区。

联盟的成立标着黄河流域地区从各自独立发展向协同发展的转变，各省区将发挥好各自禀赋优势，为企业共同创造发展红利。联盟自成立之初就联合推出了56项服务事项，旨在以区域产业发展为主要抓手，促进人才、资金、数据等的流动，共同为黄河流域的经济发展出一份力。

3. 知识产权服务更加贴心细致

2022年9月底，陕西自贸试验区西咸新区为积极应对"走出去"的科技创新型企业在海外遭遇的知识产权纠纷，首次将省知识产权保护中心引入自贸区，并设立了西咸新区知识产权巡回审判庭，为各类知识产权纠纷案件提供协同保护机制。西咸新区还积极与世界知识产权保护组织合作，支持企业充分利用《专利合作条约》规则，获得国际专利权，实现跨国知识产权保护；还与俄罗斯建立了知识产权合作交流机制，明确了我国境内申请的知

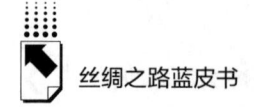

识产权在俄罗斯园区受到同样的保护。截至9月底，西咸新区已为区内外超过3000家高科技企业提供了知识产权服务，支持企业申请国内外各项专利5000多项。

西咸新区在秦创原总窗口的基础上建立了一套完整的知识产权服务体系。自成立以来，秦创原创新平台有效发明拥有量已经超过1万件，已转化专利量超过2600件，已经有超过770家企业的科技成果转化为项目。① 为进一步提高服务质量，西咸新区专门设立了知识产权服务专区，以及知识产权代理机构、评估机构等第三方专业服务机构，为外向型高科技企业在专利方面提供全方位、系统性保障。

（二）江苏自贸试验区

成立3年来，江苏自贸试验区新增各类市场主体超过8万家，其中有3500多家的高新技术企业，95家企业已在境内外成功IPO。江苏自贸试验区还实施了总计14项外汇管理改革和跨境人民币创新试点，吸引了270多家金融机构在自贸试验区设立分支机构。② 截至2022年8月，江苏始发的中欧班列线路已达21条，开行班列超过1300列，运送集装箱超10万个，货物价值超160亿元，实现了同比开行班列数量、标箱数量和货值均双位数的增长。③ 这些成绩的背后都是自贸试验区营商环境持续改善的成果，项目、资金和企业聚集效应不断显现。

连云港片区的"两基地一班列"已经成为丝绸之路上的名片。中哈物流港基地已经建成了22万平方米的集装箱堆场，拥有1763个集装箱位，为哈萨克斯坦这个内陆国家提供了优良的出海港口。截至2022年7月，中哈物流基地商品进出库近260万吨，与2021年同期相比增长约13.8%，有15.1万标箱的商品进出场站，同比增长24.5%。哈萨克斯坦超8成以上需

---

① 《陕西自贸区打造国际化知识产权服务体系》，《陕西日报》2022年9月9日。
② 《聚焦江苏自贸试验区三周年丨制度开放促发展三年"成绩单"彰显江苏担当》，《新华财经》2022年8月30日。
③ 《前8月江苏中欧班列开行1322列同比增长26.4%》，《新华日报》2022年9月12日。

经中国口岸进出口的商品是在连云港进行集散分拨的。同时，连云港基于自身"国际港口"的重要定位，突出"口岸+港口"优势，坚持铁路与港口运输协同发展，为中西部地区和中亚国家提供最为经济高效的出海通道。[①] 连云港片区通过创新贸易监管方式，探索形成了中欧班列"保税+出口"货物集装箱混拼新模式，大幅降低企业物流成本和等待时间，提升国际班列的装箱发运效率。截至2022年7月，连云港参与混拼的保税货物近490票，保税货值超434万美元，混拼货值超1020万美元，平均每票可以为外贸企业减少超70%的物流成本，同时解决了以往监管模式下铁路班列需凑整发运、交货期长的问题，平均每票为企业节约发运等待时间15天以上。

南京片区将发展重点聚焦在自主创新能力建设方面，推行知识产权全链条的运营，建成全国首个知识产权资产数字化交易平台，积极建设中国（南京）知识产权保护中心，为高科技企业提供"互联网+金融+知识产权"的一揽子服务模式。同时，南京片区积极引入生物医药实验室、集成电路设计中心等一批高水平创新载体，吸引高科技人才在自贸区创业，国际影响力不断提升。

（三）河南自贸试验区

河南自贸试验区成立5年来，紧紧围绕发展现代立体交通体系和现代物流体系，致力于建成服务于丝绸之路和新亚欧大陆桥经济带的综合交通枢纽，构建了集监管、政务服务、金融服务、法律服务与多式联运五位一体的综合性服务体系。已累计形成了500多项的改革创新成果，其中14项创新向全国推广，80多项在全省范围内推广。

河南自贸试验区在商品期货、跨境电商等领域的发展走在了全国前列。2022年4月初，河南保税物流中心"全球汇"平台建成并投入运行，这是国家跨境电商进口药品的首个试点。消费者通过网上平台下单后，仅需几分钟药品即可完成通关，以快递的形式从河南保税物流中心医药仓库内发给消

---

① 《制度创新助力江苏自贸区乘风破浪》，《江苏经济报》2022年9月7日。

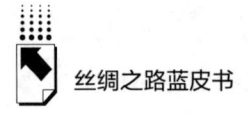

费者。

为了进一步优化营商环境，国际商事争端预防调解中心于2022年8月19日在郑州片区挂牌成立，将提供国际商事调解等非诉贸易纠纷服务。作为打造法治化、国际化贸易环境的新举措，这标志着河南自贸试验区在多元化商事纠纷解决方式上打开了新的局面，将进一步提升河南对外贸易的软实力。同时，郑州片区还在金水区开展了"全域自贸"创新，突破了自贸试验区物理地域限制，在整个金水行政区范围内将自贸区的政策红利、制度优势复制推广。金水区通过采用一个注册地址、多个营业执照的集体注册方式，为企业提供集体注册地址，帮助企业在自贸试验区内注册登记，使得面积不到0.3平方公里的金水自贸区块带动整个面积超130平方公里的金水区。截至2022年5月，就已经汇集了企业近2500家，企业注册资本金已突破240亿元，且全部企业在自贸区内注册、实际运营在自贸区外。该模式带动了金水区4个产值超百亿级的产业园区协同发展，真正用自贸红利支撑全区的发展。①

（四）新疆维吾尔自治区

近年来，新疆主动融入国家向西开放的总布局中，积极申请多个国家重点开放平台，为新疆建设丝绸之路经济带核心区赋能，发挥资源禀赋参与国际国内两个市场，充分将各种资源在新疆汇集。随着政策红利的持续释放，新疆在立足建设丝路经贸往来通道的同时，向产业发展高地积极转变，获得了贸易、产业发展的双丰收。2022年前8个月，新疆商品进出口总额超过1450亿元人民币，与去年同期相比增长近1倍，增速排在全国第3位。

新疆已经建成通达中亚的国际交通网络，国际道路运输线路占全国的1/3，使得新疆的国际贸易更加畅通，区位优势更加巩固。同时，17个一类口岸营商环境的提升，更为新疆经济带发展装上了新的引擎。阿拉山口口岸作为集铁路、航空、公路、管道4种运输方式都包括的一类口岸，2022年

---

① 《"全域自贸"模式撬动大发展》，《河南日报》2022年6月6日。

新增中欧班列运行线路22条，通行中欧班列线路累计达87条。截至2022年7月，阿拉山口口岸进出口货物总计超过1300万吨。①

2022年1月，喀什地区、阿拉山口市获批设立跨境电子商务综合试验区，这为新疆跨境电商业务发展提供了新的历史机遇。截至8月，喀什综合保税区就已经实现了进出口贸易总额123亿元人民币，同比增长超10倍。②在9月召开的亚欧博览会上，喀什就引进近30个项，签约总额超400亿元。

（五）重庆自贸试验区

重庆作为国家物流枢纽城市，是全国唯一拥有水陆空三型港口的国际大通道：东向有长江水道、郑渝高铁等可以出海，西向有中欧班列通达欧洲、中西亚，南向有西部陆海新通道直达东南亚、南亚，北向有连接蒙古国、俄罗斯的渝满俄班列。截至2022年8月，重庆外贸进出口总值超过5600亿元人民币，同比增长10%以上。其中，对共建"一带一路"国家出口总值近1500亿元人民币，同比增长9%以上；对RCEP成员国进出口总额近1748亿元人民币，同比增长约为15%。③

重庆自贸区近年来重点改善口岸软硬件设施条件，已经设立了汽车整车进口口岸、首次进口药品和生物制品口岸、重庆铁路保税物流中心（B型）、进境肉类指定监管场地、跨境出口电商以及国际运邮功能等，内陆国际门户枢纽地位不断提升，吸引到312家世界五百强企业落户重庆，带动外向型产业实现了年均近14%的增长。

2022年1~8月，中欧班列（渝新欧）开行超过2000班。8月底，中欧

---

① 《新疆经济看亮点｜强基础聚产业中欧班列为新疆开放型经济添动能》，阿拉山口人民政府网，http://www.alsk.gov.cn/info/1012/51358.htm，最后检索时间：2022年9月30日。
② 《喀什综合保税区1~8月进出口贸易额123亿元同比增长10.1倍》，喀什经济开发区网，http://kstq.gov.cn/kashi/tqdt/202209/418bdbe36fec4ee2ae9f358c7aa6e8fa.shtml，最后检索时间：2022年9月30日。
③ 《今年前8月重庆外贸进出口总值同比增长10.4%》，重庆海关网，http://chongqing.customs.gov.cn/chongqing_customs/515855/515856/4595532/index.html，最后检索时间：2022年10月2日。

班列（渝新欧）为了进一步满足汽车企业进出口需求，换装了全新的商品车铁路运输专用车（JSQ车）。作为第一次在中欧班列使用的车型，其装载能力得到提升，可运送的汽车型号也更多，同时还有较高的稳定性和安全保障性能。由于近年来汽车企业出口需求不断提高，而中欧班列和海运线路仓位都比较紧张，整车出口运量明显吃紧。为此重庆联合各方制定了专项运输方案，与中铁特货、世铁特货一道促成了JSQ班列的开通，进一步助力重庆汽车产业链不断发展。据统计，重庆近6年连续保持全国内陆口岸整车进口量首位。

2022年9月底，重庆果园港海关启用全国首套大型集装箱检测系统（H986），可以在不进行人工开箱检视的情况下，对集装箱内的货物、货柜车及夹层等进行高速的查验，每小时约可查验200个标准集装箱，效率是人工查验的数十倍。这只是果园港打造智慧港口的具体方式之一，通过建成无纸化平台、智能理货设施、智能闸机等，实现了与海关、物流班的数据互联互通，提升港口整体作业效率达到30%以上。2022年1~8月，果园港完成了进出港货物总重超1700万吨，相比去年同期增加约两成；货物总吞吐量1723.16万吨，同比增长22.11%；集装箱吞吐超60万，同比增长超1倍。①

二 新亚欧大陆桥经济走廊建设的不足和挑战

（一）贸易规则建设滞后

随着近年来中欧班列的高速发展，中欧班列的开行数量与货运重量屡创新高，我国与新亚欧大陆桥经济走廊沿线国家和地区的货物贸易往来日益密切。相比之下，由于沿线国家和地区缺少统一的贸易规则，关税、进出口政策缺少统一规则，商事争端调解、国际贸易纠纷等解决机制没有统一的规则，严重制约了新亚欧大陆桥经济走廊进一步的发展。

---

① 《领航中国·重庆印记｜重庆果园港以"一港荣"促"一城兴"》，重庆海关网，http://guangzhou.customs.gov.cn/chongqing_customs/515855/515856/4564692/index.html，最后检索时间：2022年10月1日。

（二）基础设施建设制约

新亚欧大陆桥经济走廊的经贸往来主要依靠中欧班列，而铁路作为重资产、重投入的基础设施，建设、维护都需要极高的成本。由于沿线国家制定的铁路运输规则和标准不同，中欧班列在运输过程中各环节的滞留时间过长，严重降低了经济效率。此外，如何进一步扩展中欧班列的线路网络，还依赖于沿线国家和地区铁路基础设施的进一步发展。

三 国内重点区域发展的政策建议

（一）加强国内重点区域合作，形成协同发展模式

进一步强化各地区间的协同发展，以黄河流域自贸试验区联盟、川渝自由贸易试验区协同开放示范区等为契机，积极推进各地区在外贸产业、政策及发展路线等方面开展资源共享、价格协商、规模协调等方面的合作，以雁阵模式更好地参与到新亚欧大陆桥经济带的发展中。同时，各地区应充分发挥好自贸试验区的示范作用，建立自贸试验区引领，其他地区联动的发展新模式，推进制度共建共享、发展协同联动。

（二）深化重点领域改革开放，打造优质营商环境

以中欧班列为平台，主动参与到沿线国家产业链、价值链塑造之中。聚焦新亚欧大陆桥经济走廊所需要的政策、服务、金融、人才等关键核心，坚持以制度创新为主要抓手，先行先试，发挥好自贸试验区的制度优势，不断提升政府监管、服务能力和水平，进一步加强法治保障，为产业发展提供良好的生态。

（三）增强各领域的开放协作，促进互利共赢

加强经济带沿线国家在经贸、产业和投资领域的开放协作，提升各自在

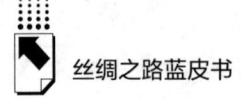

贸易投资方面的开放力度，为沿线国家的经济增长和人民福祉做出新的贡献。为此需各方在贸易、关税、金融等方面加强协商，避免恶性竞争，努力实现合作共赢。

参考文献

曹若楠：《新亚欧大陆桥铁路货运规则的冲突与协调》，《大陆桥视野》2022年第1期。

马媛：《新疆阿拉山口口岸经济发展研究》，《全国流通经济》2021年第21期。

贺兴东、刘伟、谢良惠：《"十四五"推进亚欧陆海贸易大通道建设的构想》，《中国经贸导刊》2021年第10期。

李红昌、徐鑫、崔金丽：《"一带一路"背景下新亚欧大陆桥对新疆与中亚国家国际贸易的影响——基于走廊绩效及运输费用的分析》，《铁道经济研究》2021年第2期。

王倍倍：《"一带一路"背景下中国与新亚欧大陆桥沿线国家出口贸易潜力分析》，《金融发展评论》2020年第4期。

董丹凤：《自贸试验区与经济增长——基于中国城市面板数据的实证分析》，《市场周刊》2022年第10期。

王小艳：《自贸试验区要在优化营商环境中积极作为》，《新湘评论》2022年第19期。

B.17
2022年中欧班列运营发展报告*

陈 光**

摘　要： 2022年以来，中欧班列克服新冠疫情与俄乌冲突等不利因素影响，稳步实现运行列次与货运总量的持续提升，开行线路、数量、货运量等主要指标均实现同比增长，创下历史新高。西、中、东通道主要口岸硬件设施建设及软服务能力不断提升，各主要开行城市及线路加强了与西部陆海新通道的对接连通。然而，当前中欧班列仍然面临如下问题与挑战：一是口岸整体运力相对有限；二是重复布局造成城市不良竞争、商品缺乏特色；三是与南向通道协同规划发展有待加强；四是俄乌冲突导致"结构性变化"出现；五是新线路建设存在博弈与分歧。为此提出以下对策建议：一是持续推进口岸设施建设，提升服务质量；二是加强线路、节点及货源整合；三是进一步探索与西部陆海新通道的对接连通；四是稳步推进新线路规划建设。

关键词： 中欧班列　"一带一路"　高质量发展

一　中欧班列运营发展概况

2022年以来，中欧班列继续克服新冠疫情不利影响，各开行城市班列

---

* 本报告系国家社科基金项目"新亚欧大陆桥经济走廊区域协同发展新机制研究"（项目编号：19XJL009）阶段性研究成果。
** 陈光，陕西省社会科学院经济研究所助理研究员，研究方向为区域经济。

开行数量不断增加，新增开行城市持续涌现，各地班列积极承接空海转移订单及货物，铁路港设施建设与集结能力不断完善，多式联运能力持续强化，推动我国对外贸易及外向型经济高质量发展，促进双循环新发展格局不断完善。

自中欧班列开行至2022年上半年以来，已累计开行5.6万余列，运输货物近550万标箱，辐射连通国内100多座城市，通达欧洲近30个国家及200多个城市。2022年1~6月，中欧班列累计开行7473列，发送72万标箱，实现了单月开行连续26个月保持千列以上。①

在此背景下，外贸企业进出口货运需求明显增加。传统主要开行城市，如西安、重庆、成都等地的班列数量、重箱率、返程率也实现了新突破，货物种类不断丰富，班列运行的经济效益及可持续性不断提升。整体来看，中欧班列重箱率从2016年的77.2%提升至2021年的98.1%，2022年以来继续维持在98%左右的较高水平。② 货物种类方面，从最初以农产品、原材料、日用小商品、手机零配件为主，到如今种类不断丰富，扩充至整车及汽车零部件、高端医药及器械、机电设备、化工制品、各类智能终端等，实现了商品附加值的巨大飞跃，持续提升中欧班列运营的经济效益。此外，全国多地也陆续开通了中欧班列新线路。例如，辽宁沈阳开通了至德国法兰克福的路线；江西赣州开通了至罗马尼亚的班列，萍乡开通了经满洲里直达俄罗斯莫斯科班列；广西南宁开行了至哈萨克斯坦、乌兹别克斯坦等国家的路线。此外，主要开行城市及线路还逐步实现了与西部陆海新通道班列的对接连通，推动中欧班列多向发展，中西部地区加强了与RCEP成员国的经贸往来。

口岸方面，东、中、西三大通道出入境口岸城市地位进一步凸显，口岸建设日益完善。为进一步适应日益增长的班列运行数量，各口岸城市均加强了口岸硬件基础设施建设，集装箱换装能力、单据处理效率、班列日通行量

---

① 《中欧班列：为携手高质量共建"一带一路"加速奔跑》，《人民铁道报》2022年7月19日，第2版。
② 《中欧班列逆势而上动力足》，《人民日报海外版》2022年7月19日，第6版。

不断提升。同时，持续完善平台化、电子化运单流转功能，实现单据在线提交与审核，进一步简化手续流程，提升班列通行效率。

二 中欧班列口岸通行情况

（一）西通道

西向线路是中欧班列最主要的进出通道，主要包括新疆阿拉山口与霍尔果斯两座口岸城市。

1. 阿拉山口

目前经由阿拉山口口岸出入境的中欧班列线路最多，可达30余条，搭载货物品类200余种，通达哈萨克斯坦、俄罗斯、白俄罗斯、波兰、德国、荷兰等亚欧大陆近20个国家，国内主要开行起始城市为重庆、成都、西安、郑州、乌鲁木齐等，均为班列开行线路、列次数量居我国前列的城市。截至2022年7月1日，当年经阿拉山口口岸进出境的中欧班列已突破3000列，货运量255.56万吨，同比增长11.41%。[1]

2022年上半年，经阿拉山口口岸通行的中欧班列中，"长安号""成渝号"班列数量占比最多。其中，中欧班列"长安号"主要由西安国际港务区开往哈萨克斯坦、俄罗斯、白俄罗斯、波兰、德国等国家，出口货物主要包括汽车零配件、机械配件、电子设备、果蔬农产品等，进口货物主要有化工原料、木材、汽车整车及零部件、机械配件等。"成渝号"班列是由重庆和成都共同创立的中欧班列品牌，为成渝地区双城经济圈建设注入了新动力，班列主要经阿拉山口口岸往返波兰、德国等国家，搭载的出口货物主要为通信设备、电脑及配件、日用百货等，进口货物主要为锯材、化工原料、工业设备等。近年来，阿拉山口各部门十

---

[1] 《今年阿拉山口口岸进出境中欧班列突破3000列》，《中国国门时报》2022年7月7日，第4版。

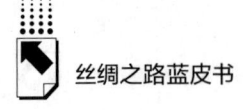

分重视中欧班列发展，不断拓展业务范围，提升开行质量，推动中欧班列高质量发展。

2.霍尔果斯

2022年以来，霍尔果斯铁路口岸新开行了"贵阳—格鲁吉亚""江门—别雷拉斯特"等10余条中欧班列新线路。上半年，经霍尔果斯口岸开行的中欧班列达到3181列，同比增长9.31%；过货量448.92万吨，同比增长4.73%。[1]

随着8月26日新疆首趟西部陆海新通道班列（从越南至中国，途经霍尔果斯口岸至哈萨克斯坦）开行，经霍尔果斯口岸通行的中欧（中亚）班列主要线路已达70条，通达近20个国家和地区，货物种类丰富至200多种。为促进中欧班列运行持续提质增效，霍尔果斯在延续铁路舱单归并、无纸化申报、全天候预约式通关等以往通关便利化措施的基础上，积极推动"铁路快通"监管模式落地运行，有效精简海关通关手续，着力提高境内段中欧班列所载进出口货物转关运输通行效率。

（二）东通道

中欧班列东通道主要指经由满洲里、绥芬河口岸进出境的班列线路。2022年上半年，经以上两个口岸进出境的中欧班列累计开行量为2585列，发送货物247808标箱，同比分别增长14%、14.3%。[2] 尽管较西通道有一定差距，但近年来，随着东北、华北地区班列开行数量不断攀升，东通道班列通行数量迅猛增长，口岸持续扩能改造，通行能力大幅提高。其中，经绥芬河口岸进出境的班列数量增长迅猛，达到373列，同比增长74.3%；发货34942标箱，同比增长82.9%。[3] 满洲里口岸上半年对共建"一带一路"国家进出口贸易增长12.2%，[4] 进出口货值达到555亿元，较去年同期增加

---

[1] 《霍尔果斯上半年开行中欧班列数量过货量实现双增长》，央广网，2022年7月5日。
[2] 《霍尔果斯上半年开行中欧班列数量过货量实现双增长》，央广网，2022年7月5日。
[3] 《中欧班列"东通道"上半年过境班列超2500列》，中国一带一路网，2022年7月6日。
[4] 《中欧班列"东通道"上半年过境班列超2500列》，中国一带一路网，2022年7月6日。

12.2%;① 出口方面，汽车、家用电器、机械设备、电工器材增长较快；进口方面，农产品、金属矿砂、肥料、纸浆等原材料占比较高且涨幅较快。

近年来，东通道口岸及铁路运输部门持续强化"散改集"运输模式，成效日益显著，有效带动货运量增长。2022年以来，满洲里站月均开行班列数量超300列，与开行初期相比提升了20倍。2022年6月底，满洲里口岸国际货场扩能改造工程顺利完工，正式投入使用，国际货场新建集装箱场地达到约4.46万平方米，场站集装箱日换装量也由420标箱提升至840标箱，② 换装能力提升1倍，实现了中欧班列运营效率的全面升级。

（三）中通道

中欧班列中通道目前主要指内蒙古二连浩特口岸，主要承接华北、华中等地区开行城市发出的中欧班列，截至2022年11月，经由二连浩特铁路口岸出入境的中欧班列线路共有60余条。

截至2022年5月9日，当年经二连浩特铁路口岸出入境的中欧班列突破1000列，较去年提前21天。截至7月11日，二连浩特口岸共检查验放中欧班列1346列，其中出境637列、入境654列。截至8月15日，二连海关累计监管入境中欧班列750列，同比增长11.94%；共84660标箱，同比增长14.53%；货值近31亿元，同比增长4.56%；货重累计达到103万吨，同比增长13.48%，比去年提前近一个月突破百万吨大关。③

2022年以来，二连浩特铁路口岸在用好用足现有集装箱装卸作业场点的基础上，不断建设拓展新的作业场区，优化换装与边检作业流程，实现一体化作业，进一步压缩了中欧班列进出口查验放行时间，使中欧班列换装作业效率大幅提高。此外，为克服疫情对企业发展的不利影响，二连海关建立

---

① 《上半年经满洲里口岸对"一带一路"沿线国家进出口增长12.2%》，《呼伦贝尔日报》2022年8月3日，第3版。
② 《满洲里站，扩能换新装》，《人民日报》2022年7月13日，第18版。
③ 《二连浩特口岸进境中欧班列货运量破百万吨》，《中国国门时报》2022年8月18日，第1版。

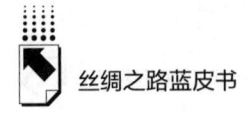

了无接触工作模式，实现了业务线上办理，提高了查验效率，保障了口岸通道顺畅。

（四）南向对接西部陆海新通道

除传统运行于丝绸之路经济带，往来中亚、俄罗斯、欧洲等国家和地区的中欧班列外，随着西部陆海新通道持续开放做强，西部地区中欧班列均加强了南向线路的规划开通，逐渐实现了与西部陆海新通道的有效衔接，扩大了我国产品进出口渠道，同时成为连通南亚、东南亚与中亚、欧洲国家的纽带。

在RCEP生效后，不少国际贸易公司改变运输方式，选择铁路运输。由于水果对运输温度、时效、装箱等都有较高要求，铁路运输通关效率很高，为货物通关节约近2/3的时间，能更好地满足水果运输要求。据中铁南宁局集团统计，2022年上半年，中越班列累计开行173列，同比增长19.3%；发送集装箱货物5196标箱，同比增长26.3%，呈现稳中有进态势。[1] 目前，广西南宁、柳州、凭祥等多地均开通了常态化运行的中欧班列，2022年以来，与西安、成渝、乌鲁木齐、贵州等地中欧班列实现对接，成为贯通"一带一路"南北线路的重要桥梁。

三　部分地区班列运行情况[2]

（一）西安

据统计，2022年上半年，西安"长安号"中欧班列开行1791列，货物总重达151.9万吨，重箱率100%。1~7月，共开行2217列，运送货量185.5万吨；其中，中亚方向402列，欧洲方向1815列。"长安号"班列开

---

[1] 《今年上半年中越班列开行列数同比增长19.3%》，中国一带一路网，2022年7月2日。
[2] 因各省、市中欧班列品牌化建设以及班列开行一体化程度不同，本节标题统一采用地域名称。

行量、重箱率、货运量等核心指标稳居全国前列。[①]

2022年以来，西安市抢抓新一轮高水平对外开放历史机遇，积极主动在全球物流体系重构中抢占先机，加快推进中欧班列（西安）集结中心高质量建设运营，着力建设世界一流内陆港，打造"双循环"核心枢纽，以开放赋能高质量发展，全力打造活力迸发的内陆改革开放高地。一是积极启动兑现启运港退税政策，开展供应链金融服务，2022年共为企业融资26亿元，更好地降低企业资金成本，服务外贸企业发展。二是持续优化"长安号"境外段运行线路，利用区块链和大数据系统，提供全程供应链一站式服务，拓展"+西欧"线路，先后首发了跨黑海、里海班列，中老国际货运列车，菜鸟跨境电商专列，武西欧国际货运班列等线路，全力构筑内陆地区效率高、成本低、服务优的国际贸易通道。三是着力加强与陆海新通道运营公司的合作，充分发挥西安港承东启西的区位优势。"海防—西安—阿拉木图"国际货运班列的开通运行标志着中欧班列"长安号"与西部陆海新通道首次实现互联互通跨越式发展，使西安港成为连接"一带"和"一路"的重要国际枢纽港，有助于吸引更多东南亚及我国东南沿海省份的货物在西安集结分拨，对助推西部大开发、促进国内国际双循环具有重要意义。

（二）成都、重庆

随着成渝地区双城经济圈建设的深入推进，成渝两地自贸试验区的协同开放、创新合作越来越紧密。2020年联合打造"成渝号"品牌，是全国首创的跨省域中欧班列品牌，并于2021年1月1日同步发出首趟班列，主要货品包括电子产品、机械零件、日用百货等。

2022年6月30日，成都、重庆两地同时发出两趟驶向欧洲的班列，也标志着成渝两地累计开行中欧班列突破2万列。目前，"成渝号"班列开行总量约占全国的40%，已初步建立起以成渝为主枢纽、四向拓展延伸的国

[①] 《万里同风　携手共赢》，《陕西日报》2022年7月29日，第3版。

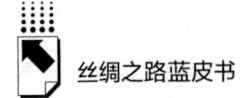

际班列线路网络和陆海货运配送体系，为推动共建"一带一路"高质量发展做出积极贡献。①

借助"成渝号"品牌，川渝加强多地班列开行规划，盘活全域经济发展。2022年8月24日，首列"成渝号"（广元）班列从广元南站出发，途经阿拉山口驶向俄罗斯圣彼得堡。该次班列运载货物主要有铜版纸、贮水式热水器、激光切割机等，货值约为1100万元人民币。②中欧班列"成渝号"多元化、包容化发展趋势，将为成渝城市群协同发展发挥重要推动作用。

（三）武汉

2022年上半年，武汉共计发出中欧班列"长江号"136列，同比增长67.9%，尽管基数在全国不算领先，但增速较快，尤其是以本地制造产品为主，服务本地出口制造公司与品牌，主要承运货物包括轻工纺织品、太阳能组件、汽车零配件、电子元器件、农业机械等，丰富了湖北省本地产品对外销售的渠道和选择。同时，为满足欧洲国家对疫情防控物资的需求做出重要贡献，累计向德国、波兰、意大利等国家运输口罩、防护服、手术衣等防疫物资5223.57吨，同比增长7%。

班列回程方面，2022年上半年共104列，同比增长60%，主要入境商品包括奶粉、沃尔沃汽车、新闻纸、板材、家具配件等。"长江号"班列去程返程基本保持均衡发展，实现了良性循环。

2022年以来，"长江号"班列多次实现一日3～4趟发车频率，创下新高，实现了定时发车、限时到达、安全稳定、绿色环保的目标，逐渐受到国内外企业的青睐。③

---

① 《成渝中欧班列开行量突破2万列》，《人民日报》2022年7月1日，第10版。
② 《中欧班列成渝号（广元）今日首发！阿拉山口直抵圣彼得堡》，《广元日报》2022年8月24日。
③ 《2022年上半年中欧班列（武汉）开行数量同比增长67.9%》，央视新闻，2022年7月1日。

（四）义乌

"义新欧"班列自 2013 年开行以来，至 2022 年上半年，已累计达到 4210 列，发运超 34.5 万标箱。截至 2022 年 6 月 30 日，"义新欧"班列义乌平台共开行 808 列，同比增长 9.5%；回程班列共 338 列，同比增长 72.9%，开行密度、发运总量、回程班列增长率再创历史新高。

线路方面，截至 2022 年 6 月，已建立 17 个方向的点对点国际铁路货运直达班列，货源品类达上万种，汽车配件、光伏产品、婴儿奶粉、乐高玩具、高端零配件等高附加值产品不断增长，且以本地货源为主，其中，义乌本地货源约占 40%，浙江本地（含义乌）货源约占 65%，并辐射长三角地区，带动产业聚集、拓展产品出口渠道。

此外，义乌市全面推进"第六港区"建设，推动海铁联运发展升级，已有中远海、马士基等 7 家船运公司在义乌签发全程提单，海铁联运全程提单占比已达 55%。义乌"达飞号"海铁联运专列实现每周 1 班，服务本市光伏产业，打造定制化海铁联运专列产品。依托海铁联运，实现"市场采购+跨境电商"等多种贸易方式的集拼转关业务。[1]

（五）河南

河南省加强本地中欧班列品牌化建设，2022 年 4 月，统一将本省开行的中欧班列命名为"中豫号"。目前，河南省内开行中欧班列"中豫号"的节点城市主要有郑州、洛阳、南阳、漯河、新乡等。尽管与西安、成都、重庆等地相比，品牌命名相对较晚，但"中豫号"品牌的统一使用，标志着河南省加强本地中欧班列影响力建设迈出高速步伐。

截至 2022 年 8 月底，中欧班列"中豫号"国际直达线路已达到 17 条，覆盖中亚、俄罗斯、欧盟及亚太地区 30 余个国家的 130 多个城市。2022 年

---

[1] 义乌市场发展委：《"义新欧"、铁海联运双班列高质量发展 实现"半年红"》，2022 年 7 月 6 日。

累计开行班列数量突破1000列，约占全国中欧班列开行数量的1/10。①尽管开行数量不及"长安号""成渝号"等班列，但"中豫号"市场化程度相对较高，可持续运营能力保持全国领先。疫情防控背景下，"中豫号"继续保持了良好的增长势头，开往德国、比利时等国家的班列以稳定、高效的服务，成为确保中欧产业链、供应链持续畅通的重要通道与枢纽。此外，"中豫号"也积极对接西部陆海新通道，不断加强与RCEP成员国越南、泰国、老挝等国家的贸易往来。

（六）湖南

湖南"湘欧快线"班列开行于2014年10月30日，是直达欧洲的国际铁路货运班列。截至2022年6月，"湘欧快线"累计发运3121列、26.04万标箱，货值达到87.04亿美元。已开行常态化运行路线14条，境外网络遍布中亚、欧洲的26个国家近100个城市。2022年1~6月，"湘欧快线"共开行539列，同比增长40%；货值14.68亿美元，同比增长20%。②

目前，"湘欧快线"去程货品中，包括本地生产的陶瓷、汽车及机械配件、日用百货等，来自长三角地区的摩托车、灯具、服装鞋帽等，以及来自珠三角地区的五金工具、床上用品、机电产品等，回程班列运载货物主要有木材、棉纱、绿豆、奶粉、曲奇饼、面包等。

（七）辽宁

2021年6月30日，中欧班列"大连—阿拉山口—德国"线路首发，辽宁依托沿海沿边及大连港的区位优势，加快东北海陆大通道及海铁联运建设，进一步提升贸易便利化水平，为深度融入共建"一带一路"、打造我国向北开放的重要窗口、构建对外开放新前沿提供基础保障和坚实支撑。2022

---

① 《中欧班列（中豫号）综合运营能力居全国"第一方阵"》，《河南日报》2022年8月23日，第2版。
② 《中欧班列（湖南）："钢铁驼队"驰骋新丝路》，《湖南日报》2022年7月8日，第3版。

年上半年，辽宁开行中欧班列421列，较去年同期增长47.2%。①

通过大力推进海陆大通道建设，辽宁省制定实施日韩货物经辽宁北上、西进到达欧洲的货运总量倍增计划，推动建立更为通畅的国际经济联系和密切的产业链供应链合作关系。辽宁省计划到2030年基本建成东北海陆大通道，实现运输能力、运输布局、运营组织水平、通关效率的全面升级，海铁多式联运更加便捷，达到国际一流水平，为辽宁及东北地区经济振兴发挥力量、贡献价值。

四 当前中欧班列运营面临的主要问题

（一）口岸整体运力相对有限

2020年下半年以来，中欧班列我国东、中、西出入境的五大口岸均出现了不同程度的持续性拥堵，各地中欧班列开行数量不断上升，但口岸过境、停靠、换装、运载能力建设却相对滞后。尤其是中、东向通道运力仍然有限，二连浩特、满洲里口岸作为中欧班列中、东向通道的主要口岸，在货运需求快速增长的背景下，承载力不足、运力紧张、通行受堵等问题突出，对外贸易通道枢纽地位有待进一步加强。然而，从另一个角度也应看到，大量新增货运量是过去两年因疫情导致海空运通道受阻转运而来的。随着疫情好转，今后海空运线路、航班有望逐渐恢复常态，中欧班列的开行列次与货运量面临缩小风险，未来班列货源及市场前景存在一定的不确定性。

（二）重复布局造成城市恶性竞争、商品缺乏特色

尽管国家发改委提出在郑州、西安、成都、重庆、乌鲁木齐等5地开展中欧班列集结中心示范工程建设，但各省份仍在持续布局本地中欧班列运行线路，并围绕当地国际铁路港，加强产业化布局规划。尽管绝对数量不及，但同期开行班列增长率基本高于各集结中心示范城市，由此造成了一定程度

---

① 《辽宁：建设东北海陆大通道 打造对外开放新格局》，东北新闻网，2022年8月22日。

的线路重复和资源浪费，货物种类不够丰富，不少城市缺乏本地制造支撑，只能通过竞价争夺外省货源，缺乏经济效益，一定程度上抑制了本地制造业的发展，尤其是出口型制造业企业缺乏孵育土壤，限制了相关省份外向型经济的发展。由此造成出口型制造业企业多以中小微企业为主，经营规模小、技术含量低、竞争力差，缺少拉动行业整体实力的龙头企业。此外，返程货源仍然偏少，种类单一，陆路贸易进出口不平衡，境外货源集货能力不足，对共建国家或地区的经济和外贸拉动能力有限、吸引力有限。当地区性政治、军事冲突爆发时，东道国政府、企业、民众容易对中欧班列产生怀疑、失去信心。

（三）与南向通道协同发展规划不足

西部陆海新通道班列与中欧班列是我国南北两地融入共建"一带一路"倡议大格局的重要抓手，随着两者的互联互通，"一带一路"大格局不断完善，而在协调发展方面，仍然有较长的路要走。一是班列间协作机制有待完善。中欧班列和西部陆海新通道海铁联运班列的运输协调委员会均已成立，但双方合作仍然零散化、碎片化，未能形成常态化合作机制。各地铁路局集团公司、货运代理、平台公司等相关人员也没有针对两种班列的协调发展形成合力，在产品设计、运营管理、货源组织、信息化追踪等方面还存在对接效率不高等问题。二是班列与产贸对接不够充分。南北各地产业与外贸发展未能形成良性互动，没有充分融入各地产业链，造成两种班列发展无法形成合力，难以为班列持续运营提供充足货源，尤其对成都、重庆等衔接节点城市而言，产业带动经贸作用短期内仍不明显。

（四）俄乌冲突导致"结构性变化"出现

俄乌冲突对中欧班列的发展尤其是欧洲业务带来了巨大冲击。自2022年3月以来，欧洲多个大型货代企业均暂停了过境俄罗斯的中欧班列业务，中国与欧洲间的货源组织受到冲击。2022年一季度，我国部分中欧班列开行的头部城市开行量下降幅度较大。例如，西安一季度开行量是568列，较去年减少了38列；成都、重庆两地一季度开行量合计833列，较去年大幅减少497列。虽然一季度全国中欧班列3556列的开行总量与去年的3399列相比仍然有所增加，但结构性变化已经出现。2022年3月后，中欧班列欧洲业务大幅萎缩，普遍下降3~5成。[①] 随着俄乌冲突及俄罗斯与西方国家间的矛盾日益加深，中欧班列未来业务规模、发展走势仍然存在很大的不确定性。

（五）新线路建设存在博弈与分歧

受俄乌冲突影响，中欧班列西线南部通道建设再次受到关注并被提上议程，但受途经国家及地区地缘政治因素影响，相关通道规划建设步伐缓慢，前景不容乐观。例如，中吉乌（中国—吉尔吉斯斯坦—乌兹别克斯坦）铁路规划建设在搁置多年后取得了实质性进展，预计将于2023年开工建设，是中欧班列西线的重要替代方案之一。迫于取得周边国家的支持，俄罗斯对该条铁路的建设也表达了支持。由于该条线路建设周期长、途经国家较多（包括吉尔吉斯斯坦、乌兹别克斯坦、哈萨克斯坦、阿塞拜疆、格鲁吉亚等），且受地缘政治影响深远，未来当俄罗斯从俄乌冲突中抽身后，很可能将继续加大对其"中亚后院"的控制和渗透力度。因此，该线路未来的政治不确定性仍然较强，班列开行稳定性、持续性存在较大风险。此外，中吉乌铁路的技术标准、建设资金来源以及建成后如何投运等核心问题，各方仍将经历漫长谈判与博弈，只有可行性研究通过，中吉乌铁路才能进入建设阶段。

五 中欧班列高质量发展对策建议

（一）持续推进口岸设施建设，提升服务质量

随着各地中欧班列开行数量不断增长，各口岸配套设施需加强升级改

---

① 《俄乌冲突对中欧班列有何影响？专家：已出现"结构性变化"》，京报网，2022年7月2日。

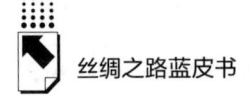

造，提高单据流转效率与通关服务质量。西通道阿拉山口与霍尔果斯是当前最主要的中欧班列出入境口岸，应基于充分利用当前口岸站能力的原则，有序组织班列，避免班列长期滞留、积压，进而影响全列程通行时效。在此基础上，包括二连浩特、满洲里、绥芬河等中、东通道在内，持续推进口岸软硬件基础设施扩容建设，加强并行进站轨道与停靠站、室内车站建设。鼓励站点与海关加强协同作业，对重点班列实行优先编组、查验、办理放关，确保班列运输全流程有序衔接；有条件的通关单据或手续，进一步实现线上提交、预先受理，力争降低口岸站内通关流程运转时间，减少班列滞留时间，不断提高中欧班列通关时效。

（二）加强线路、节点及货源整合

尽管当前各地中欧班列开行线路、班列数量及货运量屡创新高，但不能排除因疫情带来的短期货运需求上升因素，未来各地线路规划，班列、集装箱设施布局应坚持审慎原则，在保持增长的同时避免盲目扩大产能、运能，造成资源浪费。建议由国家发改委或国家铁路集团等单位牵头，制定上位政策，进一步落实中欧班列集结中心示范工程建设与引导，统筹指导全国中欧班列线路布局、口岸出境、货源货种整合与发运等工作，鼓励在集结中心城市统一集散进出口货物，避免各省份线路重复、货源争夺导致资源浪费及口岸堵塞。此外，通过财政、税收等手段持续鼓励各地加强中欧班列运营软实力建设，提高制造、产业链布局及各类配套服务水平，提升双循环融入和带动能力。

（三）进一步探索与西部陆海新通道对接连通

随着中国与RCEP成员国贸易额及相互占比不断提升，南向西部陆海新通道成为中欧班列新的重要方向和出口。传统的西、中、东通道与口岸均位于我国北方，而未来加强与南向西部陆海新通道的对接将成为热点和趋势。建议北向中欧班列与南向西部陆海新通道各运营管理机构（运营协调委员会）持续加强沟通合作，一是由国家铁路集团与各地国际铁路港务区相关单位统筹协调；二是新疆、内蒙古、黑龙江等地的北部口岸城市与云南、广西等地的南部口岸城市直接建立合作协调机制，加强班列线路、口岸出入境协同规划。加强国内国际合作，明确过境通道线路及地位；加强四川、重庆、陕西、湖北、河南等中部地区铁路内陆港建设，将当前零散化、碎片化的互联互通班列，打造成为规模化、常态化运营的国际班列；充分发挥我国连通东南亚、南亚与中亚、俄罗斯、欧洲等国家及地区的枢纽作用。

（四）稳步推进新线路规划建设

中欧班列至欧洲线路目前基本均经俄罗斯，受俄乌冲突及欧洲对俄制裁影响，经由俄罗斯开往欧洲班列受到较大冲击。长期来看，由于欧洲加快与俄切割、降低对俄能源经贸依赖，中欧班列传统线路面临政治不确定性的风险较高。为此，一是应稳步推进西通道南向线路的规划建设，以中吉乌铁路为例，需加快明确技术标准、建设资金来源、合作运营方式等重要事项，确保项目顺利开工、按时竣工运营。二是持续推进中巴经济走廊建设，加快喀什国际陆港及红其拉甫等通往巴基斯坦边境口岸城市建设，协同推进瓜德尔港建设，加强其与乌鲁木齐、西宁、成都、重庆等中欧班列重要西部节点城市的铁路路网连通。三是充分利用俄罗斯贸易"向东转"趋势，进一步推动中国至俄罗斯、中国至中亚及西亚地区班列线路规划及市场开发工作；加快连通西部陆海新通道、东北海陆大通道，强化我国与亚洲国家及俄罗斯的经贸往来，为中欧班列业务发展注入新动能。

参考文献

董剑南：《中欧班列长安号：欧亚大陆任驰骋》，《陕西日报》2022年7月29日。
《2022年上半年中欧班列（长江号）发出136列　开行频率创新高》，新华网，

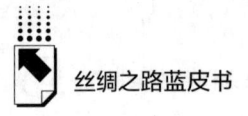

2022年7月7日。

吴晓玲：《内蒙古自治区中欧班列支持涉外经济发展中存在的问题和建议》，《北方金融》2022年第6期。

刘畅：《西部陆海新通道班列与中欧班列协调发展对策研究》，《铁道货运》2022年第6期。

B.18
2022年中国和海湾合作委员会国家经济贸易合作发展报告

樊为之[*]

摘　要： 2021~2022年中国和海合会国家贸易稳步推进，沙特是中国在西亚北非地区最重要的贸易对象，是中国石油的主要进口国；中国是阿联酋最大的贸易伙伴，大量的中国商品通过阿联酋周转到西亚北非等地区。中国与海合会国家基础建设领域合作成果丰硕，前途广阔；双方大力推动油气与石油化工领域合作，涉及油田服务、勘探、炼化等方面；双方重视在高科技领域合作，持续加强交通、电力、通信等领域合作，致力于投资和金融领域的合作；双方紧密合作开展抗击疫情等医疗活动，效果显著。中国与海合会国家经贸发展前景广阔，双方数字经济、高科技等方面合作将进入快车道；石油、天然气和石油化工等领域将进一步加深合作；人民币计价结算是双边合作的大趋势，将深化双边经贸关系。双方在众多领域有很大合作潜力，深度合作对促进地区社会经济发展具有重要作用。中国和海合会国家应抓住"一带一路"倡议机遇，进一步加强油气、基础建设、金融、数字经济等领域的合作；中国应该抓住国际原油上涨、海合会国家市场需求扩大的机遇，进一步加强对相关国家出口贸易。

关键词： 海合会国家　经济贸易　数字经济

---

[*] 樊为之，陕西省社会科学院副研究员，研究方向为中东政治、经济、历史与国际关系。

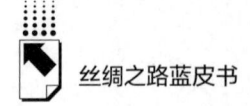

海湾阿拉伯国家合作委员会（以下简称海合会）于1981年5月成立，其成员国包括沙特阿拉伯、阿曼、阿联酋、巴林、卡塔尔、科威特六国。海合会国家在阿拉伯经济体中占有举足轻重的地位，人均实际GDP指数方面，排名前4的卡塔尔、阿联酋、科威特、巴林均为海合会成员；经济力综合指数方面，在阿拉伯经济体排名前6的国家中有5个海合会成员：阿联酋（1）、沙特（2）、卡塔尔（3）、科威特（5）和阿曼（6）。①

中国和海合会国家经贸合作密切，海合会秘书长纳伊夫表示，"中国是海合会重要的战略伙伴和最大的贸易伙伴，双方有着高度互信""海合会国家积极参与共建'一带一路'，将有力推动地区经济复苏"。②

一 中国与海合会国家贸易发展状况

（一）"一带一路"倡议有力推动了中国和海合会国家经贸合作与发展

这些年来，中国大力实行积极主动的开放战略，共建"一带一路"成为深受欢迎的国际公共产品和国际合作平台，对推动中国与海合会国家在内的共建"一带一路"国家经贸合作发挥了重要作用。海合会国家高度重视"一带一路"国际合作平台的作用。"一带一路"倡议有利于他们自身发展战略的实施，有助于促进地区社会经济持续稳定发展。

中国和海合会国家致力于推动"一带一路"倡议。2014年，科威特同中国签署共建"一带一路"合作文件，成为签署"一带一路"合作文件的第一个中东国家。2017年中国与沙特、阿联酋等国共同发起《"一带一路"数字经济国际合作倡议》，为开展共建"数字丝绸之路"的合作提供了指南。2021年3月，中国和卡塔尔共同签署《〈中华人民共和国政府和卡塔尔

---

① 《海合会成员竞争力领跑阿拉伯国家》，http：//kw.mofcom.gov.cn/article/ztdy/202201/202201 03238962.shtml，最后检索时间：2022年10月3日。
② 周輖：《中国与海合会国家合作亮点纷呈》，《人民日报》2022年3月19日，第3版。

国政府关于对所得避免双重征税和防止偷漏税的协定〉议定书》,为双方企业发展营造更好的营商环境。

"一带一路"倡议实施后,中国加大了"一带一路"建设力度,实施了构建六大经济走廊、推动设立自贸区等措施,其中的"中国—中亚—西亚"经济走廊建设涵盖海合会国家。作为西亚北非经济快速发展地区,海合会国家也纷纷制定自身发展规划,沙特制定了《沙特2030愿景》,并在其《国家转型计划》中对《沙特2030愿景》目标进行细化;阿联酋2017年启动了《阿联酋2071百年计划》等;阿曼则有《阿曼"十五"计划纲要》和《阿曼愿景2040》。其他三国也明确了自身的发展规划,"一带一路"的实施将为地区发展规划的实现创造了新的条件。

中国通过推动共建"一带一路"倡议同沙特"2030愿景"对接,打造两国能源、经贸、高技术等领域高水平合作格局。中国、科威特加强了"一带一路"倡议同科威特"2035国家愿景"发展战略对接。中方支持阿联酋实施"面向未来50年发展战略",推进高质量共建"一带一路"。中方支持阿曼实施"2040愿景",阿曼积极参与共建"一带一路"。中方支持卡塔尔推进"2030国家愿景"建设,中卡积极推进共建"一带一路"合作。中国和巴林致力于"一带一路"倡议与巴林《2030年经济发展愿景》和《2022-2026经济复苏计划》战略对接,[①] 推动双方深入合作。中方和海合会致力于完成中国与海合会自贸协定谈判,发挥海合会国家区位优势,加快其多元化发展。

(二)2016~2021年中国与海合会国家贸易发展状况

海合会国家是中国在北非西亚地区重要的贸易伙伴,近年来双边贸易快速增长。中国与海合会国家经贸合作对促进其国民经济发展起到了直接的推动作用。2021年是双边经贸飞速发展的一年,中国和海合会国家双边经贸额增长幅度普遍超过30%(含30%),为拉动该地区经济发展做出了重要贡

---

① 《中国—巴林经贸联委会第四次会议成功举行》,http://bh.china-embassy.gov.cn/zbgx/202209/t20220915_10766443.htm,最后检索时间:2022年10月9日。

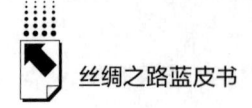

献。2021年海合会国家国内生产总值均出现增长，沙特增长18.5%，阿联酋增长14.2%，卡塔尔增长24.3%，科威特增长27.7%，阿曼增长16.1%，巴林增长12%。[1]

1. 近年来中国与海合会国家进出口贸易整体情况

近年来中国与海合会国家进出口贸易总额大幅增长。2021年双方贸易额达到了232875978千美元[2]，较2016年的112237452千美元，增长了107.5%。其中中国从海合会国家进口额达到145436154千美元，较2016年的56066692千美元，增长了159.4%；中国对该地区出口额达到87439824千美元，较2016年的56170760千美元，增加了55.67%（见表1）。中国对该地区国家由2016年的贸易略微顺差变成了贸易逆差，且贸易逆差幅度扩大。对中国出口额的大幅增加，为推动该地区国家经济发展和财政状况改善做出了重要贡献。

表1 2016年中国与海合会国家进出口情况

单位：千美元

2016年	沙特阿拉伯	阿拉伯联合酋长国	阿曼	科威特	卡塔尔	巴林	合计
中国进口总值	23614500	9989852	12022471	6366405	4009716	63748	56066692
中国出口总值	18649094	30067345	2147675	3000698	1515535	790413	56170760
进出口总值	42263594	40057197	14170146	9367103	5525251	854161	112237452

资料来源：中华人民共和国海关数据。进出口总值和合计部分系根据海关数据计算得出。[3]

---

[1] 《海湾经济以1.68万亿美元跃居全球第12位》，http://sa.mofcom.gov.cn/article/jmxw/202206/20220603318109.shtml，最后检索时间：2022年9月25日。

[2] 该部分引用数据来自（2）2021年12月进出口商品国别（地区）总值表（美元值），http://www.customs.gov.cn/customs/302249/zfxxgk/2799825/302274/302277/302276/4127455/index.html。以下相关数据来自中国海关数据，或在其基础上计算得到。最后检索时间：2022年12月21日。

[3] 该部分引用数据来自（2）2016年12月进出口商品国别（地区）总值表（美元值），http://www.customs.gov.cn/customs/302249/zfxxgk/2799825/302274/302277/302276/632008/index.html，最后检索时间：2022年12月21日。

原油和石化产品是中国从海合会主要贸易国进口的大类产品。近年来，中国十大石油进口国就包括海合会国家中的沙特、阿联酋、阿曼和科威特。中国从海合会国家进口的石油常占到中国石油总进口量的1/3以上。国际油价变化对中国与海合会间贸易额影响很大，油价上升，一方面海合会国家经济形势和财政状况好转，对华进口额增加；另一方面，其对中国出口攀升，推动双边贸易额大幅增长。

双边进出口总额总体大幅增长，部分年份波动性较大是中国和海合会国家贸易的特点。这一特点是双边贸易结构和国际油价不稳定所致。原油和石化产品在双边贸易中占相当大比重，其价格的波动直接导致了双边贸易额的变化，但这一变化难以完全体现双边贸易实际状况，中国从这一地区进口原油数量总体上一直呈增长态势，但一些年份进口金额却持续走低。

中国对海合会国家出口虽然间接受到国际油价影响，部分年份有所下滑，但其一直保持着海合会国家最重要商品来源地的地位，这是双边贸易的另一特点。随着中国科学技术水平的发展和产品质量的提高，机电产品和其他高科技产品占中国对海合会国家出口的比重持续增长，成为确保中国对这一地区出口长期稳定发展的重要力量，也为中国和海合会经济、科技、文化等多领域合作创造了良好条件。

2. 中国与沙特双边贸易规模大，经贸持续加强

石油是中国从沙特进口的最重要产品。2016年沙特对中国原油出口量为102万桶/日，较上年同期增长0.9%，但由于全球油价低迷，2016年中国原油整体进口价低于2015年，更大幅少于2014年，中国从沙特原油进口金额随之下降。2016年2月，进口价为231.86美元/吨（约合31.54美元/桶），是最低价格。2017年中国原油进口超过4亿吨，从沙特进口5218万吨。2018年中国从沙特进口5673万吨原油。2019年从沙进口持续增长，达到8332万吨原油。2020年为8492万吨，约169万桶/日，比上年同期增长1.9%。2021年进口8760万吨石油，从沙特进口占中国石油进口量约17.1%，沙特再度成为中国最大石油进口国。2021年布伦特原油现货均价

达到70.72美元/桶，同比上涨69.4%。2021年国际油价的上涨和中国进口数量的增加，使得沙特对华出口金额大幅攀升。

2016~2021年，中国和沙特之间的贸易额经历了从低位到高位，出现下滑和达到新高度的过程。2012年中沙贸易经历多年增长后，进出口金额达到7331422万美元的高位，此后贸易金额有所回落。至2016年中国与沙特进出口总额回落至42263594千美元，①双边贸易总量较前一年下降18.1%，进出口金额都有下滑。2017~2019年双边贸易金额出现连续增长。2017年、2018年和2019年中沙双边进出口金额分别达到49983779千美元、63335066千美元和78037901千美元，增幅分别为18.3%、26.7%和23.2%。2017年、2018年中国从沙特进口分别增长34.4%和44.5%，但出口分别减少了2.3%和5.1%，2019年出口大幅增长了36.9%，高于进口增幅。2020年中沙贸易总额再度下滑，降至67132117千美元，降幅为14%。但同期中国对沙特出口有所增长，增幅达17.7%。2021年双边进出口金额达87309595千美元，增幅为30.0%，其中进口增长45.9%，出口增长7.9%。② 2021年沙特国民生产总值8335亿美元，占海合会国家经济份额约为49.6%。中沙经贸对其经济促进作用明显（见图1）。

3. 中国与阿联酋贸易发展状况与特点

近年来，阿联酋发展为中国在阿拉伯地区的第二大贸易伙伴、第一大出口市场和主要投资目的国。2014年中国和阿联酋进出口金额达到54806275千美元的高位，此后下滑。至2016年两国贸易总额回落至40057197千美元，较前一年下降17.5%，进出口金额双双下滑。2017~2021年双边贸易金额连续增长。2017年、2018年、2019年和2020年中国与阿联酋进出口贸易金额分别达到40977321千美元、45917586千美元、48668929千美元和

---

① 《中国统计年鉴—2014》，http://www.stats.gov.cn/tjsj/ndsj/2014/indexch.htm，最后检索时间：2022年9月16日。
② 海关总署：《2021年12月进出口商品国别（地区）总值表（美元值）》，http://www.customs.gov.cn/customs/302249/zfxxgk/2799825/302274/302277/302276/4127455/index.html，最后检索时间：2022年9月15日。

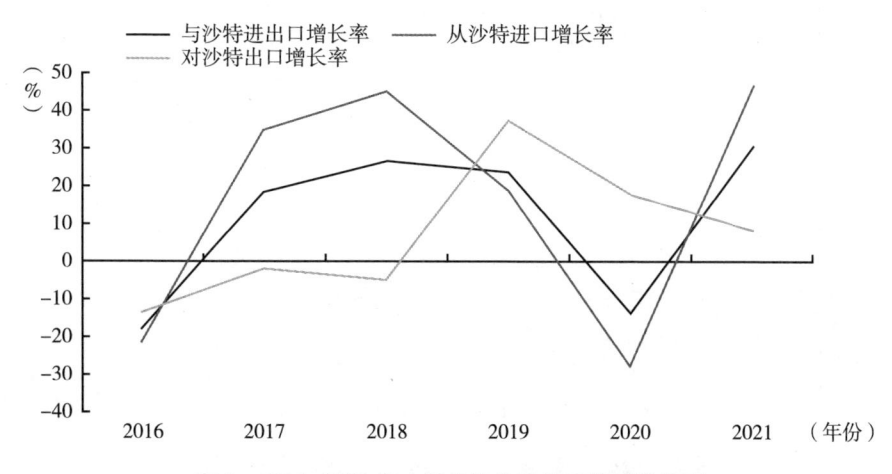

图1　2016~2021年中国与沙特进出口贸易增长率

资料来源：根据中华人民共和国海关相关数据制作。

49176245千美元，增幅分别为2.3%、12.1%、6.0%和1.0%。2017年阿联酋对华出口增幅达22.5%，但进口却下降4.4%。该年度中国对阿联酋出口金额占进出口总额的2/3以上，出口增减幅度对总金额影响更为明显。2018年进口增幅高于出口增幅。2019年在进口下降了6.1%的情况下，出口增幅达到了12.7%。2020年进口金额为16868919千美元，增长了10%；出口为32307326千美元，下降了3.3%。中方的贸易顺差较大。2021年双边进出口金额达72361736千美元，增幅为48.7%，其中进口增长67.3%、出口增长35.6%。2021年阿联酋GDP达到4100亿美元，占海合会国家GDP的24.4%。[①] 中阿经贸合作对其经济发展至关重要（见图2）。

4. 中国与阿曼贸易发展状况与特点

阿曼原油大多出口至中国。2014年中国和阿曼进出口金额达到25857629千美元的高位，此后下滑。至2016年两国进出口总额回落至14170146千美元，双边贸易总量较前一年下降17.4%，进口降低了20.1%，但中国对阿曼

---

① 《海湾经济以1.68万亿美元跃居全球第12位》，http://sa.mofcom.gov.cn/article/jmxw/202206/20220603318109.shtml，最后检索时间：2022年9月3日。

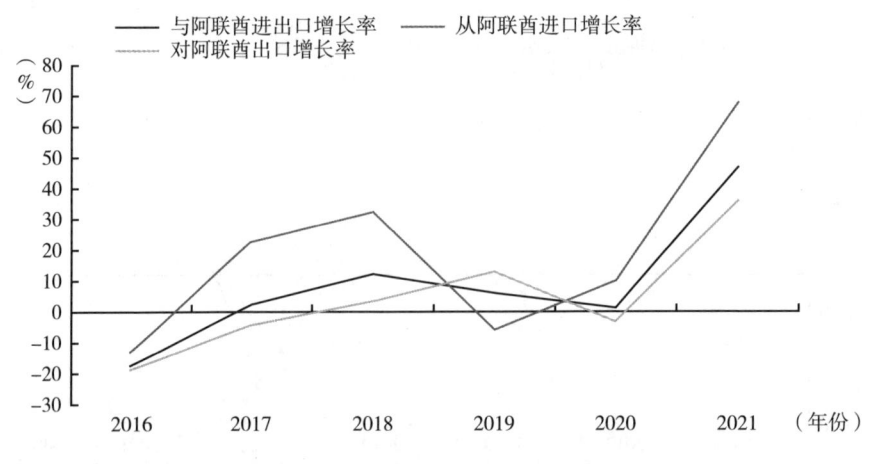

图 2　2016~2021年中国与阿联酋进出口贸易增长率

资料来源：根据中华人民共和国海关相关数据制作。

出口增长了1.5%。2017~2019年双边贸易金额连续增长。2017年、2018年和2019年中国与阿曼双边贸易金额分别达到15533338千美元、21739023千美元和22580308千美元，增幅分别为9.6%、40.0%、3.9%，前两年进口增幅高于出口增幅，2019年中国对阿曼出口增幅快于进口增幅。2020年双边贸易总额出现下滑，降至18642998千美元，进口降幅为20.9%，但中国出口金额依旧增长，增幅为2.3%。2021年双边进出口金额大幅达32133410千美元，增幅为72.4%，其中进口增长82.4%，出口增长15.9%（见图3）。

5. 中国与科威特贸易发展状况与特点

中国是科威特第一大进口来源国和最大贸易伙伴。经贸是双边关系的重要组成。[①] 2012年中国和科威特进出口金额达到12556990千美元的高位，此后下滑。至2016年回落至9367102千美元，进出口金额较2015年分别降低15.1%和20.5%。2017年和2018年连续增长。2017年、2018年中科双边贸易金额分别达到12039348千美元和18688434千美元，增幅分别为

---

① 驻科威特大使张建卫在科《消息报》发表"中国这十年"系列署名文章：《相互支持　真诚合作的中科战略伙伴关系》，http：//kw.china-embassy.gov.cn/sgdt/202210/t20221012_10782494.htm，最后检索时间：2022年10月15日。

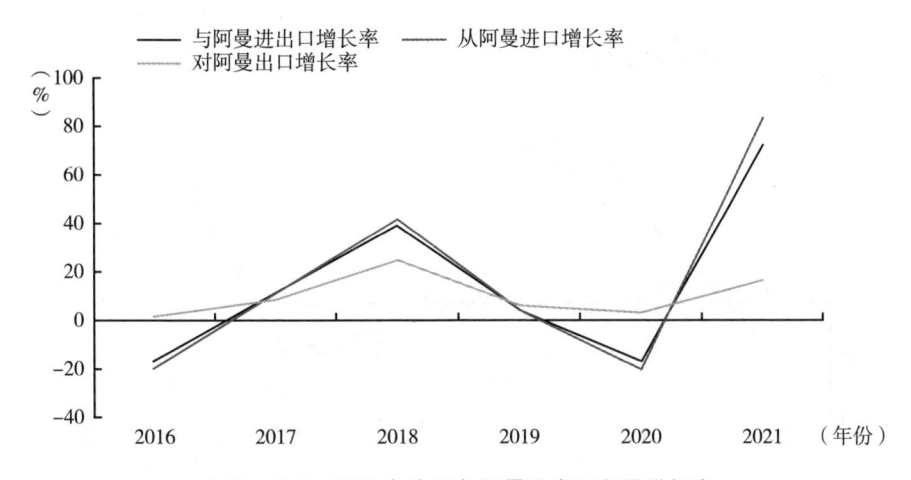

图 3 2016~2021年中国与阿曼进出口贸易增长率

资料来源：根据中华人民共和国海关相关数据制作。

28.5%和55.2%。2017年进口增幅达40.1%，明显高于出口增幅的3.7%。2019~2020年中科贸易额出现下滑，2019年、2020年进出口金额分别降至17281155千美元和14285626千美元，降幅分别为7.5%和17.3%。2019年在中国进口金额减少的情况下，出口金额增长15.8%。2020年双边进出口金额均有所下降。2021年双边进出口金额达22124486千美元，增幅为54.9%，其中进口增长65.2%，出口增长23.6%。按照科威特方面的统计，科2021年从中国进口货物总价值17亿第纳尔，占其总进口额的18%（见图4）。①

6. 中国与巴林贸易发展状况与特点

2012年中国和巴林进出口金额达到1550810千美元的高位，此后双边进出口贸易金额回落至2016年的854161千美元。2016年较2015年降低24%，且进出口都有下降。2017年和2018年连续增长。2017年、2018年、2019年中巴双边贸易金额分别达到1025913千美元、1286832千美元和1679367千美元，增幅分别为20.1%、25.4%和30.5%，2017年和2018年

---

① 《2021年科威特货物贸易出现回升势头》，http://kw.mofcom.gov.cn/article/jmxw/202206/20220603318130.shtml，最后检索时间：2022年10月15日。

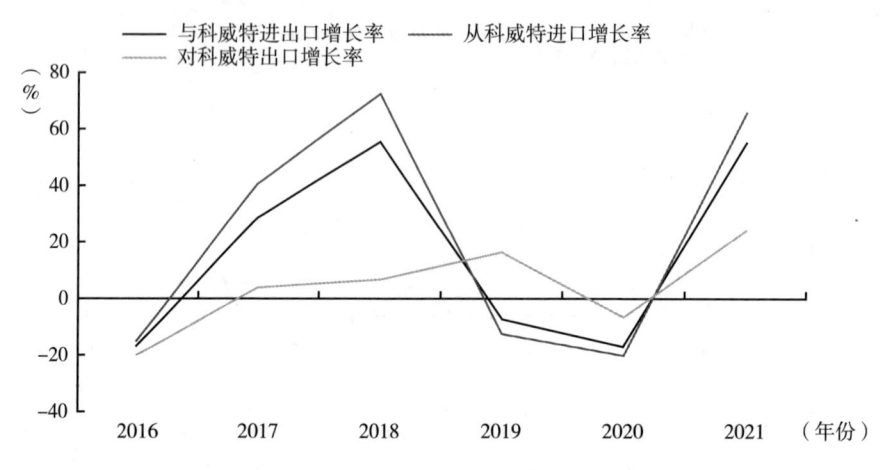

图4 2016~2021年中国与科威特进出口贸易增长率

资料来源：根据中华人民共和国海关相关数据制作。

两年进口增幅高于出口增幅。2019年出口增幅30.7%略高于进口增幅的30.1%，中国对巴林贸易顺差较大。2020年中巴贸易金额出现回落，降至1266494千美元，降幅达24.6%。2021年双边进出口金额大幅增长，达1780180千美元，增幅为40.6%，其中进口增长173.3%，出口增长23.2%。中国对巴出口额为1380325千美元，进口额为399855千美元，有较大的顺差（见图5）。

7. 中国与卡塔尔贸易发展状况与特点

中国是卡塔尔第一大贸易伙伴国、第一大进口来源国、第一大出口目的国。[1] 2014年中国和卡塔尔进出口金额达到10582793千美元的高位，此后下滑。至2016年中卡进出口总额回落至5525250千美元，较前一年下降19.8%，进出口金额都有下滑。2017年和2018年连续增长。2017年、2018年中卡双边贸易金额分别达到8076827千美元和11626273千美元，增幅分别为46.2%和43.9%。2017年进口增幅数倍于出口增幅，2018年出口增幅

---

[1]《十载奋斗铸辉煌 继往开来谱新篇——周剑大使在国庆73周年招待会上的致辞》，http://qa.china-embassy.gov.cn/zkgx/202209/t20220926_10772002.htm，最后检索时间：2022年10月7日。

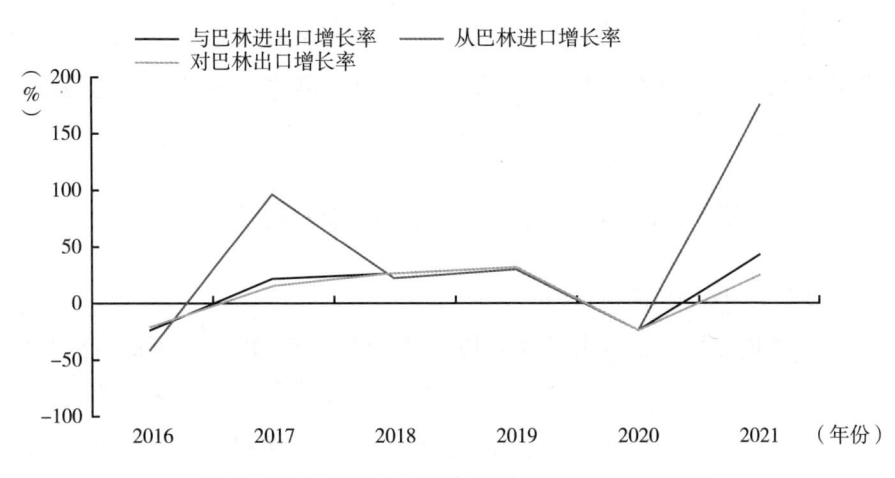

图5　2016~2021年中国与巴林进出口贸易增长率

资料来源：根据中华人民共和国海关相关数据制作。

为47.5%，略高于进口增幅的42.9%。2019~2020年中科贸易额出现下滑，2019年、2020年进出口金额分别降至11114774千美元和10903965千美元，降幅分别为4.4%和2%。但2020年中国对卡出口呈增长态势，增幅为9.3%。2021年双边进出口金额大幅增长，达17166571千美元，增幅为57.4%，其中进口增长59%、出口增长50.5%（见图6）。

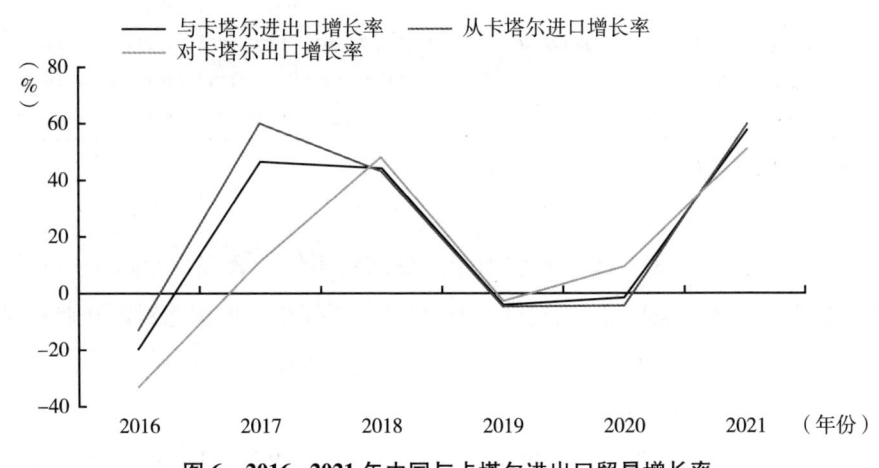

图6　2016~2021年中国与卡塔尔进出口贸易增长率

资料来源：根据中华人民共和国海关相关数据制作。

卡塔尔是全球最主要的液化天然气生产国和出口国之一，2021年占全球液化天然气出口份额的21%，石油和天然气是其主要出口产品（约占出口额80%），其液化天然气最大的出口目的国是中国。

（三）2021~2022年中国和海合会国家贸易稳步推进

1. 2021年中国和海合会国家贸易

（1）中国与海合会国家经贸是共建"一带一路"国家经贸的重要组成部分

2021年中国与海合会国家进出口总值达到2300多亿美元，占中国与共建"一带一路"国家贸易额1.8万亿美元的12.9%（见表2）。以人民币计算，2021年中国对海合会国家中的沙特阿拉伯、阿联酋和阿曼进出口分别较上年同期增长21.3%、36.7%和60.1%，合计占中国对共建"一带一路"国家年进出口总值的10.7%。①

表2 2021年中国与海合会国家进出口情况

单位：千美元

2021年	沙特阿拉伯	阿拉伯联合酋长国	阿曼	科威特	卡塔尔	巴林	合计
中国进口总值	56985104	28539476	28567387	17738934	13205398	399855	145436154
中国出口总值	30324491	43822260	3566023	4385552	3961173	1380325	87439824
进出口总值	87309595	72361736	32133410	22124486	17166571	1780180	232875978

资料来源：根据中华人民共和国海关相关数据制作。

与中国对"一带一路"多数国家贸易结构不同，大多数年份中国对海合会整体上呈现出进口额大于出口额的局面。近年来，中国除对阿联酋和巴林贸易出现盈余外，对其他海合会国家贸易均出现逆差，且对一些国家贸易

---

① 海关总署：《2021年"一带一路"沿线国家占我国外贸整体比重近3成》，http://www.customs.gov.cn/customs/302249/zfxxgk/2799825/302274/jcyjfxwz39/7532074b-2.html，最后检索时间：2022年10月9日。

逆差数额较大。尽管沙特、科威特等国对华贸易中出口远大于进口，但中国依然是其主要货物进口国。

（2）沙特是中国在西亚北非地区最重要的贸易伙伴

2021年，中沙两国贸易总额占到中国和海合会贸易总额的37.49%，其中中国对沙出口占中国对海合会国家出口的34.68%，进口占从海合会进口的39.18%；阿联酋是从中国进口额最多的西亚北非国家，在该地区对华贸易仅次于沙特，中国对阿联酋进出口占中国对海合会贸易额的31.07%，对阿联酋出口占对海合会出口的50.1%，从其进口占总进口额的19.62%；科威特对华贸易占海合会对中国贸易总额的13.8%，其中进口占5.02%、出口占12.18%；中国是阿曼最重要的对外出口国，其对华进出口额占到海合会国家对华的9.5%，出口占19.64%、进口占4.08%；卡塔尔对中国进出口额占海合会国家对华的7.37%，其中进口占4.5%、出口占9.1%；巴林对华进出口额占海合会对中国贸易额的0.76%，进口占1.58%、出口占0.27%。

2. 2022年前8个月，中国与海合会国家贸易状况

（1）2020年前8个月，中国与海合会国家进出口贸易普遍呈增长态势

2022年前8个月，中国与海合会6个正式成员国之间进出口贸易均呈现出增长态势。石油和石化工业品是除巴林的其他海合会国家对华出口的主要产品。2021年以来国际原油价格大幅上涨，直接推动了中国从海合会国家进口值的增加。海合会国家收入增加，有助于其从中国进口出现一定程度增长。海合会六国中，中国仅对阿联酋和巴林贸易呈现出超状态。巴林是波斯湾地区第一个进入后石油经济的国家，金融、工业、旅游为巴林经济发展新的支柱。

2022年前8个月较2021年同期中国与巴林进出口贸易额（以美元计算）增长53.6%，其中中国对巴林出口增长55.7%，从巴进口增长41.8%；中国与科威特进出口贸易额增长48.1%，其中中国对科出口增长13.5%，从科进口增长56.5%；中国与阿曼进出口贸易额增长35.8%，其中中国对阿曼出口增长12.9%，从阿曼进口增长38.9%；中国与卡塔尔进出口贸易

额增长64.4%，其中中国对卡出口增长6.1%，从卡进口增长81.9%；中国与沙特阿拉伯进出口贸易额增长37.9%，其中中国对沙特出口增长18.4%，从沙特进口增长48.9%；中国与阿联酋进出口贸易额增长48.7%，其中中国对阿出口增长27.9%，从阿进口增长83.1%（见表3）。

表3 2022年1~8月中国与海合会国家进出口情况

单位：千美元，%

2022年 1~8月	沙特阿拉伯	阿拉伯联合酋长国	阿曼	科威特
中国进口总值	52941729	29684616	24379675	17815010
中国出口总值	23863616	34403458	2727957	3119316
进出口总值	76805345	64088074	27107632	20934326
进出口（较上年同期）增长	37.9	48.7	35.8	48.1
出口增长	18.4	27.9	12.9	13.5
进口增长	48.9	83.1	38.9	56.5
2022年 1~8月	卡塔尔	巴林	合计	
中国进口总值	14512133	215184	139548347	
中国出口总值	2535936	1325277	67975560	
进出口总值	17048070	1540461	207523908	
进出口（较上年同期）增长	64.4	53.6	44	
出口增长	6.1	55.7	22.5	
进口增长	81.9	41.8	57.5	

资料来源：中华人民共和国海关总署《2022年8月进出口商品国别（地区）总值表（美元值）》和在海关相关资料基础上计算得出。①

（2）中国对沙特、阿联酋出口状况分析

2022年前8个月中国对沙特出口值为23863616千美元，比2021年同期的20198287千美元有较大增长；对阿拉伯联合酋长国出口值为34403458千美元，比2021年同期的26883012千美元有大幅增加。对阿曼出口值为

---

① 该部分引用数据来自《2022年8月对部分国家（地区）出口商品类章金额表（美元值）》，http://www.customs.gov.cn/customs/302249/zfxxgk/2799825/302274/302277/302276/4583092/index.html，最后检索时间：2022年12月21日。本部分相关数据来自于此。

2727957千美元，比2021年同期的2419113千美元略有减少。

2022年前8个月，中国对沙特出口值较大的产品大类主要为机电、音像设备及其零件、附件类，达5750816千美元，占同期中国对沙特出口的24.1%，其中机械器具及其零部件等达到2686350千美元，电机、电器、音响等达3064465千美元。较2021年同期同类产品出口值增长了15.4%。贱金属及其制品类（3595011千美元），占对沙特出口的15.06%，其中钢铁和钢铁制品出口值分别为1710074千美元和922509千美元，铝及铝制品为432004千美元，钢铁和铝及其制品是中国对沙特出口的重要产品。较2021年同期增长了68.4%。塑料、橡胶及其制品类达1682362千美元，占对沙特出口的7%，其中的塑料及其制品出口量达到1099592千美元。此类产品同比增长了21.8%。近年来，中国对沙特的汽车等产品出口增长较为显著，2022年前8个月车辆、航空器、船舶及运输设备类出口值为2183028千美元，占对沙特出口的9.2%，其中车辆（不包括铁路车辆）为2158147千美元，同比增长了54.6%，表明中国汽车在沙特市场竞争力快速增强。

对沙特出口的大宗产品还包括纺织原料与制品类（2551978千美元），占同期中国对沙特出口的10.69%，其中针织、钩织服装及其附件和非针织、钩织服装及其附件出口量较大，分别达到933705千美元和618428千美元，但较2021年同期下降。家具、灯具、玩具、运动用品等杂项达2734641千美元，占对沙出口的11.46%。较往年同期有所减少。从2022年前8个月中国对沙特出口状况分析，技术含量高、资本密集型产品出口呈现较强增加态势，传统纺织服装类、家具等产品出口呈下降趋势。反映了我国产品质量，特别是高技术产品质量提高明显，在国际市场竞争力日渐增强。

阿联酋是中东地区重要的贸易中转站，中国是阿联酋最大的贸易伙伴，中国销往西亚和北非地区的60%贸易货物以阿联酋为中转站，两国2021年非石油贸易额较前一年增加了27%。2022年前8个月，中国对阿联酋出口的大宗商品包括机电、音响设备及其零附件类（13214588千美元），化工产品类（1879030千美元），塑料、橡胶及其制品类（2108466千美元），纺织原料与纺织制品类（3694976千美元），贱金属及其制品类（3899464千美元），车辆、航空、船舶等运输设备类（2202042千美元），家具、灯具、玩具、运动用品等杂项类（2279474千美元）等。其中机电、音响设备及其零附件类占中国对阿联酋出口的38.4%，同比增长了27.8%，增幅可观。贱金属及其制品类占中国对阿出口的11.3%，较上年同期增长41.5%了。纺织原料与纺织制品类占中国对阿出口的10.7%，同比略有增长。化工产品类占中国对阿出口的5.5%，较上年同期的1638808千美元有所增长。塑料、橡胶及其制品类占中国对阿出口的6.1%，同比增长了29.6%。车辆、航空、船舶等运输设备类占中国对阿出口的6.4%，同比增长了104%。主要是中国输阿机动车辆增长较快，机动车辆及零配件比上年同期增长了109%，2022年前8个月达1921885千美元。说明中国汽车在中东地区逐渐获得认同，中国对中东汽车贸易呈现出快速增长态势。家具、灯具、玩具、运动用品等杂项类占对阿出口的6.1%，同比增长了29.6%。中国对阿联酋主要大宗出口商品均呈现增长趋势，反映了中东国家对中国商品依旧有很强的需求。对阿出口商品中高科技产品、资本密集型产品增长较快，体现了中国在这些领域的持续优势与中国和西亚北非国家贸易的较强互补性。

（3）中国从沙特、阿联酋、阿曼进口状况分析

沙特阿拉伯是中国石油主要进口国，2022年前8个月中国从沙特矿石类产品进口值达到45325093千美元，占同期中国从沙方进口总值52941729千美元的85.6%；其中以石油为主的矿物燃料、矿物油及其产品、沥青等进口值达44646543千美元，占从沙方进口总值的84.3%。此外，中方从沙特的有机化学品进口值为3926487千美元，占比为7.4%；塑料及其制品进口值为3100345千美元，占比为5.86%。我国是全球有机化学品聚乙烯的主要生产国和消费国，沙特是世界聚乙烯主要生产国，是近年来一直排在中国聚乙烯进口前列的国家。石油和石化工业是沙特经济命脉，中国从其大量进口石化产品体现了沙特在石化工业发展方面的优势。

以原油为主的矿石类产品是中国从阿联酋进口的最主要商品，2022年前8个月进口值达到26068014千美元，占中国从阿进口总值29684616千美元的87.8%。其中矿物燃料、矿物油及其产品、沥青等进口值达25698709

千美元，占进口总值的86.6%。同期，中方从阿的塑料及其制品进口值为1954056千美元，占进口总值的6.6%。体现了阿联酋在塑料等化工生产方面拥有相当实力。

阿曼是中国石油重要进口国，中国是阿曼原油最大出口国。阿曼石油质量高，符合中国炼油厂要求。2022年前8个月中国从阿曼矿石类产品进口值达到22657817千美元，占同期中国从阿曼进口总值24379675千美元的92.9%；其中石油为主的矿物燃料、矿物油及其产品、沥青等进口值达22384056千美元，占比达91.8%。

二 中国与海合会国家经济合作方式和领域不断深入

（一）中国与海合会国家基础建设领域合作成果丰硕，前途广阔

中国通过在海合会国家承包工程，促进了该地区基础设施建设。中国向科威特、阿曼、卡塔尔、沙特、阿联酋等海合会国家选派了大量工程人员，开展工程建设（见表4）。

表4 2020年中国在海合会国家承包工程情况

单位：万美元，人

国别	对外承包工程		
	完成营业额	派出人数	年末在外人数
科威特	202205	1303	2270
阿曼	48919	520	880
卡塔尔	42344	125	413
沙特阿拉伯	618904	11832	19605
阿联酋	818541	3375	10558

资料来源：《中国统计年鉴—2021》，http：//www.stats.gov.cn/tjsj/ndsj/2021/indexch.htm，最后检索时间：2022年9月16日。

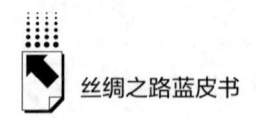

中国企业承揽了大量海合会国家重要建设项目,推动了当地社会经济发展。2016年11月,中国铁建国际集团有限公司中标2022年卡塔尔世界杯主体育场——卢塞尔体育场建设项目,统筹主导其建设工作,15个国家110家大型分包企业参加了项目建设。该建筑现已成为卡塔尔地标性建筑,印在了卡塔尔里亚尔的纸币背面。此外,中铁十八局集团卡塔尔公司还承建了世界杯足球赛配套项目——五星级酒店绿洲酒店的建设。

开展基础建设,帮助解决水资源短缺问题。2018年中石化承建的沙特延布—麦地那输水管线三期工程完工,并于2019年为被称为圣地的麦地那供水。2021年中国电建承建的全球最大反渗透式海水淡化项目——阿布扎比塔维勒海水淡化项目并网成功,每天可产出合格饮用水90万吨。① 中国能建葛洲坝集团承建科威特穆特拉新城的超大型雨水收集池,建成后收集池总容积约为65万立方米,能有效收集地表雨水、回灌地下水资源。

中国企业在海合会国家承建房建工程,有利于改善当地民众住房条件。2022年中国电建承建的卡塔尔新港NPP0057房建与基础设施工程荣获"鲁班奖(境外工程)"。中铁十八局集团承建的格湾岛项目属于卡塔尔政府重点打造的民生工程。中国机械设备工程股份公司承建的巴林锡特拉东部保障房项目也属于这类房屋建筑工程。

(二)原油贸易是中国和海合会国家经贸的重要领域

海合会国家是中国原油重要的进口地。2021年沙特、阿联酋、阿曼、科威特对中国出口原油分别达到约8757万吨、4482万吨、3194万吨和3016万吨,分别占到中国当年进口原油总量的约17%、8.7%、6.2%和5.9%。2021年中国从该地区进口原油占中方原油进口量的近40%。2022年上半年,中国从海合会国家进口石油占其进口石油比重进一步增加,沙特、阿曼、阿联酋、科威特对华出口原油占中国原油进口比重分别达到了17.1%、8.3%、

---

① 周輖:《中国与海合会国家合作亮点纷呈》,《人民日报》2022年3月19日,第3版。

7.7%、6.8%，所占比重达到40%左右。中国对外石油依存度超过70%，海合会国家在保障中国原油安全方面发挥着重要作用，加强中国和该地区经贸联系对于确保能源安全具有重要意义。

（三）中国和海合会国家大力推动油气与石油化工领域合作

中国和海合会国家致力于油气领域合作，涉及油田服务、勘探、炼化等方面。中国为海合会国家提供勘察、开钻油井等服务，提高该地区原油生产能力。在科威特，中国石化历经10余年发展成为科陆上最大钻井承包商，被科威特业主誉为钻机启动的"中国速度"。[①]

中国为海合会国家建造炼油厂，推动了该地区石化工业生产能力。中国石化联合承建中东地区最大炼油厂——科威特阿祖尔炼油厂，助力科威特经济转型。中国石化集团还联合建造了沙特最大的延布炼油厂。

中国和海合会国家联合开发油气，加深了双边油气领域合作。中石油开展了阿联酋阿布扎比陆海项目等工作。

中国向海合会国家出口石油开采设备，体现了双方在油气领域合作层次的加深。2018年中石油宝鸡石油机械公司向科威特出口了首套9000米特深井钻机，用于油区开钻。首次批量出口科威特共有8套。[②] 2021年9月，宝石机械公司又向科威特出口了4套其研制生产的修井机，体现了科方对中国石油设备的认同。

（四）中国和海合会国家重视高科技和经贸其他领域合作

中国与海合会国家致力于加强航空航天领域的合作。2022年9月，中国和阿联酋签署了《中国国家航天局与穆罕默德·本·拉希德航天中心关于嫦娥七号任务合作的谅解备忘录》。农业科技领域，2021年9月，中阿双

[①] 《石化油服获科威特3.6亿美元大单》，中化新网（中国化工报），http://www.ccin.com.cn/detail/bf108c2949b8c6d6f790f92dbe4899d1/news，最后检索时间：2022年10月3日。

[②] 《宝石机械深井钻机科威特开钻》，中化新网，http://www.ccin.com.cn/detail/12ac6057b19f 807bf545a5b9011e0667/news，最后检索时间：2022年10月15日。

方签署了《中国农业科学院与阿联酋大学合作谅解备忘录》。两国在杂交水稻育种、畜牧产业、椰枣种植等领域合作，成效较大。中国和海合会国家加强网络安全领域合作。2022年10月，中国商务部等单位举办"巴林网络安全防范战略与应急处置研修班"，[①]推动双方在这一领域的合作。

中国和海合会国家重视开展环境治理领域的合作。2021年7月，科威特原油公司和中国相关企业签订合同，处理伊拉克入侵期间对科造成的土壤污染。当时因油井遭到破坏，大量石油泄漏，导致300多平方公里的土地被污染。

（五）中国和海合会国家持续加强交通、电力、通信等领域合作

中国和海合会国家致力于发展信息技术与通信领域的合作，信息技术合作成为双方务实合作的突出亮点。近年来，华为、中兴等企业积极参与卡塔尔5G网络建设，提供高质量的产品和服务。阿里云、腾讯云分别在阿联酋和巴林成立云计算服务商和云计算数据中心。华为与沙特、阿联酋、科威特、阿曼、巴林等海合会国家的电信公司签署5G技术合作协议，承接5G网络建设项目，助推5G商用进程。阿里巴巴在阿联酋迪拜启动"科技城"项目，以提升阿联酋在数字人工智能方面的技术水平。

中国企业重视开展海合会国家的交通基础建设项目。2021年中原建工公司承建的沙特海米斯阿哈德桥项目主桥正式通车，缩短了民众通勤时间，项目还获得业主颁发的优质工程奖。中国石化20年来在沙特承建了30多座城市的立交桥和通道建设。此外，中国企业在阿联酋开展了哈利法港码头、联邦铁路二期工程等建设工作。至2022年，中国铁建已圆满完成7次麦加轻轨运营任务，运送朝觐者达2000多万人次。

中国和海合会国家合作发展新能源事业。中国电建EPC总承包的卡塔尔首座非化石燃料发电站——800.15兆瓦光伏项目，是卡塔尔第一个并网发电的大型地面光伏电站，实现着卡塔尔举办"碳平衡"世界杯的承诺。

[①]《中国培训项目"巴林网络安全防范战略与应急处置研修班"开班典礼成功举行》，http：//bh.china-embassy.gov.cn/zbgx/202210/t20221013_10783037.htm，最后检索时间：2022年10月15日。

中国企业为海合会国家制造先进船舶，保障油气海外运输。2022年沪东中华（集团）有限公司承接了"卡塔尔百船建造计划"中的首批LNG运输船订单，通过先进的造船技术服务卡塔尔液化气出口。

（六）中国和海合会国家致力于投资和金融领域的合作

为促进中国和海合会国家金融合作，中国农业银行、中国建设银行分别成立了迪拜国际金融中心分行，中国银行成立了迪拜分行。中国和卡塔尔央行续签了双边本币互换协议，中国工商银行建立了多哈分行、利亚德分行、阿布扎比分行、科威特分行、工行中东有限公司等，中国银行建立了卡塔尔金融中心分行，成为卡塔尔金融中心重要金融机构。中国商业银行和金融机构还在海合会国家发行过债券。[①]

另外，海合会国家在中国建立了一批金融机构。2017年8月，阿联酋联合国民银行公开合股公司开设上海分行，2017年3月，科威特国民银行股份有限公司开设上海分行，沙特国家商业银行股份有限公司、卡塔尔多哈银行股份有限公司等金融机构也开设了上海代表处。

中国与海合会国家不断加强在投资领域的合作。沙特是中国在阿拉伯地区投资最多的国家，截至2021年在沙总投资约为435亿美元，占中国在阿拉伯国家投资总额（2139亿美元）的21%。阿联酋位居中国在该地区投资的第2，截至2021年中方投资额达362亿美元。[②] 中国在海合会国家的大力投资彰显了双方合作的密切，也体现了海合会国家的巨大经济潜力和在本地区的经济影响力与活跃度。据科方统计，中国在科直接投资总额累计约4.1亿美元，已成为科第二大外资来源国。[③] 中国在海合会国家的投资，推动了

---

① 吴佳茗、李蕊：《中国与海合会国家金融合作的问题及对策分析》，《阿拉伯世界研究》2019年第3期。
② 《中国在阿拉伯世界投资2139亿美元，其中21%在沙特》，http：//sa.mofcom.gov.cn/article/jmxw/202205/20220503309620.shtml，最后检索时间：2022年10月17日。
③ 驻科威特大使张建卫在科《消息报》发表"中国这十年"系列署名文章：《相互支持　真诚合作的中科战略伙伴关系》，http：//kw.china-embassy.gov.cn/sgdt/202210/t20221012_10782494.htm，最后检索时间：2022年10月15日。

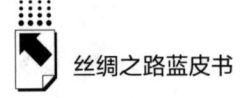

当地的发展。在卡塔尔，宇通客车等多家中国企业成功投资，推动卡绿色可持续发展。

中国与海合会国家的投资合作，还体现在双方合作向其他地区投资。中国电建集团和卡塔尔王室分别按照51%和49%的比例，共同投资建设"一带一路"旗舰项目——巴基斯坦卡西姆燃煤电站，成为巴基斯坦电力行业的标杆项目，推动了南亚经济发展。

（七）中国和海合会国家紧密合作开展抗击疫情等医疗活动，效果显著

中国和阿联酋合作开展了全球首个新冠灭活疫苗三期国际临床试验，帮助阿建设年产2亿剂的Hayat-Vax疫苗生产厂，助力阿联酋成为全球疫苗接种率最高的国家之一。2021年3月，中国国药集团30万剂新冠疫苗运抵巴林，巴政府专门举行了新冠疫苗运抵交接仪式。2021年5月，中国政府向阿曼政府无偿提供10万支新冠疫苗，并运抵马斯喀特，帮助他们开展抗击疫情活动。中国企业华大基因在沙特阿拉伯设立了火眼核酸检测实验室，帮助沙方完成超千万人的检测工作，培训当地实验人员上百名，成为中国抗疫方案的海外标杆。此外，华大基因还在阿曼机场等地建立了火眼核酸检测实验室，保障对跨境人员开展快速核酸检测。

中国和海合会国家在医疗领域进行了广泛合作。1976年中国向科威特派出首批医疗队，至2022年已达14批，服务内容包括针灸、拔罐、推拿等传统中医治疗。

三 中国与海合会国家经贸发展趋势、问题与挑战

（一）中国和海合会国家经贸合作发展趋势

1. 中国与海合会国家数字经济、高科技等方面合作将进入快车道

中国在数字经济上的成就和经验，有助于推动双方合作。2021年，中

国数字经济规模超过45万亿元，占GDP比重达到39.8%。近5年中国算力核心产业规模平均增速超过30%，2021年超过1.5万亿元。中国已经初步构建起先进完备的信息技术产业体系。[①] 中国数字经济规模仅次于美国，位居世界第2，这为中国和海合会国家开展数字经济领域的深度合作创造了条件。中国在新能源、人工智能、电动汽车、航天技术、量子技术等领域的发展，为双方合作提供了新的领域。

海合会国家对数字经济的重视，为双方深入合作提供了助力。2018年阿联酋推出了《国家人工智能战略2031》，2016年阿曼出台了《数字阿曼战略2030》。沙特则制定了《国家数据和人工智能战略》。而科威特也在《新科威特愿景2035》中将数字化转型作为其战略优先事项。沙特的《2030愿景国家转型计划》和《阿联酋数字经济战略》很重视数字经济对GDP的贡献。

海合会国家数字基础设施建设加快，国家电子商务增长迅猛，但其数字技术溢出效应低于全球平均水平，数字经济发展上升空间很大。海合会国家致力于进一步提升数字经济水平的动力，为双方合作提供了契机，双方在这一领域合作的前途更为广阔。

海合会国家的改革发展为双方发展创造了条件。沙特等海合会国家通过改革激励外国投资、合作。阿联酋修订法律，除少数受限行业外，允许外资企业可拥有100%股权，高于此前49%的限制。2021年底阿联酋进行了大规模的司法改革，出台了《电子交易和信托服务法》《网络安全法》《工业产权法》《数据保护法》等，[②] 内容涵盖贸易、版权、居住权等40项，其中颁发长期签证等措施有助于吸引更多技术移民。这些改革举措不仅为阿联酋经济转型战略实施和"营商环境"的持续向好提供保障，也有利于包括中国

---

① 《规模总量超45万亿元我国数字经济发展正当时》，光明网，https://economy.gmw.cn/2022-10/20/content_36101370.htm?from=uluaire，最后检索时间：2022年10月15日。
② 刘冬：《阿联酋建国以来最大规模司法改革的背景与目的》，中国社会科学院西亚非洲研究所，http://iwaas.cass.cn/xslt/zdlt/202203/t20220316_5398975.shtml，最后检索时间：2022年10月5日。

在内的其他国家与阿联酋数字经济、高科技和经济贸易合作的持续深入。

双方在数字经济领域的已有合作，为进一步发展奠定了基础。多年来中国和海合会一直重视在高科技领域的合作，中国和沙特政府签署有人工智能和通讯合作协议，华为与沙特阿美合作成立了创新中心，用人工智能和信息技术为后者提供智能解决方案；阿里巴巴在沙特设立培训基地，培养相关高科技技术人才。① 这些合作为后续发展夯实了基础，为双方数字经济和其他高科技合作做准备。

2. 中国与海合会国家在石油、天然气和石油化工等领域将进一步加深合作

中国与海合会国家的经贸发展，推动着双边在各个领域的合作。中国成为沙特等国最主要的原油出国口，为双边关系进一步提升创造了条件。2021年，中国与沙特原油日交易量达到176万桶，占沙特出口的25%左右。2021年12月，美国日进口沙原油从1990年的200万桶左右下降至不足50万桶。中国与沙特在石油贸易领域的依存度明显超越了沙特与美国，这为原油交易领域人民币计价结算提供了新的动力。沙特国家石油公司在中国设厂进行石油提炼销售，为双方合作的持续发展提供新领域和动能。

中国是国际上液化天然气的主要进口国之一。海湾地区是世界上天然气富集区域，卡塔尔等国家是重要的天然气出口国。中国同卡塔尔等海合会国家在液化天然气贸易上有很强的互补性，彼此是最重要的油气贸易伙伴。中国先进的造船技术和油气勘探技术，可以保障高难度液化天然气运输船舶的制造，有助于推动该地区国家油气的开采和运输，双方在该领域合作拥有巨大潜力。

3. 人民币计价结算是双边合作的大趋势，将深化双边经贸关系

对该地区产油国而言，持有货币多元化是资产保值的需要。国际金融危机后美元大幅贬值，致使大量持有美元的地区石油大国蒙受巨大损失。人民币计价结算是大趋势，一是美国收支持续呈现赤字化、对外负债大、美国内

---

① 《中沙互补性强 双方合作将为全球起示范作用》，《21世纪经济报道》2022年1月24日，第10版。

通货膨胀严重等，使得"去美元化"趋势加剧。为规避风险，石油销售大国越来越多的将人民币等货币纳入结算体系，有助于石油人民币计价结算的推广。

二是中国和海合会紧密的进出口贸易关系为人民币计价结算创造了条件。中国是海合会国家最主要的进口国，中国的产品和工程、科技类服务在当地深受欢迎。同时，中国是海合会石油输出国稳定的石油进口需求和消费市场。使用人民币等本地货币计价有利于双方企业规避汇率风险，降低汇兑损失和经营成本，节约财务费用，提升在彼此市场的竞争力。

三是中国原油期货交易的推出和成功，提升了人民币石油计价结算的信心，助推了人民币在海湾地区计价结算工作的开展。另外，人民币石油计价结算在"一带一路"其他石油输出国家的使用也有利于鼓舞和推动中国与本地区国家之间开展此项业务。中国与海合会国家间，人民币等本地货币计价结算的不断推动，为双边经贸合作深化提供了新平台，有助于推动中国对海合会国家的出口贸易，缩减双边贸易逆差，稳定海合会对华油气出口市场，加大双方相互信任程度，推动经贸、金融、科技、文化旅游、安全等诸多领域合作。

（二）中国与海合会国家经贸合作发展的问题与挑战

1. 国际战略格局、地区安全形势、极端气候变化和域外大国影响是双边经贸发展需要重视的问题

国际战略形势的变化，不仅对地缘政治产生深远影响，而且波及国际经贸领域。俄乌冲突加剧以来，西方对俄制裁力度空前增大。欧盟国家大幅度减少对俄能源依赖，转而寻求包括海合会国家在内的其他能源市场，将导致能源价格在较长时间居高不下，一定程度上影响世界经济的快速复苏。另外，近年来海湾地区战乱不断，沙特等国与也门胡塞武装持续对抗，也对地区经贸的正常发展构成潜在影响。

随着全球变暖趋势的发展，极端气候出现的频率大增，影响世界对能源需求的程度和方式，成为影响国际能源供需、价格的重要变量，值得关注和

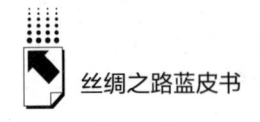

警惕。

以美国为首的西方国家在海湾地区拥有相当大的影响力，其对西亚北非地区的战略、法规、政策变动，是左右地区稳定和发展的重要因素，很大程度上影响到中国和该地区国家的正常经贸发展，值得高度关注。

2. 国际市场原油价格变动等因素是中国和海合会国家经贸发展中的变量

国际油气市场因供需变化、国际政治因素等引起的油气价格剧烈变动，是中国和海合会国家之间油气贸易的重要变量，这一因素是导致中国和海合会国家进出口金额大起大落的直接原因。油气价格的大幅回落影响到海合会国家的国民经济发展和财政收入，进而影响到其对国外产品的进口能力，影响其国内经济社会发展战略的正常实施。

国际原油价格回落后，在海合会国家对华原油出口量大幅增加情况下，出口总金额却持续下滑。收入减少后，削弱了他们从中国的进口能力，致使中方与海合会部分国家进出口金额均出现回落的情况。原油价格的大幅上涨，将进一步加剧双边贸易的不平衡性，中国对多数海合会国家贸易逆差程度增大，影响中国原油进口数量。但同时，海合会国家对华进口却呈现明显的恢复和增长，一定程度上促进了双边贸易的发展。

3. 产品升级、品牌创新能力不足等是制约部分中国企业对海合会国家出口的因素

近年来，中国对海合会国家贸易出口中，技术含量较低的传统产品销量增长放缓，甚至在沙特等经济发展较好国家市场出现下滑现象，需要中方相关企业关注。由于中国国内用工成本、土地成本增加，一些中国产品品牌价值竞争力差等因素，影响到了传统产品在海湾地区的销售。这需要中资企业不断适应环境变化，提升产品品质，着力研究分析海合会国家市场特点，改变宣传方式，加大宣传力度，提升产品品牌价值和议价能力，开拓不同消费群体，巩固和发展海合会国家的传统产品市场。

应充分研究海合会不同国家的市场政策，和他们在国际经贸体系中的不同地位与特征，结合自身企业的科技水平、生产特点、能力，充分借助阿联酋等国家在西亚北非经贸中的中转作用，开拓中东市场，甚至是欧美市场。

四　进一步促进中国与海合会国家经贸发展的对策建议

（一）进一步加强中国和海合会国家在油气、基础建设、金融等领域的合作

中国是海合会国家重要的油气进口国，双方在油气领域有一定的合作，但就现阶段双方油气领域的密切关系而言，这种合作还有很大的提升空间，双方应进一步扩大在油气勘探、开采、加工、运输等领域的合作力度和方式。

这两年来海合会国家经济形势持续好转，经济发展力度加大，应抓住这一机遇，提升合作水平和力度。自沙特"2030愿景"启动后，其地产和基础设施项目规模超过1.1万亿美元，市场巨大。① 2022年，为深化人工智能在城市建设方面的应用，沙特发起名为"智能马拉松-SMARTATHON"的新挑战，计划建设200座智慧城市。② 海合会国家大规模建设为双方在数字经济和基础建设方面的合作提供了机会。

尽管中国与海合会国家在金融领域多有合作，但就双边经济发展规模而言，这种合作需要进一步加强，首先需增加合作规模增长速度；其次要提高双边跨国金融机构开设数量，进一步优化布局；最后提高金融合作力度，加强货币合作、金融创新和国际金融秩序重建等方面的工作。

利用好现有条件，拓宽合作渠道。多年来中企一直在海合会国家发展，积累了大量经验，打下了合作的基础。如2022年阿联酋经济部与华为公司合作推出ScaleUp Digitize计划，促进阿联酋初创和中小企业创新和数字化转型，③ 就是这种合作深化的体现。

---

① 《沙特基础设施和房地产项目超1.1万亿美元》，http：//sa.mofcom.gov.cn/article/sqfb/202209/20220903348951.shtml，最后检索时间：2022年10月6日。
② 《沙特推进"智能马拉松"智慧城市建设计划》，http：//sa.mofcom.gov.cn/article/sqfb/202209/20220903351217.shtml，最后检索时间：2022年10月7日。
③ 《阿经济部与华为合作推出ScaleUp Digitize计划》，http：//ae.mofcom.gov.cn/article/jmxw/202208/20220803339785.shtm，最后检索时间：2022年9月29日。

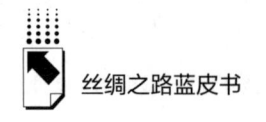

（二）抓住"一带一路"倡议机遇，进一步加强中国和海合会国家数字经济领域的合作

海合会国家是"一带一路"地区的重要组成部分，推动与深化双边合作是践行"一带一路"倡议的要求。推动双边数字经济方面合作首先应落实好中国与海合会国家达成的各种协议，中国与阿联酋、科威特签署的《电子商务合作谅解备忘录》，中国与沙特、阿联酋签署的《"一带一路"数字经济国际合作倡议》等，为推动双方在数字经济领域合作创造了好环境。

海合会国家致力于能源转型、重视提高国内数字经济等为双方合作提供了机遇。但也面临一些挑战，如其高端数字人才短缺、数字本土生产能力有待提高等，在互联网时代，更受到网络安全等问题的困扰，特别是数字基础安全、数字身份与个人数据安全、数字技术迭代更新与监管、数字贸易摩擦等问题，[1]这些问题如果没有得到及时妥善的处理，会影响到地区数字经济发展进程，削弱其对发展数字经济的信心。

海合会国家在发展数字经济上所遇到的一些困难，一方面会影响到中海双方企业在数字经济发展上的合作效率和安全保障，另一方面为双方深入合作提供了新领域，中国企业能够通过与当地的有效合作，在很大程度上帮助他们解决开展数字经济所面临的技术问题，为海合会国家创造发展数字经济的优良技术环境。而其数字经济发展环境的改善也有利于促进中国与海合会国家电子商务等数字经济合作的较快提升。

另外，需研究好海合会国家这一方面的规划、战略，如阿联酋的《国家人工智能战略2031》、沙特的《国家数据和人工智能战略》和《数字阿曼2030战略》等，从而更好地掌握合作所需要的背景信息。

---

[1] 郭晓莹：《中国与海合会国家数字经济合作的现实与路径选择》，《阿拉伯世界研究》2022年5期。

（三）抓住国际原油上涨、海合会国家市场需求扩大的机遇，进一步加强对相关国家出口贸易

近两年来国际油价上涨，海合会国家财政状况大幅改善，购买潜力增强。2022年阿联酋政府第一季度净营业盈余增加了一倍多，支出同比增长近20%。[1] 2021年，科威特本财年前5个月财政收入较上年同期翻一番，石油收入占比约90%。[2] 中方企业应提升产品和服务水准，改善双边贸易结构，推动经贸深入发展。

另外，经济形势的好转导致海合会国家居民购买力持续增加，市场规模稳定，为深入合作创造了机会。2021年，科威特居民消费支出总额创历史新高，达1132亿美元，同比增长34%。[3] 这有利于中国对科贸易的持续提升。应该通过进一步巩固和开拓海合会国家的出口市场，减少中国与海合会国家之间的贸易逆差，为双边经贸合作的进一步发展不断探索新的领域和方式。

参考文献

《中国统计年鉴-2021》，中国统计出版社，2021。

郭晓莹：《中国与海合会国家数字经济合作的现实与路径选择》，《阿拉伯世界研究》2022年第5期。

周輖：《中国与海合会国家合作亮点纷呈》，《人民日报》2022年3月19日，第3版。

《中沙互补性强 双方合作将为全球起示范作用》，《21世纪经济报道》2022年1月24日，第10版。

---

[1] 《高油价推动阿联酋政府营业盈余翻番》，http：//ae.mofcom.gov.cn/article/jmxw/202208/20220803341216.shtml，最后检索时间：2022年10月9日。

[2] 《科威特财政部公布科本财年前5个月财政收支情况》，http：//kw.mofcom.gov.cn/article/ztdy/202111/20211103217143.shtml，最后检索时间：2022年9月19日。

[3] 《科威特2021年消费支出增长显著》，http：//kw.mofcom.gov.cn/article/ztdy/202202/20220203278929.shtml，最后检索时间：2022年10月15日。

B.19 2022年"一带一路"国际商事法律服务示范区建设报告[*]

王朝恩[**]

摘　要： "一带一路"国际商事法律服务示范区是顺应"一带一路"建设法律服务需求的产物，它的建设紧密围绕中央深改会议确定的《关于建立"一带一路"国际商事争端解决机制和机构的意见》的战略部署，受到党和国家领导人的高度赞许。自国家批复成立以来，"一带一路"国际商事法律服务示范区通过加强平台建设和制度创新，取得了一定的成效，但也存在多元争端解决机制等一些短板待弥补，示范区品牌建设社会氛围不足、区内法律服务业态聚集度不高、发展高端法律行业力度不强等问题和困难。为此应在加强领导的基础上，科学规划、系统统筹，不断提升示范区品牌效应和精准招商力度，提升吸纳高端新型法律服务业的能力，从而促进示范区进一步发展。

关键词： "一带一路"　国际商事　法律服务

"一带一路"国际商事法律服务示范区（以下简称国际商事法律服务示范区或示范区）系国家批复在陕西西安国际港务区建设的国家级法律服务

---

[*] 本报告为陕西省软科学课题项目"'一带一路'国际经贸纠纷多元解决机制领域的制度创新研究"（项目编号：2020KRM136）的阶段性成果。
[**] 王朝恩，西安交通大学法学院副教授，丝绸之路经济带法律政策协同创新中心副秘书长，研究方向为国际经济法、"一带一路"法律问题研究。

示范区。所谓法律服务示范区，具有两层含义。首先，它体现为一定的区域性，表现为与法律服务有关的机构和部门在特定区域的业态集聚。通过产业集聚可以降低不同法律部门和机构间业务衔接的成本，实现产业集聚的规模效应和法律服务业务的闭环运行与流程优化。其次，它体现为典型的示范性，表现为示范区内典型性的制度创新对周边的辐射带动作用。通过示范不断增强区域内法治化营商环境的构建。作为在陕西设立的、面向"一带一路"的国际商事法律服务示范区，不仅具有法律服务产业聚集区的一般特征，而且具有鲜明的地域特色和业务特色。这主要体现在其服务陕西对外开放和国家"一带一路"倡议特别是丝绸之路经济带建设的区域定位和提供高水平国际（涉外）法律服务的业务定位。

国际商事法律服务示范区规划范围为西安国际港务区全域，规划建设面积89.89平方公里。通过引进最高人民法院第六巡回法庭、第二国际商事法庭、司法部"三个中心"、西安仲裁委员会、知名律师事务所和其他法律服务机构以及法学研究和咨询机构等法律服务要素进驻，示范区已经初步形成以司法保障为中心，以争端解决服务为主体，相关法律服务业态协同发展的多元化、品牌化国际商事法律服务体系，"全域范围内初步形成了以国际商事法庭项目大楼、国际仲裁中心项目大楼、'三个中心'及专业法庭所在区域为主的四个法律服务聚集区"，为"一带一路"的法治化建设提供了有效助力。

一 国际商事法律服务示范区建设总体进展与成效

（一）国际商事法律服务示范区建设的总体思路

1. 建设国际商事法律服务示范区的理论基础

通过吸纳与国际商事法律服务有关的机构和部门，在一定区域内实现相关法律服务业的产业集聚，从而形成国际商事法律服务示范区，其经济学理论基础来源于中央商务区（Central Business District，CBD）的发展经验。中央商务区的概念最早由美国城市地理学家欧内斯特·伯吉斯（Ernest Watson Burgess）于1925年提出。[1]他认为大城市在发展过程中会自发地形成由五个同心圈层组成的功能区，其中位于圈层最中心的是"城市地理和功能的核心区域",[2]即中央商务区。但随着城市规划的发展，人们开始有意识地在城市建设过程中，规划一定的区域作为中央商务区，以实现提供便利的商业服务和产业集聚、辐射带动周围产业和周边地区发展的目的，而这一区域"在功能构成、空间形象、交通运输、服务设施等方面都已经演化为一个相当独立的地域"。[3]

法作为社会生活的产物，其运行与实施也离不开具体的社会生活，由此分化产生出法律服务业这一重要的经济部门。作为市场经济的必然要求，法治的实现必然表现为市场经济中的法治资源的优化配置，从而使得法律服务业具有产业区域化集聚发展的倾向。事实上，法律服务业集聚区作为一个现象，早已存在。例如，伦敦的舰队街、纽约的曼哈顿就是世界上久负盛名的法律服务街区。国内城市如上海，也形成了浦东、静安两个法律服务业相对集中的区域。[4]作为国家在西部地区建设的中心城市，西安经济的发展，特别是深度融入"一带一路"进程的加快，对推动建设面向"一带一路"的国际商事法律服务示范区是有其经济上的必然性的。

2. 国际商事法律服务示范区的建设背景

2013年，习近平主席先后在哈萨克斯坦、印度尼西亚的演讲中提出建设丝绸之路经济带和21世纪海上丝绸之路的伟大构想，"一带一路"建设正式拉开帷幕，并成为新时代中国参与、引领全球治理的重要举措。"一带一路"的提出获得了共建国家的热烈欢迎，也吸引了"一带一路"区域内外各类商事主体的广泛参与。各类商事主体的广泛参与，必然带来他们相互

---

[1] Sun Yaguang, "Development and Characteristics of Central Business District Under the Philosophy of Health," *Procedia Engineering*, 2011（21）: 258-266.
[2] 蒋三庚：《中央商务区研究》，中国经济出版社，2008，第3页。
[3] 蒋三庚：《中央商务区研究》，中国经济出版社，2008，第4页。
[4] 车春鹂、高汝熹、吴晓隽：《纽约与上海市法律服务业集群比较研究》，《上海交通大学学报》（哲学社会科学版）2010年第1期，第47~53页。

之间在交往过程中可能产生争议的风险的增加。在这一背景下，如何构建公平合理的争端解决机制，运用法治手段妥善化解参与"一带一路"建设各方之间可能产生的争议，维护中外当事人的合法权益，成为确保"一带一路"顺利进行的重要问题。

为此，理论界、实务界和政府有关部门等积极研究"一带一路"国际商事争端的解决方案，提出众多有益的思考。在这一过程中，西安交通大学的研究团队于 2017 年 7 月撰写了《关于建立国家级"一带一路法律服务与法治创新示范区"的建议》（以下简称《建议》），提出在陕西自贸试验区内建立一个法律示范区，为"一带一路"国际商事纠纷提供争端解决法律服务，同时开展与国际商事法律有关的法治创新试验。在《建议》中，该示范区被称为"一带一路"法律服务与法治创新示范区，并将其简称为"中央法务区"。《建议》提出后，得到了最高人民法院以及陕西省委省政府、西安市委市政府主要领导的高度认可和重点支持。[①]

2018 年 1 月，中央深改会议审议通过了《关于建立"一带一路"国际商事争端解决机制和机构的意见》，提出建立"一带一路"国际商事争端解决机制和机构的部署，指出要积极培育并完善诉讼、仲裁、调解有机衔接的争端解决服务保障机制，为"一带一路"参与建设主体营造稳定、公平、透明、可预期的法治化营商环境。为深入贯彻落实中央深改领导小组会议精神，陕西省和西安市有关方面积极推动西安承接国际商事争端解决服务保障机制建设活动。2018 年 7 月，西安市政府与西安交通大学正式签约，决定共建"一带一路"法律服务与法治创新示范区。2019 年全国两会期间，最高法、司法部等部门对西安市引入国际知名商事调解组织等国际商事法律服务资源方面，给予大力支持。

由此，打造示范区正式作为一项政府推动的工作，被先后纳入《西安建设"一带一路"综合改革开放试验区总体方案》《"十四五"西安建设

[①] 《西安交通大学首倡国家级"中央法务区"落地西安并初步成型》，西安交通大学新闻网，http://news.xjtu.edu.cn/info/1219/127416.htm，最后检索时间：2022 年 10 月 11 日。

"一带一路"综合试验区实施方案》《陕西省人民政府关于印发中国（陕西）自由贸易试验区进一步深化改革开放方案的通知》《陕西省人民政府关于印发"十四五"深度融入共建"一带一路"大格局、建设内陆开放高地规划的通知》《中国（陕西）自由贸易试验区条例》等政策文件和地方性法规之中。特别是在由陕西省人大常委审议通过的《中国（陕西）自由贸易试验区条例》中，明确提出"自贸试验区支持建设西安'一带一路'国际商事法律服务示范区，……推动各类法律服务资源向自贸试验区优化聚集，为市场主体提供优质、专业和高效的国际化法律服务"，为示范区建设增添了靓丽的法治底色。

2019年7月5日，最高人民法院表示全力支持西安建设国家级"一带一路"国际商事法律服务示范区，将在司法资源配置、资源整合、司法人才培养和输送等方面给予大力支持。2020年4月，中央出台了支持陕西发展的若干政策，其中一项即为支持在西安建设国际商事法律服务示范区。2020年9月，司法部办公厅正式印发《关于支持西安"一带一路"国际商事法律服务示范区建设的分工方案》，明确在示范区内设立中国—上合组织法律服务委员会西安中心、"一带一路"律师联盟西安中心、西安"一带一路"国际商事争端解决中心。

3. 国际商事法律服务示范区的战略定位

建设国际商事法律服务示范区的初衷，就是在一定的区域内进行法律服务的业态集聚与功能升级，发挥集聚的法律服务业在区域、业务、流程、功能等多方面的集成效应，在此基础上打造示范型、引领性的优质法律服务生态圈，服务于全面依法治国与优化国内国际营商环境的国家战略。

2021年10月23日，陕西省人民政府办公厅印发《关于印发"十四五"深度融入共建"一带一路"大格局、建设内陆开放高地规划的通知》（陕政办发〔2021〕26号）（以下简称《通知》），进一步明确了"一带一路"国际商事法律服务示范区建设的战略定位，构成了陕西省"十四五"深度融入共建"一带一路"大格局、建设内陆开放高地战略规划的重要一环。《通知》从平台建设和创新示范两个方面对示范区建设进行了目标性部署。

首先，在平台建设方面，《通知》明确提出示范区所依托和打造的平台包括"第二国际商事法庭、中国—上海合作组织法律服务委员会西安中心、'一带一路'律师联盟西安中心、西安'一带一路'国际商事争端解决中心、国家生物安全证据基地等平台"，即最高人民法院的第二国际商事法庭和司法部的"三个中心一基地"。

其次，在创新示范方面，《通知》提出三个明确的创新示范任务，即①实施律师制度政策创新；②实施国际商事争端诉讼、仲裁、调解一站式解决新模式创新；③探索建设"一带一路"知识产权保护示范区，并组建"一带一路"知识产权联盟。

（二）国际商事法律服务示范区建设取得的成效

1. 平台建设目标基本实现

对照中央深改领导小组会议审议通过的《关于建立"一带一路"国际商事争端解决机制和机构的意见》提出的培育并完善诉讼、仲裁、调解有机衔接的争端解决服务保障机制的要求，以及陕西省人民政府办公厅《关于印发"十四五"深度融入共建"一带一路"大格局、建设内陆开放高地规划的通知》为示范区规划定位建设的平台任务，示范区已基本实现平台建设任务。

在司法机制方面，占地47亩、投资约6亿元的国际商事法庭项目大楼已经于2021年10月正式投入运营，最高人民法院第二国际商事法庭和第六巡回法庭已经全员迁入大楼内办公和开展审判活动。先期入区的西安知识产权法庭办理办结案件量近年来稳步增长，2021年全年办理案件3929件，为涉外知识产权纠纷的公正解决提供了有力的司法保障。此外港务区所在地基层人民法院在示范区设立自贸区法庭事宜也在紧锣密鼓进行之中。

在仲裁机制方面，西安仲裁委员会于2022年10月8日整体入驻国际仲裁中心项目大楼，与之前已经加入示范区的中国国际经济贸易仲裁委员会丝绸之路仲裁中心一道，构成示范区的仲裁方阵。此外，国内外一些仲裁机构

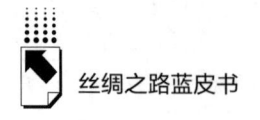

也积极询洽商谈入驻示范区事宜。

在调解机制方面,"一带一路"国际商事调解中心西安调解室发挥第三方调解机制的优越性,在当事人自愿的基础上调解涉及自贸区和"一带一路"经贸活动的国内国际商事争议,截至2020年12月底,共受理商事纠纷调解案件276件,其中进入调解程序101件,调解成功47件。① 此外,人民法院主导的综合调解机制也在日益发挥作用,西安知识产权法庭与中国(西安)知识产权保护中心、西安仲裁委员会等多个部门分别签署知识产权纠纷诉调对接协议,形成以法庭为点、辐射多个第三方法律服务机构的调解工作体系。②

在司法行政机制方面,司法部批准设立的中国—上合组织法律服务委员会西安中心、"一带一路"律师联盟西安中心、西安"一带一路"国际商事争端解决中心等"三个中心"于2020年12月1日正式挂牌成立。西安市司法局为此设立工作专班,配备专职人员开展"三个中心"实体化运行工作。"三个中心"通过举办高水平研讨会、宣介推广示范区和"三个中心"、与大专院校和科研院所建立合作与共建关系、推动改善司法行政工作,不断推动示范区和"三个中心"建设。

2. 法律服务机构不断引进中

2021年1月,国内著名涉外律师事务所——上海段和段律师事务所作为首家入区律师事务所成功入驻示范区。此后,北京大成(西安)律师事务所、广东海埠(西安)律师事务所等多家律师事务所落地示范区并实际运营。两家域外法查明机构已明确入驻意向。2021年12月,经西安市司法局批准,西安市国际商事法律服务中心正式成立,将在示范区内开展涉外商事和涉"一带一路"法律服务。此外,多家涉外法律研究机构也与示范区

---

① 《在自贸区调解国际商事纠纷》,北京融商一带一路法律与商事服务中心网,http://www.bnrmediation.com/CN/NewsContent/02/8f5ec8ff-306f-4667-9326-5781179f5233,最后检索时间:2022年10月11日。

② 《打造"一带一路"纠纷解决新高地——西安中院涉外审判工作纪事》,最高人民法院网,https://www.court.gov.cn/zixun-xiangqing-372471.html,最后检索时间:2022年10月11日。

签订战略合作协议或正在洽谈入驻事宜。

3. 示范区品牌建设不断夯实

2021年以来，示范区先后联合行业组织及入区法律服务机构举办了"一带一路"国际商事法律服务示范区之国际商事争议解决发展论坛、"一带一路"国际商事法律服务示范区之中国律师服务"一带一路"法治建设的历史使命论坛、"一带一路"国际商事法律服务示范区之知识产权保护联合论坛等多场活动，有效提升了示范区的品牌价值。2021年5月18日，在司法部的指导下，示范区邀请国内外顶尖国际商事法律专家以及100余家中欧班列"长安号"、跨境电商等相关贸易、物流企业、示范区入驻律所等法律服务机构，举办了"一带一路"国际商事法律服务圆桌会议暨后疫情时代国际商事法律服务保障研讨会。2021年10月，推动在第九届欧亚经济论坛上首次设置法律服务分论坛，为欧亚经济论坛注入法律合作的活力，推动示范区参与国际法律合作交流，为优质法律服务提供新的窗口。2022年8月16日，联合承办首届"一带一路"商事法律合作高峰论坛，面向亚洲、欧洲、非洲、南美洲开通线上直播，有力地推介了示范区建设信息。近两年来，广州、吉林市委政法委，青岛市司法局和部、省等多个部门到示范区和"三个中心"观摩、学习、座谈交流，示范区和"三个中心"品牌不断得到彰显。

4. 形成典型性示范创新成果

国际商事纠纷因所涉利益重大、当事人常身处异国、审理程序与证据要求复杂、法律解释适用水平要求高等因素，对当事人来说，一旦产生纠纷常常意味着巨大的财政和时间负担，不利于良好商事交易关系的维护和稳定。针对这一国际商事交易的痛点，作为中国为国际商事争端解决贡献的中国方案，《关于建立"一带一路"国际商事争端解决机制和机构的意见》（以下简称《意见》）提出"推动建立诉讼与调解、仲裁有效衔接的多元化纠纷解决机制，形成便利、快捷、低成本的'一站式'争端解决中心"的解决之道。建设示范区，一个突出考虑就是贯彻《意见》的精神，在示范区内探索建立争端解决平台机构之间的协调运作机制，为跨国商事交易主体提供高效、便捷、符合商业要求的"融解决"争端解决机制。2022年9月，在一起法国著名软件公司起诉陕西某企业侵害著作权的纠纷案中，示范区充分利用区内司法、仲裁、调解多元纠纷解决机制齐备、高效的优势，协调有关力量，"法仲联手，诉调对接"，快速妥善地协助当事人解决了纠纷，"为推动示范区各类优质法律服务资源合作联动、国际商事纠纷'融解决'机制落地落实，积累了成功经验"。①

2022年，入驻示范区的西安市司法局"三个中心"开展组织编写《涉外法律服务研究专报》，截至2022年10月底已经编发17期。其中向司法部报送的以俄乌冲突背景下中欧班列、长臂管辖、贸易合规为主要内容的专报，为司法部开展相关专项工作提供了丰富的素材和第一手资料，获得司法部国际合作局专函肯定。

5. 便利化展业环境不断改善

法律服务与商业发展关系密切，纵观国际上的法律服务产业集聚区，基本上同时也是经济发达、商业便利化程度高的商业集聚区。国际港务区是全国最大、唯一具有国际、国内双代码的"内陆港"，中欧班列"长安号"通达欧亚大陆44个国家和地区，是中西部国际商贸活动的承载区，发挥着连接中国与共建"一带一路"国家和地区的中心枢纽作用，为法律服务业的集聚生长提供了优越的商业环境。示范区内，建成的航大厦、国际采购中心等5A级写字楼，与正在建设的招商局大厦、绿地丝路全球贸易港、"一带一路"教育培训中心等28栋超高层总部项目，能够为法律服务机构入区开展业务提供充足的空间。同时，示范区内围绕四个法律服务聚集区生活设施配套齐全、自然环境宜居适住，为示范区发展提供了国际化、现代化、生态化的便利环境。

6. 配套制度建设持续跟进

2020年11月24日，西安市司法局等4部门联合出台《西安市关于加

---

① 《"一带一路"国际商事法律服务示范区成功实践国际商事争端"融解决"》，中国青年网，https://df.youth.cn/dfzl/202208/t20220822_13939995.htm，最后检索时间：2022年10月11日。

快发展涉外法律服务业的若干意见》（以下简称《若干意见》），明确提出了做强涉外法律服务机构、引进涉外法律服务人才等8个方面24项发展措施。2021年6月，《若干意见》有关资金奖补的内容整体纳入西安市委办公厅、市政府办公厅印发的《西安市加快推进新时代对外开放补充政策》。西安市司法局于2022年3月制定了《西安市涉外法律服务业奖补项目申报指南（试行）》，对符合条件的落户涉外法律服务机构、参加涉外法律业务培训、优秀涉外法律服务机构经营、胜诉案件及表彰推广项目、优秀涉外法律服务机构（项目）认证、重大涉外法律服务研究成果进行专项奖（补）。2022年7月，西安市司法局对陕西忠信诚律师事务所予以10万元奖励，奖励该所在代理西安对外贸易经济开发公司某涉外案件中取得的成绩。

此外，西安市司法局落实司法部赋予的律师制度政策创新改革任务，积极推动建立联营律师事务所的改革任务，探索公司制律师事务所改革。2020年永嘉信周启邦（西咸）联营律师事务所成立，成为在陕西落地的第一个内地与香港联营律师事务所。

7. 涉外法律人才队伍日益壮大

涉外法律服务机构的入驻带动了示范区涉外法律人才队伍的壮大，不断发展的涉外商事业务也为示范区涉外人才队伍建设提出了新的需求。围绕建设高素质涉外法律服务人才队伍，2021年以来，先后有4名优秀律师参加了司法部涉外律师人才培训，提升了涉外业务能力。示范区入驻机构西安仲裁委员会积极拓展涉外业务，选聘100名港澳和外籍仲裁员，推进仲裁工作与国际接轨。西安市司法局制定并实施了涉外法律服务人才培训"引领计划"，开展涉外法律服务大讲堂，分类别、分专业、有步骤地培养涉外法律服务人才队伍。受疫情影响，2022年共组织涉外律师培训2期，累计培训1500人，其中骨干人才50人。截至2022年10月31日，西安市具有涉外法律服务资格的律师、公证员、仲裁员等法律服务人员已达到800余名。

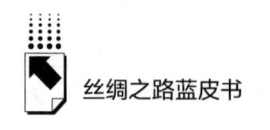

二 法律服务示范区建设的困难与问题

(一)多元争端解决机制存在一定的短板

对照中央深改领导小组会议《意见》所确定的,建立便利、快捷、低成本的一站式争端解决中心;为"一带一路"建设参与国当事人提供优质仲裁法律服务;畅通调解服务渠道等目标要求,示范区内的争端解决机构和机制还存在一定的短板。突出表现在,在涉外审判中的四级审判机构权限分工不完善,示范区内目前只有最高人民法院的涉外审判机构,此外就是仅对涉及特定知识产权争议的涉外案件有管辖权的西安知识产权法庭(西安中院庭室)和没有涉外案件审判权的港务区法庭(基层法院派出法庭)。对于涉案标的争议达不到最高院审级的案件,相当一部分无法在示范区内审理,无法实现便利、快捷、低成本的一站式争端解决。此外,在仲裁和调解层面,区内现有仲裁和调解机构在影响力和涉外案件审理能力方面存在一定的不足,都没有能纳入最高人民法院国际商事法庭认定的一站式平台,无法通过该平台实现快速定分止争,影响了当事人选择这些机构的意愿。

(二)示范区品牌建设社会氛围不足

示范区尽管已经通过多种渠道产生了一定的品牌影响力,但总体来看,在社会影响力的营造和社会舆论氛围的烘托方面还存在很大不足。比如,不论是在全国性媒体上还是有显示度的展会场合都很少看到示范区建设的信息。相比之下,启动远远晚于示范区的四川天府中央法务区、福建海丝中央法务区等以法律服务为特色的园区的媒体曝光度越来越高。相形之下,示范区在品牌塑造方面的压力很大。这固然反映了陕西人踏实勤恳、埋头做事的优秀品质,但也反映出我们运用现代媒体的意识薄弱。没有良好的社会氛围,不利于吸引优质法律服务资源前来兴业,也难以形成高端的产业市场。

（三）示范区法律服务业态聚集度不高

突出表现在，律师事务所和其他市场化法律服务提供商的入驻不高，不仅是示范区，其他与示范区类似的法律服务业聚集区也存在这类问题，以天府中央法务区为例，区内除法院和检察院外，入驻法律服务主体共27家，其中公证处4家、律所10家、鉴定中心2家、仲裁机构2家、调解机构3家、知识产权服务机构3家、法治媒体3家。① 海丝中央法务区思明片区集中了全厦门市"90%以上的法律服务行业、法律服务人才"，② 据相关资料可估算，在思明区约有律师事务所230余家，执业律师约3400名，③ 属于几个中央法务区中集聚程度较高的。但考虑到思明区作为厦门主城区，在建设海丝中央法务区之前原本就已经有相当数量的律师事务所存在，新入驻律师事务所应该也不会太多。与国内外著名法律服务业集聚区相比仍存在很大的差距。比如，美国纽约作为全球性的法律服务业集聚区，2021年有执业律师185076名。④ 作为国内法律服务业比较发达的上海市静安区，2021年末有律师事务所255家，执业律师6463名。⑤

之所以出现这种情况，从客观性来讲，这一方面与整个国际国内宏观经济景气有关，另一方面也与律师行业发展的阶段性有关，国内律师事务所经过20世纪90年代到21世纪初的快速增长，目前正处于深化调整阶段，事

---

① 天府中央法务区网：入驻律所，https：//cld. cdtf. gov. cn/institutions? type＝3bb0a6b 53d8d8 967d6fb3359bdf8398a，最后检索时间：2022年10月11日。
② 江海苹：《海丝中央法务区啥模样？本报带您探访》，《厦门日报》2021年11月7日，第6版。
③ 厦门市律师协会：协会简介，http：//www. xmls. cn/Abouts. aspx? ID＝1，最后检索时间：2022年10月11日。
④ American Bar Association. National Lawyer Population Survey（2021）accessed 11 October 2022, https：//www. americanbar. org/content/dam/aba/administrative/market＿research/2021－national－lawyer-population-survey. pdf.
⑤ 上海市司法局：法治地图，http：//sh. 12348. gov. cn/sites/12348/team. jsp? typeId＝cf2ec647 762641e897c0d1fd7f474141&zoneId＝eab9e51dbfda482abe4a511ea8 e3a62c&sort＝All&servant＝All&normal＝true&award＝&member＝All&businessArea＝All&jbus inessArea＝All&partWord＝#，最后检索时间：2022年10月11日。

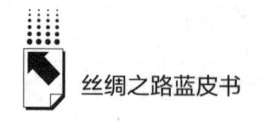

务所对外新设分所展业原本就不多,现有分所多为兼并原有本地所构成,国际性律所的行业发展也基本处于相似阶段。从主观性来讲,则主要体现在对法律服务机构和法律人才的扶持政策和市场开放机会与对方的需求期望匹配度不高,特别是市场展业、人才居留等方面的政策还有很大的提升空间。特别是在对法律服务业者的招商中,没有为对方构建出符合其需求体量和业务范围的客户群体,毕竟律师业作为服务客户的行业,需要有一定体量的客户群体相匹配才会考虑产业转移。如果区域内产业空心化,则不利于法律服务业者落地。

(四)示范区发展高端法律行业力度不强

目前示范区吸引入驻机构以传统法律服务行业为主,缺乏面向未来法律行业新领域的发展抓手,突出表现在对行业中的新业态、新动向关注不足,也没有形成行之有效的吸引高端法律服务业态的系统性举措。如对法律领域高科技应用、法律与金融的融合发展关注不足。

三 法律服务示范区建设的对策建议

(一)加强领导,发挥引领

夯实现有的工作领导小组和工作专班体制,发挥省、市、区三级人民政府及相关工作部门的能动性,理顺三级政府和部门在研究制定有关政策、协同部门间工作、推进宣传舆论氛围、统筹示范区招商引智工作的权责分工和体制机制,形成统一领导下合理的分工协作,为示范区建设领航引路。

(二)科学规划,系统统筹

加强对示范区建设的总体谋划和长远规划,特别是要根据法律服务业的特点和"一站式"法律服务配给的要求,结合示范区的"范本"——中央商务区的经验,加强示范区产业布局规划,立足仲裁、调解、公证、认证、律师事务所、法律科技公司等分行业特点，在入驻政策、周边配套供给、市场公平参与等方面打造对标国际标准、不低于国内最高标准的优质环境。此外，统筹规划还意味着，一方面，要立足"一带一路"和国际商事争端解决，合理规划示范区产业发展方向，健全国际商事争端解决机制和机构，充分实现围绕争端解决开展业务的传统法律服务业者的集聚；另一方面，要健全相应配套行业的统筹供给，比如在法律人才供给方面，应合理规划相应专业涉外人才的培养与人才市场建设。再如，在法律要素配置方面，应合理规划外国法律信息供给、司法案例支持、商业惯例和行业自律机构建设等方面的要素市场和要素提供商体系。

（三）宣传推广，提升品牌效应

"销售即王道"（Marketing is King）。现代市场经济下，营销、注意力经济已成为在竞争中制胜的关键。对于示范区来说，在现有宣传推广平台的基础上，应更加强化营销理念，不断提升示范区的品牌价值。为此，既要注重传统营销方式的运用，也要注意新媒体新渠道的推广，要通过记者采访、专题报告、广告推广，举行座谈会、研讨会，举办交易会等多种形式在新闻媒体、广告平台等加大其在媒体的曝光度。此外，应建立示范区自己的精品营销平台。为此，一方面可以借鉴博览会的方式，在示范区内打造一个国际法律服务产业博览会，通过吸引国际国内法律服务机构参会，交流信息、沟通联谊，打造法律服务提供商之间、法律服务提供商与客户之间、法律服务提供商与法律服务辅助产业之间的要素交流市场。另一方面根据法律服务业知识密集型行业特点，可以参考哈萨克斯坦阿斯塔纳金融区建立法律学院（Academy of Law）的做法，打造示范区的法律教育品牌，以知识传授实现品牌传播效果。特别是针对示范区在国外传播效能不足的情况，更应注重境外传播渠道的建设，为此可以采取线上会议和线下培训的方式开展工作。

（四）精准招商、科学施策

建立专业的招商队伍，落实招商责任，采取专门政策措施综合运用定向

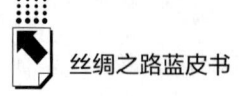

招商、网络招商、推介招商等手段，吸引高端法律服务机构，特别是国际知名法律服务机构入驻。加强产业政策引导，制定清晰的法律产业发展规划和项目招商指南。找准市场的痛点，要分析法律服务机构选址的需求痛点和资源供给能力，不同的法律服务机构需求各不相同，既有共性，也有个性。比如在税收政策、人员待遇、市场在地性等方面，不同机构需求各不相同，有必要结合示范区现有资源，实施个体化配套政策和措施、办法。

（五）瞄准高端，立足长远

国际商事法律服务业是一个随着国际商事需求而快速发展的行业。为此应立足长远，瞄准高端法律服务市场，提升示范区在新型法律服务市场的示范影响力。以法律金融领域为例，当前，国际商事活动资金需求庞大，国际商事法律争议解决也需要庞大的资金支持，当事人常常无法及时提供如此庞大的资金。为此，国际上正日益兴起法律金融（特别是第三方资助）业务。法律金融企业通过为当事人提供诉讼、仲裁、调解费用和律师费的融资，在获取利润的同时为当事人获得公正的法律裁判结果提供助力。目前在国际范围内法律服务产品金融化已经成为一个非常庞大的产业，美国在这方面发展的尤其迅速，在一些标的达到10亿甚至百亿美元的案件中都存在成熟的金融企业和金融产品的支持（因为仅仅律师费就高达数百万甚至数千万美元），其方式包括信用贷款、风险代理、风险投资、法律服务证券化等。目前国内的深圳鼎讼、北京绿石等都开始介入这一行业。而"一带一路"国际商事法律服务示范区在这方面还存在空白，值得在吸收境内外法律金融行业经验的基础上以适当的方式介入，一方面可以发展相关产业，另一方面因该领域的制度空白，也可进行一定的制度探索，努力形成具有典型示范效果的制度型经验。

社会科学文献出版社

皮 书

智库成果出版与传播平台

❖ 皮书定义 ❖

皮书是对中国与世界发展状况和热点问题进行年度监测，以专业的角度、专家的视野和实证研究方法，针对某一领域或区域现状与发展态势展开分析和预测，具备前沿性、原创性、实证性、连续性、时效性等特点的公开出版物，由一系列权威研究报告组成。

❖ 皮书作者 ❖

皮书系列报告作者以国内外一流研究机构、知名高校等重点智库的研究人员为主，多为相关领域一流专家学者，他们的观点代表了当下学界对中国与世界的现实和未来最高水平的解读与分析。截至2022年底，皮书研创机构逾千家，报告作者累计超过10万人。

❖ 皮书荣誉 ❖

皮书作为中国社会科学院基础理论研究与应用对策研究融合发展的代表性成果，不仅是哲学社会科学工作者服务中国特色社会主义现代化建设的重要成果，更是助力中国特色新型智库建设、构建中国特色哲学社会科学"三大体系"的重要平台。皮书系列先后被列入"十二五""十三五""十四五"时期国家重点出版物出版专项规划项目；2013~2023年，重点皮书列入中国社会科学院国家哲学社会科学创新工程项目。

皮书网

（网址：www.pishu.cn）

发布皮书研创资讯，传播皮书精彩内容
引领皮书出版潮流，打造皮书服务平台

栏目设置

◆ 关于皮书

何谓皮书、皮书分类、皮书大事记、
皮书荣誉、皮书出版第一人、皮书编辑部

◆ 最新资讯

通知公告、新闻动态、媒体聚焦、
网站专题、视频直播、下载专区

◆ 皮书研创

皮书规范、皮书选题、皮书出版、
皮书研究、研创团队

◆ 皮书评奖评价

指标体系、皮书评价、皮书评奖

◆ 皮书研究院理事会

理事会章程、理事单位、个人理事、高级
研究员、理事会秘书处、入会指南

所获荣誉

◆ 2008年、2011年、2014年，皮书网均在全国新闻出版业网站荣誉评选中获得"最具商业价值网站"称号；

◆ 2012年，获得"出版业网站百强"称号。

网库合一

2014年，皮书网与皮书数据库端口合一，实现资源共享，搭建智库成果融合创新平台。

皮书网　"皮书说"微信公众号　皮书微博

权威报告·连续出版·独家资源

皮书数据库
ANNUAL REPORT(YEARBOOK) DATABASE

分析解读当下中国发展变迁的高端智库平台

所获荣誉

- 2020年，入选全国新闻出版深度融合发展创新案例
- 2019年，入选国家新闻出版署数字出版精品遴选推荐计划
- 2016年，入选"十三五"国家重点电子出版物出版规划骨干工程
- 2013年，荣获"中国出版政府奖·网络出版物奖"提名奖
- 连续多年荣获中国数字出版博览会"数字出版·优秀品牌"奖

皮书数据库　　"社科数托邦"微信公众号

成为用户

登录网址www.pishu.com.cn访问皮书数据库网站或下载皮书数据库APP，通过手机号码验证或邮箱验证即可成为皮书数据库用户。

用户福利

- 已注册用户购书后可免费获赠100元皮书数据库充值卡。刮开充值卡涂层获取充值密码，登录并进入"会员中心"—"在线充值"—"充值卡充值"，充值成功即可购买和查看数据库内容。
- 用户福利最终解释权归社会科学文献出版社所有。

数据库服务热线：400-008-6695
数据库服务QQ：2475522410
数据库服务邮箱：database@ssap.cn
图书销售热线：010-59367070/7028
图书服务QQ：1265056568
图书服务邮箱：duzhe@ssap.cn

社会科学文献出版社　皮书系列
卡号：721718125974
密码：

基本子库 SUB DATABASE

中国社会发展数据库（下设 12 个专题子库）

紧扣人口、政治、外交、法律、教育、医疗卫生、资源环境等 12 个社会发展领域的前沿和热点，全面整合专业著作、智库报告、学术资讯、调研数据等类型资源，帮助用户追踪中国社会发展动态、研究社会发展战略与政策、了解社会热点问题、分析社会发展趋势。

中国经济发展数据库（下设 12 专题子库）

内容涵盖宏观经济、产业经济、工业经济、农业经济、财政金融、房地产经济、城市经济、商业贸易等 12 个重点经济领域，为把握经济运行态势、洞察经济发展规律、研判经济发展趋势、进行经济调控决策提供参考和依据。

中国行业发展数据库（下设 17 个专题子库）

以中国国民经济行业分类为依据，覆盖金融业、旅游业、交通运输业、能源矿产业、制造业等 100 多个行业，跟踪分析国民经济相关行业市场运行状况和政策导向，汇集行业发展前沿资讯，为投资、从业及各种经济决策提供理论支撑和实践指导。

中国区域发展数据库（下设 4 个专题子库）

对中国特定区域内的经济、社会、文化等领域现状与发展情况进行深度分析和预测，涉及省级行政区、城市群、城市、农村等不同维度，研究层级至县及县以下行政区，为学者研究地方经济社会宏观态势、经验模式、发展案例提供支撑，为地方政府决策提供参考。

中国文化传媒数据库（下设 18 个专题子库）

内容覆盖文化产业、新闻传播、电影娱乐、文学艺术、群众文化、图书情报等 18 个重点研究领域，聚焦文化传媒领域发展前沿、热点话题、行业实践，服务用户的教学科研、文化投资、企业规划等需要。

世界经济与国际关系数据库（下设 6 个专题子库）

整合世界经济、国际政治、世界文化与科技、全球性问题、国际组织与国际法、区域研究 6 大领域研究成果，对世界经济形势、国际形势进行连续性深度分析，对年度热点问题进行专题解读，为研判全球发展趋势提供事实和数据支持。

法律声明

"皮书系列"（含蓝皮书、绿皮书、黄皮书）之品牌由社会科学文献出版社最早使用并持续至今，现已被中国图书行业所熟知。"皮书系列"的相关商标已在国家商标管理部门商标局注册，包括但不限于LOGO（ ）、皮书、Pishu、经济蓝皮书、社会蓝皮书等。"皮书系列"图书的注册商标专用权及封面设计、版式设计的著作权均为社会科学文献出版社所有。未经社会科学文献出版社书面授权许可，任何使用与"皮书系列"图书注册商标、封面设计、版式设计相同或者近似的文字、图形或其组合的行为均系侵权行为。

经作者授权，本书的专有出版权及信息网络传播权等为社会科学文献出版社享有。未经社会科学文献出版社书面授权许可，任何就本书内容的复制、发行或以数字形式进行网络传播的行为均系侵权行为。

社会科学文献出版社将通过法律途径追究上述侵权行为的法律责任，维护自身合法权益。

欢迎社会各界人士对侵犯社会科学文献出版社上述权利的侵权行为进行举报。电话：010-59367121，电子邮箱：fawubu@ssap.cn。

社会科学文献出版社